综合交通运输系统规划

陈大伟 主编
张　磊 主审

人民交通出版社
北京

内 容 提 要

近年来，我国综合交通运输发展进入新阶段，如何全面构建现代综合交通运输体系，有效提升综合交通运输系统的整体效能，成为关键问题。

本书系统阐明了综合交通运输系统的基本概念，以及区域综合交通运输系统规划的基础理论体系和常用方法，以期使读者形成对综合交通运输系统及其规划理论的全面认知。全书共7章，主要内容包括绪论、综合交通运输系统构成、综合运输需求预测、区域交通运输规划理论、综合交通运输子系统规划、综合交通运输系统规划、综合交通运输发展趋势。

本书可作为高等学校交通运输、交通工程及相关专业本科生教材和交通运输工程学科研究生教材，也可供行业从业者参考使用。

图书在版编目（CIP）数据

综合交通运输系统规划 / 陈大伟主编. — 北京：人民交通出版社股份有限公司, 2025. 1. — ISBN 978-7-114-20107-3

Ⅰ. U491.1

中国国家版本馆 CIP 数据核字第 2025ZF1562 号

Zonghe Jiaotong Yunshu Xitong Guihua

书　　名：**综合交通运输系统规划**
著 作 者：陈大伟
责任编辑：李　晴
责任校对：赵媛媛　魏佳宁
责任印制：张　凯
出版发行：人民交通出版社
地　　址：(100011)北京市朝阳区安定门外外馆斜街3号
网　　址：http://www.ccpcl.com.cn
销售电话：(010)85285911
总 经 销：人民交通出版社发行部
经　　销：各地新华书店
印　　刷：北京科印技术咨询服务有限公司数码印刷分部
开　　本：787×1092　1/16
印　　张：12
字　　数：285千
版　　次：2025年1月　第1版
印　　次：2025年1月　第1次印刷
书　　号：ISBN 978-7-114-20107-3
定　　价：50.00元

前言

近年来，伴随着我国经济高质量发展和综合国力的不断增强，综合交通运输发展进入新阶段。科技革命、数字经济、“双碳”目标等时代背景下，交通运输领域呈现综合交通统筹融合、现代化、高质量的总体发展态势，智慧、平安、绿色交通发展水平提升成为关注重点。同时《交通强国建设纲要》《国家综合立体交通网规划纲要》等行业顶层设计文件发布，明确了加快建设交通强国、构建现代综合交通运输体系的发展目标和重点任务。在此背景下，如何全面构建现代综合交通运输系统，有效提升综合交通运输系统的整体效能，成为我国交通运输发展的关键问题。

本书旨在系统阐明综合交通运输系统的基本概念，以及区域综合交通运输系统规划的基础理论体系和常用方法，以期使读者形成对综合交通运输系统及其规划理论的全面认知。全书共7章，第1章绪论介绍综合交通运输的基本概念、形成与发展、特征及意义；第2章介绍综合交通运输系统运输方式构成及特征、设施构成；第3章介绍综合运输需求，包括基本内涵、影响因素，以及综合运输需求预测方法；第4章介绍区域交通运输规划的目标原则、主要内容、主要影响因素及常用方法；第5章介绍综合交通运输各个子系统的规划方法；第6章介绍综合交通运输系统规划方法，包括综合交通运输通道、综合交通运输网络及综合交通运输枢纽的规划方法；第7章介绍综合交通运输发展趋势，包括综合交通运输统筹融合发展趋势和高质量发展的主要方向等。

本书由东南大学陈大伟任主编，张磊任主审。在本书编写过程中，参加资料搜集和文字整理工作的有吴雪菲、王雯钰、陈叶、陈君怡、诸雨、刁玮乐、杨俊杰和李若汐等同学,在此一并表示感谢。

本书在编写中参考了大量的国内外文献资料,由于条件所限,未能与文献作者一一取得联系,引用及理解不当之处敬请谅解。在此对文献作者表示崇高的敬意与衷心的感谢!

限于编者水平,书中不足之处和错误在所难免,欢迎广大读者批评指正,使本书日臻完善。

编　者

2024年8月

目录

第1章
绪论

学习目标

- 了解综合交通运输的基本概念、综合交通运输的形成与发展。
- 掌握综合交通运输的特征及意义。

1.1 综合交通运输的基本概念

(1)综合交通运输

综合交通运输是指由公共交通网络及其设施和载运工具组成的交通运输平台,以及基于这一基础平台,通过多种运输方式的协调配合,组织实现客货运输的经济社会活动。

受交通运输发展阶段的影响,我国与西方国家的综合交通运输概念有所不同。西方国家从运输角度出发,在既有的各种运输方式基础上提倡一体化运输,重点强调实现各方式间运输过程的"连续"。西方国家常用定义为"'综合交通运输'是使两种以上的运输工具在最优化基础上整合,以实现旅客和货物的连续运输"。

我国从交通设施的角度出发,在各种运输方式发展较不充分条件下开始构建综合交通运输体系,侧重于研究各种运输方式合理适用范围、合理分工,以及各方式基础设施的最佳匹配、无缝衔接等。《中国大百科全书》中将“综合交通运输”定义为“通过对五种运输方式(铁路、公路、水路、航空和管道)的综合利用和发展,以构建一个技术先进、运输结构和网络布局合理的交通运输体系”。

(2)综合交通运输和交通运输

交通运输的概念可概括为:交通运输工具在交通网络上流动和运输工具上载运的人员与物资在两地之间移动的各种经济活动和社会活动的总称。

综合交通运输和交通运输的涵盖范围不同。交通运输重点关注通过某种运输方式来实现货物或人员的运输,涵盖范围相对狭窄;综合交通运输则涵盖多种运输方式的运输问题,包括不同运输方式之间的衔接和转换,实现多种运输方式之间的“无缝”和“连续”运输,以提高运输效率和降低运输成本。

综合交通运输和交通运输的研究重点也有所不同。交通运输探讨的是如何通过交通运输工具在交通网络上的流动,将人和物迅速、安全、经济、便利、及时地从甲地运到乙地,以创造空间效用和时间效用;而综合交通运输的研究重点是如何通过综合发展、合理配置、有效利用铁路、公路、水路、航空和管道等各种方式,实现运输效率的提升和运输成本的降低。

交通运输和综合交通运输并不是相互独立的概念,它们之间是相互联系的。总的来说,综合交通运输是在交通运输的基础上进一步完善的,是在各种运输方式之间实现“无缝”和“连续”运输,以形成一种更加高效、经济、安全、可靠的运输体系。

(3)综合交通运输体系和综合交通运输系统

综合交通运输系统是指由不同运输方式的客货流、运输网络设施、载运工具和组织管理等构成,通过整合和协调各个子系统,实现不同运输方式之间的衔接和转换,提高运输效率和服务质量的复杂动态系统。

综合交通运输体系是指各种运输方式在社会化的运输范围内和统一的运输过程中,按照各自的技术经济特征形成的分工协作、有机结合、联结贯通的交通运输综合体。

综合交通运输体系和综合交通运输系统的涵盖范围有所不同。综合交通运输系统是综合交通运输体系的重要组成部分,综合交通运输系统关注运输本身,由客货交通需求、空间网络设施、交通载运工具和运行保障措施等要素构成;而综合交通运输体系更为复杂、全面,涉及保障运输运行的方方面面,包括综合交通运输发展战略子体系、综合交通运输体制机制子体系、综合交通运输基础设施网络子体系、综合交通运输服务子体系、综合交通运输法规标准子体系、综合交通运输信息化子体系、综合交通运输应急保障子体系等。

综合交通运输体系和综合交通运输系统的关注重点有所不同。综合交通运输系统关注功能性和内部一体性,探索通过系统内部各要素之间的关系协调来提高运输效率和服务质量;综合交通运输体系关注目标性和外部整体性,探索通过整个体系的优化、完善,实现运作的一体化、连续性。

1.2 综合交通运输的形成与发展

1.2.1 综合交通运输的形成

交通运输经历了由人背畜扛、简易车辆和简易船舶运输等原始运输方式,到铁路、公路、水路、民航和管道等各运输方式由独立分散发展、相互竞争，再到各运输方式逐步实现优势互补、综合发展，综合交通运输体系也在此过程中萌芽。

1）以水路运输为主的阶段（原始社会至19世纪30年代）

水路运输在运输业早期发展阶段起主导作用，是原始交通运输阶段最具优势的运输方式。15世纪末到17世纪，欧洲人凭借不断改进的帆船技术实现了地理大发现，进入19世纪，蒸汽机船的出现开创了使用机械动力的现代交通运输新纪元。在铁路出现以前，水路运输工具与以人畜力为动力的陆上运输工具相比，无论是运输能力还是运输成本都处于绝对优势地位。

水路运输对人类社会文明进程产生了重大影响。早期人类文明主要分布于大河流域，水路交通促进了城市形成；工业革命早期多沿通航水道设厂，水路运输的发展对工业布局的影响很大；蒸汽机船的出现和发展，使得海洋作为各文明区域间的文化、经贸交流的纽带作用凸显，使西欧国家通过殖民掠夺积累了原始资本并完成了世界新秩序的构建。

2）以铁路运输为主的阶段（19世纪30年代至20世纪40年代）

1825年，英国修建了世界上第一条铁路并投入公共客货运输，标志着铁路时代的到来。到了19世纪中期，英国、美国等欧美国家迎来了铁路建设的高潮；19世纪后半期，铁路建设热潮已扩展到非洲、南美洲和亚洲各国。到20世纪40年代，仅美国铁路网长度就有40多万km，全世界铁路总长度约为126万km。

铁路运输一经问世，凭借其运量大、成本低、全天候等优势，极大地改变了陆上运输的面貌，降低了工业布局对水路运输的依赖程度，内陆腹地的工农业加速发展起来。时至今日，铁路运输仍然在交通运输体系中占有十分重要的地位。

3）公路、航空和管道运输崛起的阶段（20世纪30—50年代）

20世纪30—50年代，公路、航空和管道运输相继发展，与铁路运输展开了激烈的竞争。这一阶段的主要特征是公路、航空和管道三种运输方式发挥的作用显著增强，铁路、公路、航空和管道四种运输方式同时竞争，交通运输多方式发展阶段到来。

在此阶段，随着工业化进程的深入，人均收入和消费水平明显提高，产业结构和产品结构持续升级，客货运输需求倾向于方便、快捷、安全和舒适，公路运输开始占主导地位，航空运输和管道运输以其独特优势发挥了较大作用。

（1）公路运输

1886年汽车问世，人类从此进入汽车时代。伴随着汽车工业的飞速发展和公路网的扩张，公路运输机动灵活、快速便捷以及“门到门”的比较优势得以充分体现。公路运输逐步成为短途客货运输的主力，并在中长途运输中与水路、铁路运输尤其是与铁路运输展开竞争。尤其在发达国家，其汽车工业发达，路网基础好，公路运输的优势更为突出。公路运输成为各种运输方式中最受社会公众青睐的一种，所占运输市场份额迅速提高。

（2）航空运输

1903年，美国莱特兄弟成功研制出“飞行者一号”，标志着航空时代由此开启。工业的发展和科学技术的进步，使得人们对时间的价值观念日益增强，而航空技术的巨大进步正好能满足人们在这方面的需求。航空运输在速度上的优势，不仅使其在旅客运输方面（特别是长途旅客运输方面)占有重要的地位,而且也使其在货运方面得到很大发展。

(3)管道运输

随着石油工业的发展,管道运输开始崭露头角。19世纪60年代,美国出现世界上第一条木制专供输油管道。20世纪,随着二战后石油工业迅速发展,各产油国开始竞相兴建大量石油及油气管道。管道运输具有成本低、输送方便、连续性强、损耗小等独特优势,在运输石油、天然气、化工产品等大宗流体方面发挥较大作用。

4)综合交通运输发展阶段(20世纪50年代至今)

进入20世纪50年代,世界各国在运输业的发展实践中,充分认识到铁路、水路、公路、航空和管道五种运输方式是相互协调、竞争和制约的,应该促进各种运输方式的分工协作,充分发挥各种运输方式的优势,弥补各自的不足。许多国家开始调整运输布局和运输体系结构,进行铁路、公路、航空、水路和管道运输之间的合理分工,发挥各种运输方式的优势,至此交通运输开始进入综合交通运输发展阶段。

1.2.2 综合交通运输的发展

综合交通运输的发展经历了从初步构建到逐步成熟的过程。以我国为代表的社会主义国家和以欧美发达国家为代表的资本主义国家受政治体制、经济体制、交通设施基础、主要发展需求等影响,发展历程有所不同。

以我国为代表的社会主义国家交通发展基础较薄弱,依赖政府发挥计划与指挥作用,主要特征是以基础设施建设为重点,重点构建多种运输方式网络通道和一体衔接的枢纽体系。而欧美发达国家交通设施基础较好,市场是配置交通资源、引导综合交通运输发展的主要手段,主要特征为以运输服务为重点,各运输方式主动合作和运输服务一体衔接,多式联运是重点领域。

1.2.2.1 以我国为代表的社会主义国家综合交通运输发展历程

1)以计划发展为主的阶段(20世纪50—70年代)

新兴的社会主义国家基本建立于二战之后,交通基础设施严重匮乏或比较落后,综合交通运输是在运网不发达、运能相对短缺、追求运输数量和运能充分利用的背景下开始发展的。

在此背景下,首要目的是通过计划手段,来充分发挥各运输方式优势,以实现大宗原材料和产品按计划调拨,支撑生产计划,其中最突出的是煤炭、石油等矿物能源在全国范围的调运平衡。

该阶段的主要特征为:运输重点为产销地间大宗货物运输和大城市间旅客运输,重点关注以大宗货物合理运输路径为基础的大通道布局和建设;政府发挥计划与指挥作用,配置运输资源,各运输方式管理部门相互独立,各运输方式的地位、作用、分工界线明确,以铁路运输、水路运输为重点。

2)以基础设施建设为主的阶段(20世纪80年代至21世纪10年代)

改革开放后,交通运输与国民经济发展的矛盾非常突出,运货难、出行难已成为阻碍经济社会活动的严重问题。加快各运输方式基础设施建设,增加运输能力供给是本阶段的首要和主要任务。

(1)建设以综合交通运输大通道为主的交通网主骨架是首要任务

综合立体交通网主骨架由综合立体交通网中最为关键的线网构成,是我国区域间、城市群间、省际以及国际运输的主动脉,是支撑国土空间开发保护的主轴线,也是各种运输方式资源配置效率最高、运输强度最大的骨干网络。

在该时期,建设以综合交通运输大通道为主的交通网主骨架是首要任务。重点增强运输大通道运输能力,充分发挥多种运输方式优势,建设由多方式组成的复合运输通道,以形成若干条通过能力强的东西向、南北向大通道。大通道从之前的以铁路干线为主的单一线路,逐步转向为以高速铁路、高速公路、普速铁路、普通干线公路等为主要组成部分的复合型、高品质通道。

(2)多层次、一体化的综合交通枢纽体系成为建设重点

随着各运输方式交通基础设施规模快速增长,运输结构调整取得显著成效,建设任务从主要关注网络建设转向突出枢纽地位。多层次、一体化的综合交通枢纽体系逐步完善,综合客货运枢纽建设、港口集疏体系完善等也成为建设重点。京津冀、长三角、粤港澳大湾区、成渝地区双城经济圈等国际性综合交通枢纽集群逐步成形;一批全国性、国际性综合交通枢纽城市加速发展,集聚辐射能力进一步增强,到2020年末其承担的客运量、货运量分别占全国总运量的63%、68%。

(3)广泛的交通基础网逐步完善,在我国全面推进脱贫攻坚和乡村振兴推进中发挥了重要作用

交通基础网主要由普通省道、农村公路、支线铁路、支线航道、通用航空组成,覆盖空间大、通达程度深、惠及面广,尤其对于我国广大农村地区和偏远地区脱贫和乡村振兴起到了重要支撑作用。

在此时期,完善交通基础网,为我国脱贫攻坚和全面建设小康社会提供坚实交通保障成为各级政府的重要任务。到2020年底,我国已完成"两通"的交通扶贫兜底性目标任务,即具备条件的乡镇和建制村通硬化路和通客车。

到2020年,我国综合交通运输体系建设取得历史性成就,基本能够适应经济社会发展要求。综合交通运输网络骨架基本形成,总里程突破600万km,"十纵十横"综合交通运输大通道基本贯通,高速铁路对百万人口以上城市覆盖率超过95%,高速公路对20万人口以上城市覆盖率超过98%,民用运输机场覆盖92%左右的地级市。广泛的交通基础网基本完善,全国具备条件的乡镇和建制村全部实现通硬化路、通客车,快递网点基本覆盖全部乡镇,建制村实现直接通邮。

3)综合交通运输统筹融合阶段(21世纪20年代至今)

在此阶段之前,我国交通运输总体上经历了从"瓶颈制约"到"初步缓解",再到"基本适应"经济社会发展需求,与世界一流水平的差距快速缩小,部分领域已经实现超越的过程。同时科技革命、数字经济、"双碳"目标等成为新的时代背景。

在该阶段,现代综合交通运输体系进入快速发展阶段,综合交通运输统筹融合趋势日益凸显。高品质的运输服务成为主要诉求,未来目标是"人享其行、物畅其流"。综合交通运输的发展趋势和特征主要包括以下几点:

(1)交通运输体系一体化发展

交通运输体系内部发展重点转向以"运输全过程一体"为核心的综合交通运输发展,同时

信息智能、绿色低碳等成为重要发展方向。

①客运服务发展趋势:客运服务朝“定制化、一站式、全链条”方向发展,重点关注以“一票制”为核心目标的旅客联运,MaaS(出行即服务)、定制公交、共享交通、车路协同、无人驾驶等新理念、新模式、新技术出现。

②货运服务发展趋势:重点领域主要转为以“一单制”为核心目标的货物多式联运,货运服务朝着“标准化、一体化”方向发展,无人卡车、智慧场站等新技术、新模式蓬勃发展。

(2)综合交通运输体系与经济社会融合发展

综合交通运输体系发展走出交通运输系统本身,追求与经济发展、资源利用、环境保护等外部系统的相互协调、统筹融合,跨领域、跨产业发展等成为重要趋势。

①交通基础设施网与运输服务网、信息网、能源网跨领域融合发展。随着科技创新和交通新基建持续推进,交通基础设施网与运输服务网、信息网、能源网“四网融合”加速发展,交通基础设施规建维全周期一体化、多方式运输服务一体化、交能融合发展一体化等成为重要发展方向,自动驾驶、车路协同、智慧能源等智慧交通新型融合场景逐步落地。

②交通与旅游、快递、装备制造等跨产业融合发展。“交通+”产业类型不断丰富,其中邮政快递、现代物流、旅游、装备制造等产业与交通运输联系紧密,相互作用影响较深,成为融合发展重点产业。跨产业合作持续推进,交通运输平台经济、枢纽经济、通道经济、低空经济等成为我国新质生产力的重要代表,展现出广阔市场前景和巨大发展潜力。“快进慢游”旅游交通体系、多层级农村物流网络节点体系等产业融合交通基础设施体系不断完善,旅游公路、快递专用运载设施设备、园区铁路专用线等专业化基础设施加速发展。高铁快递、低空经济、定制旅游专列等新技术、新模式、新业态不断涌现,在丰富综合交通运输服务功能的同时,延长综合交通运输产业链,促进消费、扩大内需,成为经济新增长点。

1.2.2.2 欧美发达国家综合交通运输发展历程

1)各运输方式联合运输阶段(20世纪50—70年代)

二战后西方国家随着工业化进程推进,运网比较发达、运能相对富余、运输需求层次明显提高。但长期以来各运输方式独立发展,不同运输方式之间的有效衔接和协作相对滞后,运输成本居高不下的问题越发突出。在此背景下,西方国家开始寻求各运输方式之间的衔接、合作,以降低运输成本、提高运输效率。

该阶段主要特征是各运输方式主动寻求相互之间的衔接,联合运输,以实现效率的提升,运输链条开始延伸;交通运输进入以政府管制相关政策和运输市场有序竞争为特征的各运输方式合作和结构调整时期。

如美国铁路在20世纪50—60年代开始采用驮背运输和箱驮运输,即把集装箱半挂车或集装箱装到铁路平车上进行运输,使得运费低、速度快的铁路运输与“门到门”的公路运输由激烈竞争变成相互协作,为开展集装箱公铁联运奠定了基础。但铁路平车与集装箱等设备标准尚未统一,装卸模式尚不成熟,多式联运通道尚不完善,仅为铁路和公路的联合运输。

在此阶段,各种运输方式的定位更加明确,运输结构更加优化,运输链条开始延伸。但对运输需求及其各种影响因素均仅做简化理解和处理,各运输方式的基础设施衔接仅为外部组合,并未构建一体化的运输过程,真正意义上的综合交通运输体系尚未形成。

2)设施装备无缝衔接阶段(20世纪80年代至21世纪初)

20世纪80年代发达国家交通基础设施的总体规模已能满足发展需要,同时单一方式已不能满足全球化、大规模、高品质的运输需求。综合交通运输由追求数量的、简单的联合运输阶段,走向追求效率的设施装备一体衔接阶段,综合交通运输体系初步形成。

该阶段的重点转向通过运输设施装备总体技术水平的提升,以实现运输一体化,多式联运成为重点发展领域。双层多式联运列车、大型集装箱船、全自动化堆场等重要联运设施设备出现并快速发展,集装箱软硬件技术趋向成熟,实现了货物运输的集装化、规模化和机械化,对于多式联运的发展产生了革命性的影响和推动力。

自1983年美国双层集装箱列车开行以来,不到10年时间覆盖北美全境。集装箱运输突破了传统的"港到港","门到门"的国际集装箱多式联运进入了蓬勃发展阶段。

3)综合交通运输一体化阶段(21世纪初至今)

21世纪,新一轮科技革命和产业变革开始,信息和通信技术发展突破技术瓶颈,在经济社会发展需求多样性、交通服务高要求下,综合交通运输一体化阶段的研究对象转为整体运输服务,目标为实现运输全过程最优。

客运方面,"出行即服务"等新出行服务理念应运而生。"出行即服务"是"将不同方式的出行服务整合到按需出行的一体化出行服务平台中"的一种服务,通过一站式的出行规划和支付等增值服务,为出行者量身定制高效、经济、低碳的出行方案。

货运方面,发达国家多式联运发展趋向成熟,主要特征为:标准化运载单元、枢纽场站集疏体系、集装箱识别系统等自动化管理技术与多式联运技术标准体系等多式联运配套软硬件全面发展、日臻完善,各有关环节实现紧密衔接、一体运营。集装箱多式联运获得迅速发展,发达国家之间的集装箱运输已基本实现了多式联运;1990年集装箱多式联运只占到美国铁路多式联运总量的44%,而到2014年则达到创纪录的90%。

1.3 综合交通运输的特征及意义

1.3.1 综合交通运输的特征

(1)基础性

交通运输业的基础性表现在工农业生产、人民生活及其他经济社会活动诸方面对交通运输有普遍的需求。人类社会的进步和经济的发展使得人与物在空间位移方面的需求不断增加,促进了交通运输业在规模布局、结构层次、广度深度等方面的发展;而综合交通运输体系作为联系生产与消费、城市与乡村、各行业与各区域间的桥梁和纽带,其进步程度又直接影响着经济社会的发展。这种紧密的互动性与依赖性使得交通运输业成为经济社会发展不可或缺的物质基础。

(2)特殊性

综合交通运输的产品具有特殊性。交通运输业既具有物质生产的共性,又具有区别于一般物质生产的特性,是生产过程在流通领域的继续。其产品是在一定的时间期限内,利用一种或多种运输工具，实现客户所需要的从起始地到最终目的地的客货位移服务。所提供的客货运输服务并非商品，不可直接供最终消费，但为了各种经济社会活动的需要，运输却是不可少的。

运输的产品是一种位移服务，具有方向性和不可存储性，不具有实物形态，生产与消费同时进行，产品的使用价值不能离开生产过程而独立存在。这种特殊性使交通运输业具有不可替代性，具有显著区别于其他经济部门的特征，从而构成了国民经济系统的一个独立子系统，在完成人与物空间位移的基本功能中，推动了经济的发展和社会的进步，成为促进和保障现代社会优化资源配置的重点行业。

(3)综合性

①运输方式的综合性。综合交通运输的必要特征是具备两种及两种以上现代化运输方式。不同运输方式在运输距离、运输速度、运输货物体积和重量、运输费用等技术经济特征方面都存在差异，通过将这些运输方式有机地结合起来，可以实现更加高效、经济和可持续的客货运输。

②运输要素的综合性。综合交通运输系统应包括运输相关的硬件和软件设施。综合交通运输系统不仅包括火车、汽车、飞机、轮船等运输工具，铁路、公路、水路、航道、管道等运输线路，机场、火车站、港口等运输场站，电线、光缆、卫星等控制及通信设备等硬件设施，还包括由信息系统、运输代理、承运公司等运输组织及管理系统所构成的软件设施。

(4)系统性

综合交通运输系统不是各运输方式的简单叠加，而是一个系统性极强的有机组合整体。主要表现在以下方面：

①各运输方式的优化组合和合理利用。不同运输方式具有不同技术、经济、组织特征，适应不同层次、不同范围的需求，综合交通运输系统通过各运输方式在各个运输环节优势互补、合理配置、有机组合，达到资源最合理配置和系统功能最大化，实现单一运输方式难以实现的功能。

②网络系统与生产系统、组织管理系统间协调发展和有机配合。各运输方式网络系统与综合交通运输生产系统、组织管理系统有机匹配，实现系统整体高效用和高效率。

③无缝衔接和一体化运输服务。交通基础网络在物理上形成无缝衔接，生产和组织系统在运输服务、技术标准、运营规则、管控体制等方面形成一体化逻辑连接，运输全过程实现一体化的组织服务。

(5)社会性和阶段性

综合交通运输体系服务于社会，其发达程度影响着社会的发展和人民生活水平，也是评价一个国家现代化程度的维度之一。最大限度地满足运输需求是综合交通运输价值的基本实现路径，对国民经济和社会发展贡献最大化是综合交通运输发展的根本目标。在我国全面建设社会主义现代化国家的现阶段，综合交通运输体系的核心目标是建设人民满意交通，当好“中国现代化的开路先锋”。

综合交通运输的社会性使其具有阶段性。综合交通运输体系是一个不断发展的系统，迄今为止已有五种现代化运输方式，但这并不意味着综合交通运输体系的发展会止步。随着科技进步、社会发展，现有运输方式仍会不断进步，新的运输方式也可能会诞生，综合交通运输体系的发展目标、发展趋势、技术特性等都将随之变化。

1.3.2 综合交通运输的意义

综合交通运输是文明社会从混乱走向有序的必要工具之一，它深入政治、经济、社会、环境等方方面面。综合交通运输的意义主要体现在以下三个方面。

1)经济意义

综合交通运输可以创造出商品的空间效用和时间效用，其中，空间效用是指产品通过空间位移实现价值增加所创造的价值；时间效用是指高效率的运输能够保证商品在适当的时间被运送到适当的地点所创造的价值。

综合交通运输虽然不生产新的物质产品，创造物质财富，但通过对各种运输方式的统筹协调，优化资源配置，降低运输成本，能够实现以最小的运输资源消耗来获得最大的运输能力、最高的运输效率与效益。具体表现在：一是快速、高效的综合交通运输体系能降低运费，扩大物质产品的销售范围，创造空间效用；二是能提高运输速度，缩短运输时间，创造时间效用。综合交通运输为商品创造的空间效用和时间效用在商品流通过程中具有十分重要的经济意义，空间效用和时间效用的产生是真正满足消费者需要的必要途径。

2)社会意义

综合交通运输基于交通基础设施，能够满足政治、经济、思想、文化等方面的交通需求，实现其社会意义。

(1)综合交通运输具有满足出行需求、稳定社会秩序、促进资源开发等社会功能

①综合交通运输能够满足人们日益丰富和多元化的出行需求。随着社会进步，人们对出行的要求越来越高，出行也很难由单一运输方式来完成，必须将不同运输方式共同承担的运输全过程作为有机整体，保证在每个环节都能为出行提供高质量服务。

②综合交通运输能够满足日常生产生活和社会秩序稳定需求。交通运输业必须不间断地从事正常运输以满足工农业生产和生活服务要求，其若产生偏差则容易打乱经济秩序和人民生活秩序；在发生自然灾害、战争、社会动乱及其他威胁人民生命和国家财产安全的情况时，综合交通运输将在抢救危亡、恢复社会秩序中发挥重要作用。

③综合交通运输能促进国土资源开发和加快城市化进程。随着交通运输业的发展，矿产、土地、生态等资源得以开发，人烟稀少的小镇也可成为人口聚集的繁华都市，这些变化都将加快城市化的进程，促进土地升值，使社会和人民群众从中受益。

(2)综合交通运输是现代经济发展的重要基础结构

①人货交流、生产发展及经济繁荣均有赖于发达的交通。良好的交通条件与高效的运输系统是生产过程在流通领域的继续和进行社会再生产的必要条件，是沟通城乡之间、地区之间、企业之间经济活动的纽带，也是联系国内与国外、商品生产与商品消费不可缺少的桥梁。

②综合交通运输的发展能够提供大量的就业机会。作为国民经济中的基础性行业，交通运输业涉及产业众多，包括工程建设、运输服务、安全生产、公共服务等方面；涵盖职业种类多样，包括建筑施工人员、运输设备制造人员、运输设备和通用工程机械操作人员、交通工程技术人员、行政执法和卫生检疫人员以及交通运输、仓储、邮政业服务人员等种类，带来了大量的就业机会。

(3)综合交通运输有利于文化的交流和文明的塑造

文明的起源和形成离不开交通运输的支撑,世界四大古文明均起源于江河地带。而文化的进一步发展更与交通运输有关,例如便利的交通运输可增加学生求学的机会,使教育更加普及;便利的运输条件促进了地区间的文化交流等。

(4)综合交通运输是综合国力的重要体现,也是国防建设和民族团结的有力支撑

为推进国民经济与社会发展、国防建设与国土开发,国家需要推动综合交通运输发展,来支撑国家整体发展战略的实施与经济建设,提高国家的整体竞争力和综合国力。运输是国防的后备力量,在战时又是必要的军事手段,优良的综合交通运输使人员和物资能快速集中移动,是克敌制胜的重要因素。综合交通运输使人们得以更高效、便利地往来接触,提高身份认同感和归属感,是国家各民族团结与发展的必要条件。

3)环境意义

交通运输的发展,尤其是各种运输方式的独立发展,会对环境造成不利影响。交通运输基础设施建设、客货运输以及日常维护管理等过程均会导致大量土地、水源、能源等资源被占用,以及对环境诸因素产生有害影响,这些有害影响构成了交通公害,如汽车、火车、飞机、轮船等运输工具烟尘、有害气体的排放对大气的污染,船舶事故造成的水域污染,交通运输设施在施工和运营期间对环境诸因素的影响等。而日益严重的城市交通拥堵,以及时常发生的交通事故,会进一步引发次生环境问题。

综合交通运输的高质量发展能够有效减少交通对环境的不利影响。一方面,综合交通运输能够整合各运输方式所占用的土地、水源等资源,缓解资源环境约束,推动交通与经济、社会、资源、生态环境协调发展;另一方面,完善的综合交通运输体系的发展,能够实现运输成本的降低和运输效率的提升,同时其对环境的损害和对资源的占用也会随之减少。

绿色交通是综合交通运输未来的重要发展趋势。在"碳达峰、碳中和"目标下,交通运输业作为排碳大户,具有减污降碳、协同增效的总要求。未来综合交通运输以推动交通运输节能降碳为重点,协同推进交通运输高质量发展和生态环境高水平保护。整个交通链条,包括设施建养、装备制造、能源供给、数字交通等,都将以"双碳"目标为牵引,纳入新业态、新模式、新技术的范畴,将会促进整个交通各要素的迭代升级,推动实现基础设施环境友好、运输装备清洁低碳、运输组织集约高效,促进交通与自然和谐发展。

1.4 本书重点内容

综合交通运输以区域层面的旅客运输和货物运输为研究对象,充分考虑客货位移中的各方面需求,保障旅客和货物运输顺畅、高效。

本书是对综合交通运输系统规划的全面阐述,通过建立综合交通运输系统分析的基本思路和逻辑框架,掌握综合交通运输系统结构、发展历程和基本规律,从宏观层面分析综合运输需求预测,综合交通运输系统规划的基础理论、常用方法及各子系统规划的常用方法等方法论,最终实现对综合交通运输系统的全面认知和对综合交通运输系统规划理论方法的系统掌握。

本书具体研究内容包括:综合交通运输的基本概念及发展历程;综合交通运输系统构成要素和基本特征;综合运输需求的概述及预测方法;综合交通运输系统规划的基础理论和常用方法;铁路运输、公路运输、水路运输、航空运输和管道运输系统等综合交通运输子系统规划的常用方法;综合交通运输发展趋势;等等。

复习思考题

1. 简述交通运输、综合交通运输的基本概念。
2. 简述我国与欧美发达国家综合交通运输发展侧重点的不同。
3. 简述综合交通运输形成和发展的阶段及其主要特征。
4. 简述综合交通运输的经济意义、社会意义和环境意义。

第2章

综合交通运输系统构成

学习目标

- 掌握综合交通运输系统各运输方式的技术、经济及组织特征。
- 掌握综合交通运输系统各运输方式的相互关系和适用范围。
- 了解铁路、公路、水路、航空、管道运输系统的设施。

2.1 综合交通运输系统方式构成及特征

2.1.1 运输方式构成

(1)铁路运输

铁路运输是指以机车或动车组牵引车辆,组成车列,借助通信和信号的联络,沿着铺有轨道的线路运行,用以载运旅客和货物,实现人和物的位移的一种运输方式。铁路运输具有速度快、运量大、成本低、安全性高、环保、准时等特征。

(2)公路运输

公路运输是指载运工具(汽车、人力车、畜力车等)利用公路实现旅客和货物空间位移的过程。从狭义上说,现代公路运输即指汽车运输。公路运输具有运输速度较快、灵活性高、运输批量适应性强、载运量小、运输成本较高等特征。

(3)水路运输

水路运输是指以海洋、江河、湖泊或人工水道为航行通路,以港口为集散、转运枢纽(节点),以船舶、排筏和其他浮运工具为载运工具,来完成旅客及货物运输的一种运输方式。水路运输具有占地少、运量大、运输成本低和能耗较低等特征。

(4)航空运输

航空运输是指使用飞机、直升机及其他航空器运送人员、货物、邮件的一种运输方式。航空运输具有运输速度快、运输成本高、运量小、受地形限制小等特征。

(5)管道运输

管道运输是使用管道输送流体货物的一种运输方式,主要用于输送原油、成品油、天然气、煤浆及其他矿浆。管道运输具有运量大、运输能耗少、运输成本低、灵活性差等特征。

2.1.2 运输方式的技术、经济、组织特征

2.1.2.1 技术特征

1)运输速度特征

运输速度是交通运输尤其是旅客运输最重要的技术指标之一,有技术速度和送达速度之分。

(1)技术速度

技术速度是指交通工具在线路区间内的平均行驶速度。技术速度的计算方法为运输距离与载运工具在途运行时间之比。其中在途运行时间包括起步、加速、减速以及运行时间等,但不包括途中的停留时间和始发、终到两端的作业时间。技术速度是决定送达速度的基本因素,因而比较各种运输方式的技术速度有一定意义。

技术速度主要影响因素包括运输工具的动力性能、运输线路的技术条件、驾驶员的驾驶水平、气候条件等环境因素等。不同运输方式因运输工具的动力性能不同,技术速度存在较大差异;同一运输方式由于运输工具、运输线路、天气等因素影响也常常存在技术速度上的差异。各种运输方式的技术速度最高值区间见表2-1。

各运输方式的技术速度最高值区间 表2-1

运输方式	铁路运输	公路运输	水路(内河)运输	航空运输	管道运输
技术速度最高值(km/h)	客车:100~350 货车:60~120	客车:80~120 货车:50~100	7.5~28(4~15节)	800~1000	液体:1.8~21.6 气体:18~90

(2)送达速度

送达速度是指客货在运输过程中平均每小时被运送的距离,其计算方法为路线长度除以运输消耗时间。其中运输消耗时间包括途中的停留时间和始发、终到两端的作业时间。一般情况下送达速度低于技术速度。

送达速度是影响运输能力和货物周转速度的重要因素,反映运输组织工作水平及运输工具设备的技术性能,是衡量各种运输方式经济效果的重要指标。对旅客和货主而言,送达速度更具有实际意义。影响运输方式送达速度的主要因素有技术速度,以及始发、终到两端的

作业时间和途中作业时间。

一般而言,航空运输的技术速度最高,即使将旅客前往和离开机场的路程时间考虑在内,其送达速度一般也是最高的。长途运输中铁路运输的送达速度高于公路运输;但短途运输中公路运输途中作业、始发和终到两端作业时间较短,其送达速度一般高于铁路运输。水路运输途中作业、始发和终到两端作业时间较长,且技术速度低,导致送达速度较低。

2)运输能力特征

运输能力是衡量运输方式在单位时间内和特定条件下,安全、稳定地承载旅客或运输货物的最大运输量。运输方式的运输能力可以从单个运输工具的运输能力和运输线路的运输能力两个角度衡量。

(1)单个运输工具的运输能力

单个运输工具的运输能力是指该运输工具单次所能承载旅客或运输货物的最大运输量。单个运输工具的运输能力为客货运输选择合适的运输工具,满足运输需求,选择合理、经济的运输方案,降低运输成本提供了依据。

单个运输工具的运输能力主要受运输工具的装载能力、动力性能等因素制约。一般而言,铁路运输和水路运输单个运输工具的运输能力远远高于公路运输和航空运输。不同运输方式单个运输工具的运输能力见表2-2。

不同运输方式单个运输工具的运输能力 表2-2

运输方式	客运能力(人)	货运能力(t)	影响因素
铁路运输	高速铁路:500~1200 普速铁路:800~1500	3000~10000	机车牵引功率、牵引车厢数等
公路运输	中小客车:4~7 大型客车:20~80	1~49	车辆类型、形状尺寸、动力性能等
水路运输	客船:200~2000	散货船:10000~400000 油轮:10000~400000	船型、船级、船舶尺寸等
航空运输	100~300	15~100	飞机的类型与设计,机舱布局和座椅构型等

(2)运输线路的运输能力

运输线路的运输能力是指在特定时间段内,某条运输线路能够承载旅客或运输货物的最大运输量。评估运输线路的运输能力可以为运输线路的规划和设计、运输资源的分配、运输线路容量的扩展与管理以及提高运输线路的运输效率等提供依据。

运输线路的运输能力受多种因素制约,包括线路的基础设施,单个运输工具的运输能力,在一定时期内所能通过、输送或编解的运输工具的数量等。公路、航空运输线路的运输能力较弱,而管道、水路、铁路运输线路的运输能力较强。各种运输方式线路货运能力比较见表2-3。

各运输方式线路货运能力比较 表2-3

运输方式	铁路运输	公路运输	水路(内河)运输	管道运输
最大运输能力 ($\times10^4$t/年)	单线:1800 双线:5500	四个车道: 300~500	船闸单线:2000 船闸双线:4000	管径为762mm的输油管道:2000 管径为564mm的输油管道:1000

3)运输服务特征

各运输方式的服务特征是指其提供的运输服务质量特征。运输服务特征是对运输方式提供的服务进行描述和评估的关键要素,主要包括舒适性、安全性、灵活性和准点性等。

(1)舒适性

舒适性是主要针对旅客运输的服务特征,指旅客在旅途中关于情绪和健康的感受情况,即旅途中尽可能不因车、船、机乘坐条件和环境的不佳而造成生理或心理上的不适、疲劳甚至损害等。舒适性不仅取决于载运工具本身的技术性能、运输过程中的服务质量、旅途时间等,也与乘客主观感受密切相关,一般认为个人活动空间是舒适性的重要影响因素。

总体来说,高速铁路和航空运输舒适性最好,普速铁路和水路运输次之,公路运输舒适性最差。高速铁路和航空运输活动空间较大,卫生间等设施配置完备,服务较为周到,振动和噪声相对较小,且一般旅程时间短,最为舒适。普速铁路运输活动空间较大,且提供卫生间、餐车等服务设施,但噪声和振动较大,相较于高速铁路和航空运输舒适性较差。水路运输通常有较大活动空间,提供客舱、餐厅、娱乐设施等,且可在船上自由活动,但一般耗时较长。公路运输活动空间最小且服务设施极少;振动、噪声受路面质量影响较大,随着车辆质量及路面等级提升,行驶过程中的振动和颠簸大大减少;公路运输的舒适性随运距增加而降低,短途运输对舒适性影响较小,但中长途运输易使乘客晕车、疲惫。

(2)安全性

运输方式的安全性是指在运输过程中确保旅客、货物和运输工具本身免受伤害、损失的程度。交通运输安全是对运输最基本的要求,主要包括人身安全、货物安全两方面。

安全性的影响因素主要包括:人为因素,包括驾驶员的身体、心理状态以及驾驶行为;运输工具因素,包括运输工具的维护以及安全设备;环境因素,包括天气、运输线路的条件以及交通状况等。总体来说,管道和铁路运输环境较为单一、稳定,人员受专业培训和严格管理,受天气等环境因素影响小,安全性最高;航空和水路运输也具有较高安全性;公路运输驾驶员及车辆规模较大,一定程度上不可控,道路、天气、地形条件等运输环境复杂多变,安全性最低。

运输方式的安全性通常主要采用结果性统计指标来表征,如单位运输量下的事故率、伤亡率;一定时间内的事故总量、伤亡人数、事故损失金额等。其中管道运输较安全且无单一运输工具,常直接采用一段时间内的事故数、伤亡人数作为统计指标。部分运输方式常用统计指标、计算方式,以及近年我国官方统计数据区间见表2-4。

部分运输方式常用安全性表征指标　　表2-4

运输方式	铁路运输	公路运输	水路运输	航空运输
统计指标	10亿吨公里死亡率	道路交通事故万车死亡率	水上交通事故“四项指标”	百万小时重大事故率10年滚动值
计算方式	铁路交通事故死亡人数/换算周转量(10亿吨公里)	道路交通事故死亡人数/(机动车数量×10^4)	水上交通事故起数、死亡失踪人数、沉船艘数、直接经济损失	10年内重大事故总数/(10年累计工作小时总数×10^6)

续上表

运输方式	铁路运输	公路运输	水路运输	航空运输
近年我国官方统计数据区间	低于0.5	1.5~5.0	2021年全国一般等级以上中国籍运输船舶交通事故126起，死亡失踪150人，沉船46艘，直接经济损失2.26亿元	低于0.03

(3)灵活性

运输灵活性是指一种运输方式在任意给定的两点间的服务能力。灵活性主要体现在空间、时间、批量和运行条件等方面：空间上的灵活性，即运输方式根据实际交通状况和需求快速调整路线和方向，从而避开拥堵或发挥最大效率的能力；时间上的灵活性，即根据旅客或货主的需求，随时启运的能力；批量上的灵活性，即运输方式单批次启运批量的可调节能力；运行条件上的灵活性，即运输方式在各种基础设施条件、运行环境下正常运行的能力。

总体来说，公路运输的灵活性最高，航空运输次之，铁路和水路运输灵活性较低，管道运输灵活性最低。公路运输由于线路等设施分布广，且车辆对设施依赖性较低，能够实现"门到门"运输；公路运输灵活性较强，且对客货运输批量大小具有很强的适应性。航空运输的灵活性在于可以跨越地形地貌、山川河流的阻碍，只要有机场并有航路设施保障即可开辟航线。铁路、水路运输受基础设施、自然地理等限制较多，很难直接运输到最终目的地，常需要与公路运输衔接。管道运输灵活性最差，需要在事先规划和建设的管道网络上进行运输，且运输货物类型有较大的局限性。

(4)准点性

运输准点性通常指的是按照预定的时间表或协商的时间要求准时完成运输的能力。准点性的影响因素主要包括天气条件、交通状况、运输工具和网络设施的可靠性、运输管理能力等。

管道运输准点性最强，其次是铁路运输和航空运输，公路运输和水路运输最差。管道运输的物质流动是连续、稳定和自动化的，不受交通状况、天气等因素干扰。铁路运输计划性强、受天气影响较小，且能够对运输工具进行实时控制，其准点性容易保证。航空运输航班时间表安排严格，且速度快，所以准点性通常较好，但易受气象条件影响，其准点性主要由此决定；随着运输工具的进步及管理水平的提高，我国客运航班准点率已超过90%，平均延误时间少于10分钟。公路运输和水路运输受天气等环境因素影响较大，准点性相对较低。

2.1.2.2 经济特征

1)运输成本特征

运价是运输价值的货币表现，而其内在决定因素则是运输成本。运输成本是运输企业在一定时间内完成一定客货运输量的全部费用支出，是一个综合性指标，反映了劳动生产率的高低、燃料的节约与浪费、设备利用率和运输组织效率的高低等。

由于交通运输具有明显的外部性，运输活动必然存在外部成本，因此本书所提运输成本为交通运输的社会总成本，包括一般意义上的运输成本——运输的直接和间接成本，以及运输的外部成本。

(1)运输的直接和间接成本

交通运输活动具有一定特殊性,除固定设施外,还需移动性的载运工具来直接提供运输服务,并根据需求在不同地区或运输市场间转移。因此交通运输成本被分为固定设施成本、移动运输工具拥有成本和运营成本三类。

运输的直接成本是指完成运输过程所直接使用的费用,包括固定设施成本、移动运输工具拥有成本和运营成本中直接与运输量相关的可变成本(如直接运营人员工资、运输工具消耗燃料);间接成本为运营成本中与运输量关系不大的成本,主要为运输企业辅助和管理人员的工作开支。

固定设施是指不能移动的运输设施,如轨道、公路、车站、港口、航道、机场与管道等,固定设施成本是一种沉没成本。固定设施对于每一种运输方式都是必不可少的,大多数情况下固定设施所有者与相应运输服务提供者是分离的。铁路、公路运输固定设施成本最高,航空、水路运输次之,管道运输最低。

移动运输工具拥有成本主要包括工具的添置费用、部分折旧费和维修费用。管道运输没有单一运输工具外,航空运输工具拥有成本最高,铁路、水路运输次之,公路运输最低。

运营成本主要包括直接运营人员工资以及运输工具消耗的燃料,这两类是直接与运输量相关的可变成本。除此之外,运输企业一般还需要配备若干辅助人员和管理人员,这些人员的工作开支与运输量关系不大,是运输的间接成本。航空运输运营成本最高,公路运输次之,铁路、水路运输及管道运输最低。

(2)运输的外部成本

由于交通运输的外部性特征,其除了内部成本外还存在外部成本。外部成本是独立于市场机制以外的成本,是指运输企业的经济活动给外界带来了损失,外界为抵消这种损失所需要的投入,这种损失主要包括道路堵塞、环境污染、交通事故、生态破坏所造成的损失。也许企业已经承担一部分外部成本,但可能不能完全覆盖,社会还需要为此承担一定成本。

交通运输的外部成本主要包括安全成本、能源成本及环境成本三部分。安全成本即某种运输方式的交通事故损失,其取值由该种运输方式单位人公里的事故发生率直接决定。能源成本即某种运输方式对能源的总需求量,它有两层含义:一是按现状推定的未来交通量所需能源;二是按客货运输量所占比重,各运输方式只能使用的能源份额。此外,伴随着新能源运输工具的发展,交通运输能源消耗造成的负外部效应逐渐变小。环境成本即某种运输方式的环境承载力,可通过环境治理影响评价和资源利用水平评价得出的评价指标来综合表示。综合比较,航空、公路运输外部成本最高,铁路、水路运输次之,管道运输最低。

2)可持续发展性特征

运输方式的可持续发展性是指在设计、建设和使用各种运输方式的过程中,兼顾经济、社会和环境效益,给当代和后代提供一个高效、安全、环保且不会耗尽资源的运输系统。可以从土地资源占用、能源消耗、环境污染等多方面分析。

(1)土地资源占用

土地资源占用是指在建设和使用运输基础设施及其附属设施过程中对土地资源的占用

和开发。一般而言,管道运输对土地资源占用最少;航空运输和水路运输可以利用天然资源形成线路,节省了线性交通设施对土地资源的占用;铁路运输和公路运输要修建大量线性交通设施和节点设施,对土地资源占用较多。

(2)能源消耗

能源消耗主要是指各种运输工具或设施消耗的能源。交通运输业是能源消耗大户,2023年我国交通运输、仓储和邮政业能源消耗占全行业的8.4%。伴随着出行结构的持续优化及新能源等的应用,未来运输工具单位碳排放强度逐渐下降,能源消耗总量将呈现"先上升后下降"态势,陆路交通运输石油消耗到2030年前将会达到峰值。不同运输方式单位周转量碳排放规模由大到小排序为航空运输、公路运输、铁路运输、水路运输;能源消耗总量由大到小排序为公路运输、航空运输、水路运输、铁路运输、管道运输,其中,公路运输和航空运输的能源消耗远高于其他运输方式。

(3)环境污染

交通运输对环境的影响主要是污染物的排放。这些污染物包括运输工具排放的废气、噪声、垃圾、污水、烟尘及粉尘等。其中汽车排放的尾气、噪声分别成为城市大气、噪声污染主要来源之一。在目前的技术条件下,就与可持续发展的相容性而言,管道运输最具优势,其次分别为水路、铁路、航空运输,最后为公路运输。伴随着新能源车辆的大规模使用,以及全社会客货运输结构中铁路、水路运输等运输方式占比提升,交通运输总体污染影响将呈现"先上升后下降"趋势。

2.1.2.3 组织特征

(1)服务对象特征:公共性与私人性

运输的公共性与私人性概念关注的主要是运输服务对象,即服务是面向广泛公众还是专门针对特定个体或企业。针对大众的运输活动被定义为公共运输;仅针对特定个体或企业定制的运输服务被归类为私人运输。

公共运输与私人运输各具优缺点,其对应运输方式也有所不同。一般来说,铁路运输、航空运输和水路运输以公共性为主,私人性较低;公路运输具备较高的私人性以及一定程度的公共性。

(2)供给范围特征:"一线两点"与"一线多点"

"一线两点"指仅提供从一个特定的起点到一个特定的终点的运输服务,没有中途停靠点或转运节点;"一线多点"是指运输供给沿着一条线路连接多个节点的运输服务,可以包括多个中途停靠点或转运节点。"一线两点"调度简单,节省时间和成本,运输效率高,但因为只涉及两个节点,遇到突发情况时调整方案可能会受到限制,灵活性较低;"一线多点"则呈现相反特征。

铁路运输和水路运输多呈现"一线多点"模式,公路和航空运输多呈现"一线两点"模式。铁路运输模式选择与需求密切相关,当时间紧张且需求集中时也会采用"一线两点"运输模式。水路运输中较低级别船舶会在沿线多站点停靠,以便迎合更多运输需求;高速客船或专线货船等多选用"一线两点"模式。公路运输较为灵活且运输工具的运输能力有限,多选用"一线两点"模式;但公共交通和长途客运也会出现旅客在中间站点上下车情况,呈现"一线多点"模式。当运距过长或者有特殊需求时,航空运输也会采取"一线多点"模式。

(3)供给频次特征:“少量多次”与“多量少次”

各运输方式单个运输工具的运输能力及拥有量等特征差异,决定了它们对运输需求的满足存在着“少量多次”与“多量少次”两种基本模式。“少量多次”是指以较小的运输量,高频次地提供资源和服务;“多量少次”则相反。

供给频次特征主要的影响因素包括单个运输工具的运输能力、货物特性、交通运输成本等。运输工具运输能力较小,运输距离较短,或者是运输小规模货物、易损品等情况下更适宜采用“少量多次”的运输模式;铁路运输和水路运输适宜采用“多量少次”的运输模式;公路运输和航空运输适宜采用“少量多次”的运输模式。

(4)供给密度特征:集中供应与分散供应

运输需求的发源地和目的地呈现出分散分布特点,然而运输供给在实际应用中仅能够实现有限程度的集中,呈现出集中供应和分散供应两种特征。集中供应具有较高的资源利用率,能够统一规划和监控,但存在响应较慢、易受中心决策失误影响等问题。分散供应灵活性高、响应速度快、能适应多样化需求,但可能导致资源分配不均、竞争加剧等问题。

不同运输方式对需求满足度的差异和相对需求量规模的大小,将影响供给侧在空间分布上的集聚程度。铁路运输、水路运输单次运输的负载能力较大,服务范围广,以集中供应为主;航空运输以集中供应为主,其运输需求绝对量较小,必须将较大区域内的需求汇集至机场,以确保有足够运输量满足经济性要求;而公路运输是典型的“少量多次”运输模式,采用分散供应方式。

(5)供给约束特征:“强管制”与“弱管制”

运输管制是指政府或相关机构实施的一系列措施,用以规范、管理和优化整个运输系统的运作,可以分为“强管制”和“弱管制”。在“强管制”下,政府或相关机构对运输市场进行详细的规定和管理,包括许可证制度、价格管制、路线规划、运力调配等。在“弱管制”下,政府或相关机构对运输市场的干预较少,主要依靠市场机制和竞争来调节运输活动。

铁路、航空和管道运输呈现“强管制”特征,水路和公路运输呈现“弱管制”特征。铁路运输通常由政府垄断经营和监管,以政府为主体管控路线调控、运力分配、票价调整等。航空运输具有复杂技术要求,航空公司需要遵守国际航空协议和民航管理法规,获得适当的许可证和认证,航线规划也需要经过审批。管道运输涉及能源资源和环境安全,需要符合特定的技术标准和安全要求,政府通常会对其严格监管,运营者需要获得相关的许可证和执照。对于水路运输,政府会制定安全标准制度,但对市场干预较少,运输企业可以自由选择航线和提供服务。公路运输市场相对开放,呈现“弱管制”特征。

2.1.3 运输方式的相互关系

任何一种运输方式的基本功能都是使人或物发生空间位移,因而它们之间必然具有较强的替代性;人和物发生空间位移的过程中所伴随的技术经济特征不同,各种运输方式都有一些最适合自己的运输需求。这决定了运输方式之间存在几种基本的关系特性,即垄断性、协作性和竞争性。运输方式之间的相互关系是协调各种运输方式发展的理论基础。

2.1.3.1 关系特性的影响因素

各运输方式间的相互关系不是一成不变的,在不同的货物种类、运输距离、运输地域环境下往往有所变化。不同运输方式间客运相互关系主要受运输距离影响，而不同运输方式间货运相互关系主要受运输货物属性影响。

客运方式选择的最主要影响因素是出行时间，这主要取决于运距和速度，因此同一运输方式因运距不同可能会给乘客带来不同的出行体验。而货运方式选择的最主要影响因素是费用、时间等运输成本，不同货物属性（货物规模、货物价值、时间敏感度、货物状态等）致使其在运输费用和时间上具有不同需求。

2.1.3.2 各运输方式的垄断性

垄断是一种运输方式在特定领域或特定货物运输方面具有独占地位的情况。由于各运输方式均有自己的技术经济特征，有些运输需求只能由特定的运输方式来满足（或者说出于技术经济等因素考虑，选用该方式最合适），其他运输方式无法替代，从而形成了各种运输方式的垄断供给领域。此外在现实中，运输供给的空间限制也会产生垄断。

垄断是相对的，随着其他运输方式不断改进自己的技术、经济水平，以及运输需求的内在变化（如对运输质量要求的提高等），原先基本上由某运输方式垄断的运输服务范围，可能会被其他运输方式部分侵入。各运输方式垄断性的变化，是其他运输方式运输服务范围的不断变化造成的。

（1）以运距为主的客运垄断性

在长距离客运方面，航空运输由于其快速、高效的特点具有较强垄断性，尤其在跨越国家，以及山川河海等地理限制的长途客运方面，航空运输通常是最佳选择。铁路运输在运输能力、运输速度和舒适性等方面的优势使其成为中长距离客运的主要选择。公路运输在短距离运输市场具有重要地位，其网络覆盖广泛，能够覆盖到偏远地区等交通不便区域，且灵活性较强。一般认为，公路运输在中短距离运输方面具有垄断性，中长途运输主要选择高速铁路运输，而旅客长途出行则主要选择航空运输。

（2）以货物属性为主的货运垄断性

①水路运输、铁路运输、管道运输对于大宗货物运输具有一定垄断性。水路运输提供了连接不同国家和地区的便捷通道，对于超长距离、大规模、时间敏感度较低的散装货物和国际贸易货物运输具有垄断性。铁路运输的固定成本较高，但速度相对较快且较为稳定，在较长距离，对安全性、准点性和运输时效具有一定要求的大规模货物运输中具有垄断性。管道运输对大宗液态和气态货物的长距离运输具有较强的垄断性，这些货物通常具有大宗、连续流动的特点，需要稳定和高效的运输通道。

②公路运输、航空运输对于小批量货物运输具有一定垄断性。公路运输对小规模、短距离、具有一定时效要求的货物运输具有一定的垄断性。这类货物对于灵活性和即时性的需求较高，而公路运输能够提供“门到门”的服务，满足快速交付的要求，且当运输量较小，且运距较短时单位运输成本相对较低。航空网络覆盖全球，能够提供快速的全球货运服务，航空运输对小规模、中长距离的高价值、时间敏感度高的货物，如奢侈品、电子产品、药品等的运输具有较强垄断性。

2.1.3.3 各运输方式的协作性

分工协作关系，是指为实现满足运输需求这一共同目标，各种运输方式之间进行的合理分工、相互配合，即分别提供各种不同而又相互补充的运输产品，共同配合完成运输任务。各种运输方式的技术经济特征决定了分工协作的必要性。

(1)客运方式间的协同互补

在长距离、跨区域客运过程中,受线路设置、班次安排、气候条件、地理条件、个性需求等影响,有时需要依靠多种方式联合运输。以"一票制"为核心目标的旅客联运成为我国客运发展重要方向。伴随着城市候机(船)楼、高铁无轨站、旅游集散中心等联运服务设施逐步完善,主要单体枢纽间快速直接连接,逐步实现多种运输方式有效衔接、同站换乘,优化换乘流程,缩短换乘距离,"空铁通""空巴通"、公铁联运、海空联运等主要联运模式快速发展。

在短距离客运中,常通过轨道、公路等短途集散,实现航空、铁路等运输方式辐射范围的拓展。公路运输和轨道交通运输在短距离客运范围内具有快速性、舒适性、准点性、直达性优势,可以助力打造机场、铁路等"以点带面"的运输服务方式,提高枢纽场站与腹地联系的可靠性、快速性,使其更具吸引力。

(2)货物运输方面的协作互补

在以铁路、水路运输为主的长距离、大宗货物运输中,存在地理条件、基础设施等限制,需要采用江海联运、铁水联运等多种方式联合运输减少线路绕行,实现效率提升和成本降低。随着"一带一路"倡议推进和落实,海铁联运、江海联运、陆桥运输等方式兴起,在区域的大宗货物长途运输中发挥重要作用。

铁路场站、港口、机场等枢纽必定要拥有足够大的腹地范围才能够保证其效益,需要通过合理能力匹配、衔接顺畅的公路集疏运网络,在一定区域内汇集或疏散货物。在短距离货物运输中,公路运输独具的"门对门"的灵活性优势,使其成为集散其他运输方式的必备选择。

2.1.3.4 各运输方式的竞争性

各运输方式的适用范围有一定的交叉,在这个交叉领域内就可能存在运输方式之间的竞争。各运输方式都有各自优势服务范围,同时也在不断拓展优势服务范围,在拓展过程中必然会出现一定程度的冲突,也就存在相互竞争。适度竞争可以为旅客或货主提供更大的可选择权,提高各运输方式的服务质量、降低运输成本,也有利于各运输方式的健康发展和运输资源的合理分配。

(1)客运方面的运输方式竞争

随着铁路发展,客运方面的运输方式竞争集中在中短途的高速铁路运输与公路运输竞争、中长途的铁路运输与航空运输竞争两方面。

对于中短途而言,随着城际铁路的快速发展,高快速铁路运输以其安全、舒适、准点的优势,在具有大量客流的城市,能够保证运营盈利,形成与高速公路运输相竞争的发展局面。随着运距的增加,高速铁路运输客流分担率逐渐增大,一般来说当运距大于500km时,高速铁路运输以其速度和舒适优点维持绝对优势。

在长距离客运方面,铁路运输与航空运输的竞争,不仅受运距的影响,还受运价的影响。一般来说当运距小于800km时,高速铁路运输在价格和开行密度上有绝对优势;当运距在1200~1500km时,航空运输的价格更低、速度更快。但是航空运输受乘客候机时间长、安检程序烦琐、正点率相对较低等不利因素影响,随着高速铁路网络的完善和铁路运输服务质量的提高,铁路运输和航空运输在长距离运输中的竞争必然会更趋激烈。

(2)货运方面的运输方式竞争

货运方面,运输方式的竞争主要集中于水路运输和铁路运输对附加值低、大批量货物长距离运输的竞争,以及公路运输和铁路运输对附加值较高、小批量货物中距离运输的竞争两方面。

对于附加值低的大批量货物,在长距离货运方面水路运输与铁路运输存在一定竞争。水路运输适用于大宗货物和散货的长距离运输,尤其是在国际贸易、跨大洋和跨洲运输方面具备明显的优势,但其速度较慢,易受天气影响。而铁路运输适用于重型货物和大宗货物的中长途运输,其速度较快,运输货物常常有时限要求。由于货物类型、运输距离和速度存在差异,水路运输和铁路运输一般在不同领域发挥各自优势,两者竞争不是太激烈。

对于附加值较高的小批量货物,在中距离货运方面公路运输与铁路运输存在一定竞争。铁路运输在中距离货运方面具有一定竞争优势,可以承载大量的货物,运输成本相对较低且具备稳定性和可靠性。公路运输由于其灵活性和便捷性的特点,在中距离货运市场上,在货物规模较小的情况下,仍然有一定的竞争优势。

2.1.4 运输方式的适用范围

五种运输方式的产品(即客货在空间上的位移)虽然是同一的,但其技术经济特征各不相同,这决定了在不同的运输需求下选择的运输方式不同,形成了不同的适用范围。但适用范围并不是绝对的,其受地区自然条件、运输方式发展水平和经营管理状况等影响。

(1)铁路运输的适用范围

无论是客运还是货运,中长距离运输是铁路运输的传统优势范围。普速铁路运输常用于运输煤炭、钢材、粮食等附加值较低的大宗货物;高速铁路运输凭借其速度快、舒适性强和发车密度大等优点,在中长距离客运中具有更为突出的优势。

在中短途客运方面,铁路运输适用范围呈现扩大趋势。铁路运输具有安全、舒适、准点等优势,随着高速铁路的发展和高速铁路网络的加密布局,其也足以与公路运输竞争,尤其是能满足节假日大量旅客出行的需要。

铁路运输还具有一定的军事运输功能,军事部门可以通过铁路运输军用物资、士兵等,从而极大提高战备机动能力,实现战略力量全境快速机动。

(2)公路运输的适用范围

公路运输适用于中短距离的客运和货运,这与公路运输的技术经济特征相适应。私人小汽车的便利性是其他公共运输方式难以比拟的,非营业性公路客运出行规模将在全社会客运出行规模中持续保持较高比重。

公路运输因具备极为突出的机动性,成为补充和衔接其他运输方式的主要方式,可以担负铁路、水路、航空运输无法到达的区域以及其起终点的接力运输。

在一定情况下公路运输也可以突破中短途运输的合理运距。例如对于价值较高、时间敏感度高的鲜活货物,由于公路运输具有不必换装、货损少、速度较快、可以直达生鲜产销地等优点,其经济运距可达800~1000km。此外,在铁路、水路运输等发展不够成熟的地区,公路运输也常承担长途运输功能。

(3)水路运输的适用范围

水路运输具有运输能力大、运输成本低、运输速度慢、适应性差等技术经济特征。在航道能通达的地方,尤其是在运输长、大、重的货物时,水路运输是最经济的一种运输方式。水路运输在我国交通运输业中占有重要地位,是国际贸易的主要运输方式。

水路运输在发挥旅客运输功能的同时,常常具备观光功能。

(4)航空运输的适用范围

航空运输速度快、成本高,适用于长距离客运尤其是跨越国家及山川河海等地理限制的长途客运,以及对时间较敏感的贵重物品、高附加值货物和邮包运输。随着运输成本的降低、经营管理状况的改善以及人民生活水平的提高,航空运输的适用范围也将进一步扩大。

航空运输因其高度灵活性和快速性、受地形地貌限制少等优点,还适用于救灾、抢险、防疫、急救等急运人员和物资运输,以及应用于航空摄影、遥感、海上服务、林业播种、防火护林等。此外,伴随低空飞行的快速发展,无人机、eVTOL(电动垂直起降航空器)等新型飞行器在医疗等高价值物资运送、城市快速交通等“点到点”的快速运输服务中具有巨大潜力。

(5)管道运输的适用范围

管道运输具有运量大、占地少、成本低、适应性差等技术经济特征,适用于运量大、性能稳定的液体或气体运输,是一种专用运输方式。目前管道运输主要用于输送天然气、原油和成品油以及其他大宗稳定的气态和液态化工原料产品。由于管道基本埋藏于地下,运输受天气等环境因素影响小,可以减少泄漏和污染风险,能提供长期持续、安全可靠的供应。

综上可知,由于运输需求的多样性以及各种运输方式的技术经济特征不同,各种运输方式都有自己的适用范围,同时也存在部分交叉重叠。这是各运输方式之间存在竞争的原因,也是它们合作的基础。

2.2 综合交通运输系统设施构成

2.2.1 综合交通运输系统构成要素

综合交通运输系统的构成要素主要包括客货运输需求、空间网络设施、交通载运工具和运行保障措施等。

(1)客货运输需求

综合交通运输系统的客货运输需求,指的是在一定时期内,某一区域内,一切有利于国民经济和社会发展的,人与物的空间位移的需要,是构建综合交通运输系统的服务客体。

(2)空间网络设施

综合交通运输系统的空间网络设施,是实现综合交通运输系统客货运输功能的物理基础,由铁路、公路、水路、航空、管道等多种运输方式的网络设施,衔接不同运输方式的综合交通枢纽,以及不同运输方式形成的复合运输通道构成。

(3)交通载运工具

综合交通运输系统的交通载运工具,是容纳与承载被运送人员与物资的基本单元,通过机械动力驱动实现被运送对象在交通运输系统网络上的空间移动。

根据动力与装载客货容器间的关系,交通载运工具可以分为两类:一是与动力完全分离,只有装载客货容器的运输工具,如车辆、挂车、驳船等,该类载运工具需要结合其他动力设备以实现运输;二是既有装载客货容器,又拥有原动力的独立式运输工具,如轮船、汽车、飞机等。

(4)运行保障措施

综合交通运输系统的构建需要各种运行保障措施的引导、支撑和保障。综合交通运输系统的运行保障措施主要包括法律法规、体制机制、国土资源、技术政策、人才保障、规划设计等方面。

(5)构成要素之间的关系

在综合交通运输系统中各个要素缺一不可,它们之间相互依存、相互影响,共同保障整个综合交通运输系统的正常运转。其中客货运输需求是构建综合交通运输系统的服务客体;空间网络设施是综合交通运输系统的基础,是运输工具流动的物质基础;交通载运工具是在此基础上满足客货运输需求的工具,在空间网络设施上开展运输活动;整个运输过程在运行保障措施的引导、支撑和保障下顺利进行,以实现综合交通运输系统的可持续健康发展。

2.2.2 铁路运输系统设施

铁路运输系统设施主要包括铁路线路、铁路车站及枢纽、铁路机车及车辆、铁路信号与通信设备等。

2.2.2.1 铁路线路

铁路线路是由轨道、路基、桥隧建筑物组成的一个整体工程结构,是铁路机车车辆运行的基础。

(1)铁路线路分类

铁路线路可从不同角度进行分类,如运输功能、运行速度、路网地位等。

按运输功能划分,铁路线路包括客运专线铁路、客货共线铁路、重载铁路三类。客运专线铁路是专供旅客列车行驶的铁路,可进一步划分为高速铁路、城际铁路两类;客货共线铁路是指既开行旅客列车又运行载货列车以及其他技术作业车辆的铁路;重载铁路是供运载大宗散货的总重大、轴重大的列车行驶或行车密度和运量特大的铁路。

按运行速度划分,铁路线路包括高速铁路、快速铁路、普速铁路三种。高速铁路简称高铁,运行速度为250km/h以上;快速铁路简称快铁,运行速度为200km/h左右;普速铁路简称普铁,运行速度在160km/h以内。日常人们所说的高速铁路为广义的高快速铁路,故铁路线路也可分为高速铁路和普速铁路两类。

按路网地位划分,铁路线路可分为干线铁路、支线铁路两大类。干线铁路分为国家干线铁路、区际干线铁路两种;干线铁路以外的铁路都是支线铁路,在铁路网中起补充辅助和延伸扩张作用,包括地方区域铁路、城际轨道交通、城市轨道交通、地方专线铁路、其他支线铁路五种。按路网地位划分的铁路类型及主要服务范围和承担功能见表2-5。区域多层次轨道交通体系结构如图2-1所示。

按路网地位划分的铁路类型及主要服务范围和承担功能 表2-5

铁路类型		主要服务范围和承担功能
干线铁路	国家干线铁路	在全国范围内承担主干线功能; 主要联系城市群、重要资源地区、重要城市
	区际干线铁路	在全国范围内承担次干线功能; 通常连接相邻的省级行政区,或省内若干相隔较远距离但重要的经济区域

续上表

铁路类型		主要服务范围和承担功能
支线铁路	地方区域铁路	主要承担特定区域内城市群、城市节点间联系
	城际轨道交通	主要服务城市群内各城市间联系
	城市轨道交通	区别于城际轨道交通，主要承担市内运输，运输范围较小
	地方专线铁路	管理主体为地方政府，服务于如港口集疏、市域联系等的地方特定运输需求
	其他支线铁路	服务于指定厂区、工矿、港口等的运输需求

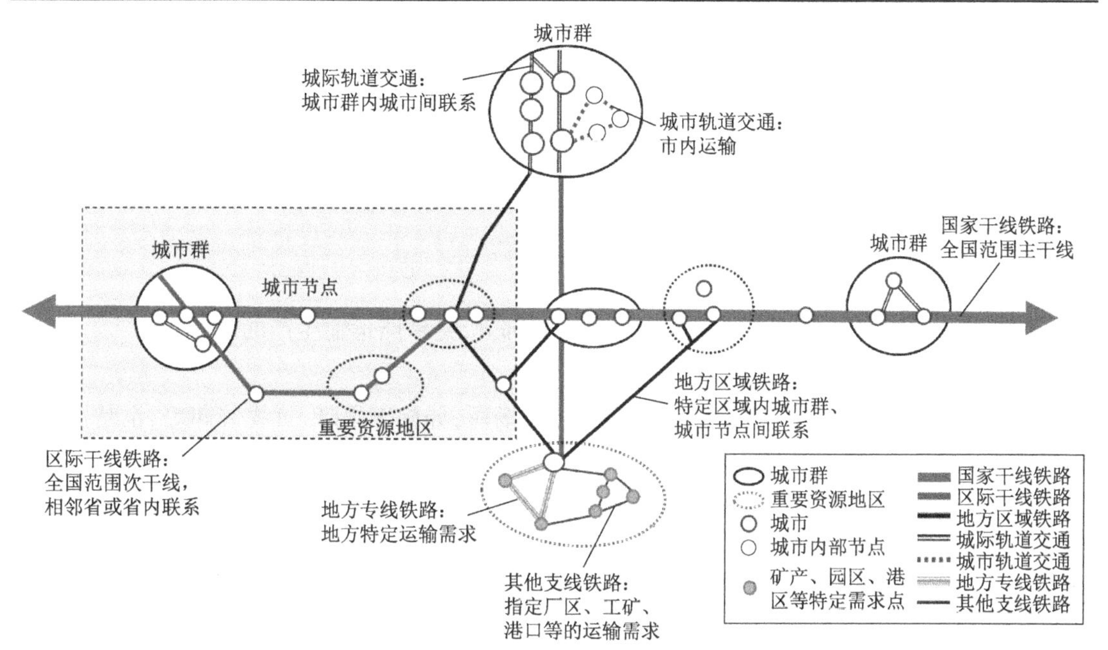

图2-1　区域多层次轨道交通体系结构示意图

(2)铁路线路分级

根据《铁路线路设计规范》(TB 10098—2017)等行业规范标准，我国铁路线路等级可基于其在路网中的作用、性质、设计速度和客货运量确定，分为高速铁路、城际铁路、客货共线铁路、重载铁路，具体见表2-6。其中，客货共线铁路可基于年客货运量，进一步划分为Ⅰ～Ⅳ级，见表2-7。年客货运量为重车方向的货运量与由客车对数折算的货运量之和，1对/d旅客列车按1Mt年货运量折算。

铁路线路分级概况表　　　　表2-6

等级	高速铁路	城际铁路	客货共线铁路	重载铁路
设计速度(km/h)	350/300/250	200/160/120	200/160/120/100/80	100/80
技术等级	高铁级	国铁Ⅰ级	国铁Ⅰ～Ⅳ级	国铁Ⅰ级
运输对象	旅客	旅客	旅客、货物	货物
铁路动力	电气化	电气化	电气化、燃气化	电气化、燃气化
连接节点	国家重要政治、经济中心城市	相邻城市或城市群	省会城市及大中城市	资源丰富、需运输大宗货物的城市

客货共线铁路分级概况表 表2-7

等级	铁路在路网中的作用	近期年客货运量(Mt)
Ⅰ级	骨干作用	≥20
Ⅱ级	联络、辅助作用	10～20(不含)
Ⅲ级	为某一地区或企业服务	5～10(不含)
Ⅳ级		<5

(3)铁路线路构成

铁路线路主要由轨道、路基、桥隧建筑物构成。轨道是铺设在道床上的、为列车安全运行提供支撑与导向,并将所承受压力传递、扩散到路基或桥隧建筑物上的整体工程结构。路基是轨道的基础,直接承受轨道的重量和轨道传来的机车车辆及其载荷的压力。桥隧建筑物是铁路线路为通过江河、湖泊、溪沟、山岭等天然障碍或跨越公路、管道等人工建筑物而修建的建筑物。

2.2.2.2 铁路车站及枢纽

铁路车站及枢纽是铁路运输系统的重要组成部分,是铁路运输生产的基地。

(1)铁路车站

铁路车站是供铁路部门办理客货运输业务的场所,如旅客乘降、货物装卸等,也是铁路运输系统的基层生产单位,办理和列车运行有关的各项作业。

①铁路车站按办理运输业务的种类可划分为客运站、货运站和客货运站。客运站是专门办理客运业务的车站,主要业务包括:售票,旅客上下车,行李包裹的承运、保管、装卸与交付等;旅客列车始发、终到、技术检查等行车工作;客车整备等作业。货运站是专门办理货运业务的车站,主要业务包括:货物承运、装卸、交付;货物列车到发、车辆取送等作业。客货运站是既办理客运业务又办理货运业务的车站。

②普速铁路车站按办理技术作业的性质,分为编组站、区段站和中间站,编组站和区段站统称技术站。而高速铁路车站在列车编组辆数、运营模式、信号制式等方面均不同于普速铁路车站,因此其在功能和分类上有别于普速铁路车站。高速铁路车站可分为始发终到站、越行站和中间站三类。普速铁路车站和高速铁路车站各类型的定义及位置,以及主要作用见表2-8。

铁路车站分类表 表2-8

类别		定义及位置	主要作用
普速铁路车站	编组站	办理大量货物列车解体和编组作业,并设有比较完善的调车设备的车站	①解编各种类型的货物列车; ②组织和取送本地区进行装卸作业的车流; ③供应列车动力,对车辆进行日常和定期检修等
	区段站	解体与编组区段和沿零摘挂列车的车站。 多设在中等城市和铁路网上牵引区段(机车交路)的起点或终点	①为相邻的铁路区段供应机车或机车乘务组的换班; ②为无调中转列车办理规定的技术作业; ③办理货车中转作业; ④编组区段列车和摘挂列车

续上表

类别		定义及位置	主要作用
普速铁路车站	中间站	在铁路区段中为提高铁路区段通过能力,保证行车安全,并为沿线城乡居民及工农业生产服务而设的车站	①主要办理列车的到发、会让和越行; ②办理少量客货运输业务
高速铁路车站	始发终到站	位于高速铁路线的起点和终点,或有大量客流出发、到达的大城市的车站	①主要办理始发、终到作业及客运业务; ②办理列车的折返、动车组的取送作业; ③办理动车组的客运整备和客车检修作业
	越行站	专为办理本线列车越行跨线而设的车站	①办理正线各种旅客列车的通过作业; ②办理待避列车进出到发线、停站待避; ③通常不办理客运业务,但可为未来预留办理条件
	中间站	位于高速铁路线上,主要办理客运业务的车站	①主要办理停站列车的客运业务; ②办理正线上各种列车的通过、越行作业; ③部分中间站还办理少量列车的折返作业; ④与既有线通过联络线连接的中间站,办理转线列车的接发作业; ⑤办理检测、维修等其他作业

(2)铁路枢纽

在铁路干、支线的交叉点或衔接地点(三个及以上方向交叉或衔接),由各种铁路线路、专业车站或客货车站以及其他运输服务相关设备组成的整体称为铁路枢纽。铁路枢纽主要业务是列车的解体、编组、转线等。铁路枢纽按其在铁路网上的地位与作用可分为路网性铁路枢纽、区域性铁路枢纽、地方性铁路枢纽三类。

①路网性铁路枢纽。承担的客货运量和车流组织任务涉及整个铁路网,一般位于几条铁路干线交叉或衔接的具有重要政治、经济地位的大中城市,办理大量的跨局通过车流和地方车流,设有较多的专业车站,其设备的规模和能力都很大,如北京、郑州、上海、广州、武汉等铁路枢纽。

②区域性铁路枢纽。承担的客货运量和车流组织任务主要为一定的区域范围服务,一般位于干线和支线交叉或衔接的中小城市,办理管内的通过车流和地方车流,设备规模不大,如太原、长春等铁路枢纽。

③地方性铁路枢纽。承担的运量和车流组织任务主要为某一工业区或港湾等地方作业服务,一般位于大工业企业和水陆联运地区,办理大量的货物装卸和小运转作业,如大连、秦皇岛、大同等铁路枢纽。

2.2.2.3 铁路机车及车辆

铁路机车及车辆,是用于牵引和装载运输对象,并使它们沿既定轨道发生位移的运输设备。铁路机车是铁路运输的牵引动力,铁路车辆是运送旅客和货物的工具。而动车组是由动车与拖车(包含控制车)组成固定编组使用的车组。

(1)机车

机车是牵引列车和进行调车作业的动力来源。铁路车辆大都不具备动力装置,需要把客车或货车连挂成列,由机车牵引运行在车站上,车辆的转线以及货场取送车辆等各项调车作业也都要由机车完成。铁路机车大致以运用和牵引动力来划分。

①按运用划分,铁路机车分为客运机车、货运机车和调车机车。客运机车是牵引客车的机车,其牵引力较货车机车要小一些,速度较快。货运机车是用来牵引货车的,牵引力大,速度较慢。调车机车主要在车站完成车辆转线以及货场取送车辆等各项调车作业,特点是机动灵活,能通过较小的曲线半径。

②按牵引动力划分,铁路机车分为蒸汽机车、内燃机车、电力机车。蒸汽机车利用蒸汽机,把燃料的化学能变成热能,再变成机械能,从而使机车运行。内燃机车利用内燃机产生动力,并通过传动装置驱动车轮前进,是一种自带能源的机车,具有维修保养量小、功率大等优点。电力机车是指从外界获取电力,并通过牵引电机驱动的铁路机车,具有提高运输能力、保护生态环境等优点。

(2)车辆

铁路车辆是铁路用以运送旅客和货物的载运工具。它一般没有动力装置,必须把车辆连挂成列,由机车牵引才能沿线路运行。铁路车辆按用途分为客车、货车、特殊用途车。

铁路车辆种类繁多但构造基本相同,大体均由六部分构成:车体、车底架、走行部、车钩缓冲装置、制动装置,以及车辆内部设备。

(3)动车组

动车组是由动车和拖车或者全部由若干节动车固定地连挂在一起组成的车组。动车组的基本组成单元称为动力单元,每个动力单元由不同数量的动车及拖车组成,整列车可根据需要由若干个动力单元组成,列车的联挂可通过司机室前端的全自动车钩实现。

相较于普速铁路车辆,动车组具有两个突出优点:一是高速高效,动车组将动力装置分散布置在多节车厢上,牵引功率大,启动和运行速度快;车体采用轻量化设计,减小空气阻力;在运营过程中为固定编组,在车站需要折返或换向运行时无须摘挂机车,可以节约停站时间、提高安全性。二是灵活性、适用性强,既可以通过调整动车和拖车的比例来适应不同速度等级需要,也可以通过编组调整来满足不同运量需求。

动车组按其牵引动力是分散分布还是集中分布于列车两端,可分为动力分散动车组和动力集中动车组两大类。我国动车组是指速度在200km/h以上,实行动车、拖车混合编组的动力分散交流传动电动车组。动车组基本构成如图2-2所示。

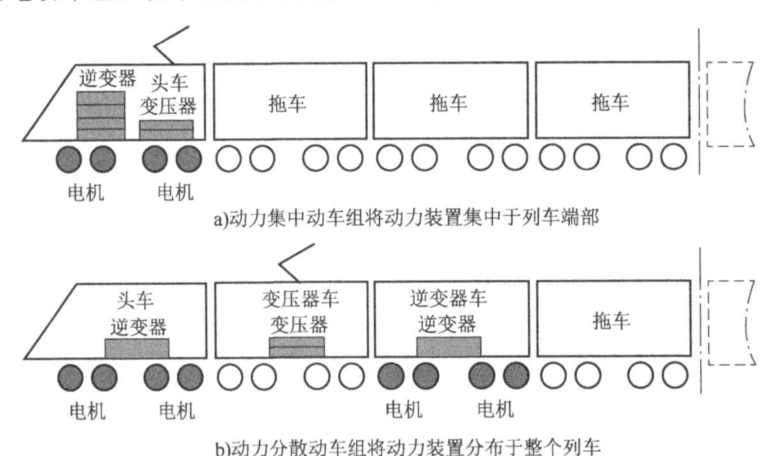

a)动力集中动车组将动力装置集中于列车端部

b)动力分散动车组将动力装置分布于整个列车

图2-2　动车组基本构成示意图

2.2.2.4 铁路信号与通信设备

铁路信号与通信设备是组织指挥列车运行,保证行车安全,提高运输效率,传递信息,改善行车组织方式的关键设施,主要包括铁路信号设备、铁路通信设备。

(1)铁路信号设备

铁路信号设备是铁路信号、联锁、闭塞等设备的总称,主要作用是向行车人员传递信息,保证列车运行与调车工作的安全,提高铁路通过能力等。

(2)铁路通信设备

铁路通信设备是为了指挥列车运行、组织铁路运输生产及进行业务联络等而传输各种信息的通信设备的总称。它准确、及时、可靠地传输相关信息,满足铁路运输生产和经营管理需要。铁路通信按照通信的业务性质可分为铁路公用通信和铁路专用通信。

2.2.3 公路运输系统设施

公路运输系统设施主要包括公路线路、汽车、公路运输场站等。

2.2.3.1 公路线路

公路线路是一种线型构造物,是汽车运输的基础设施,主要由路基、路面、桥梁、涵洞、隧道、防护工程、排水设施与设备以及山区特殊构造物等基本部分组成。

1)公路线路分级

(1)公路行政等级划分

我国公路按行政管理等级和其在公路网中的地位,可以分为六个等级:国道、省道、县道、乡道、村道、专用公路。

①国道。国道是指具有全国性政治、经济意义的主要干线公路,如重要的国际公路,国防公路,联结首都与各省省会、自治区首府及直辖市的公路,联结各大经济中心、港站枢纽、商品生产基地和战略要地的公路。国道包括国家高速公路和普通国道。

②省道。省道是指具有全省(自治区、直辖市)性政治、经济意义,联结省内中心城市和主要经济区的公路,以及不属于国道的省际重要公路。省道包括省级高速公路和普通省道。

③县道。县道是指具有全县(县级市)性政治、经济意义,联结县城和县内主要乡(镇)、主要商品生产和集散地的公路,以及不属于国道、省道的县际公路。

④乡道。乡道是指主要为乡(镇)经济、文化、行政服务的公路,以及不属于县道及以上公路的、乡与乡之间和乡与外部联络的公路。

⑤村道。村道是指直接为农村生产、生活服务,不属于乡道及以上公路的建制村之间和建制村与乡镇联络的公路。

⑥专用公路。专用公路是指专供或主要供厂矿、林区、农场、油田、旅游区、军事要地等与外部联系的公路。

(2)公路技术等级划分

公路根据交通特性及控制干扰的能力可划分为高速公路、一级公路、二级公路、三级公路、四级公路共五个技术等级。根据《公路路线设计规范》(JTG D20—2017),各技术等级公路定义及适宜的年平均日设计交通量见表2-9。

公路技术等级划分表 表2-9

公路技术等级	定义	适宜的年平均日设计交通量
高速公路	专供汽车分方向、分车道行驶,全部控制出入的多车道公路	宜在15000辆小客车以上
一级公路	供汽车分方向、分车道行驶,可根据需要控制出入的多车道公路	宜在15000辆小客车以上
二级公路	供汽车行驶的双车道公路	宜为5000~15000辆小客车
三级公路	供汽车、非汽车交通混合行驶的双车道公路	宜为2000~6000辆小客车
四级公路	供汽车、非汽车交通混合行驶的双车道或单车道公路	双车道四级公路宜在2000辆小客车以下,单车道四级公路宜在400辆小客车以下

①公路技术等级选用原则。公路技术等级的选用应在论证确定公路功能的基础上,结合项目所在地区的综合交通运输体系、远景发展规划及设计交通量论证确定,并遵循以下原则:主要干线公路应选用高速公路;次要干线公路应选用二级及以上公路;主要集散公路宜选用一、二级公路;次要集散公路宜选用二、三级公路;支线公路宜选用三、四级公路。此外,当既有公路不能满足功能需要时,应结合公路网发展规划,有计划地进行改建。

②公路主要技术指标设置要求。不同技术等级的公路,其设计速度、车道数、最大纵坡等主要技术指标要求有所不同。根据《公路路线设计规范》(JTG D20—2017),各级公路主要技术指标见表2-10。

各级公路主要技术指标 表2-10

公路技术等级	高速公路			一级公路			二级公路		三级公路		四级公路	
设计速度(km/h)	120	100	80	100	80	60	80	60	40	30	30	20
车道数	≥4			≥4			2		2		2(1)	
车道宽度(m)	3.75			3.75		3.5	3.75	3.5	3.5	3.25	3.25	3
最大纵坡(%)	3	4	5	4	5	6	5	6	7	8	8	9
停车视距(m)	210	160	110	160	110	75	110	75	40	30	30	20
圆曲线最小半径(一般值)(m)	1000	700	400	700	400	200	400	200	100	65	65	30

注:四级公路应采用双车道,交通量小或困难路段可采用单车道。

2)公路功能分类

公路按照其承担的交通功能分为干线公路、集散公路和支线公路。干线公路分为主要干线公路和次要干线公路,集散公路分为主要集散公路和次要集散公路。根据《公路路线设计规范》(JTG D20—2017),公路功能分类指标见表2-11。

公路功能分类指标 表2-11

分类	主要干线公路	次要干线公路	主要集散公路	次要集散公路	支线公路
连接节点	人口20万以上的大中城市	人口10万以上的重要市县	人口5万以上的县城或连接干线公路	连接干线公路与支线公路	直接对应于交通发生源
路网服务指数	≥15	10~15	5~10	1~5	<1
期望速度	≥80km/h	≥60km/h	≥40km/h	≥30km/h	不要求
出入控制	全部控制出入	部分控制出入或接入管理	接入管理	视需要控制横向干扰	不控制

2.2.3.2 汽车

汽车是指由动力驱动、具有4个或4个以上车轮的非轨道承载的车辆，包括与电力线相连的车辆（如无轨电车）。汽车可按用途、动力燃料、载质量等分类依据进行划分。如按用途一般分为乘用车和商用车；按动力燃料可分为传统汽车、新能源汽车。常用汽车按核定载人数、载质量等指标进行车型分类。

公路交通行业中，一般将汽车分为小型车、中型车、大型车和特大型车四类。其中小型车为座位≤19座的中小客车和载质量≤2t的小型货车；中型车为座位>19座的大客车和2t<载质量≤7t的中型货车；大型车为7t<载质量≤20t的大型货车；特大型车为载质量>20t的特大型车和集装箱车。

按照《收费公路车辆通行费车型分类》（JT/T 489—2019），汽车被分为客车、货车和专项作业车三类。其中客车按照车辆核定载人数，可分为1～4类客车；货车按照总轴数（含悬浮轴），可分为1～6类货车，超过六轴的货车，根据车辆总轴数按照超限运输车辆执行。

2.2.3.3 公路运输场站

公路运输场站是公路运输办理客货运输业务及保管、保修车辆的场所。它既是汽车运输企业的技术基地，又是基层生产单位，同时也是公路运输网点的重要组成部分。按照使用性质的不同，公路运输场站可分为客运站、货运站和停车场，以下重点介绍客运站和货运站。

（1）客运站

客运站是为旅客和运输经营者提供站务服务的场所，主要功能包括运输服务、运输组织、中转和换乘、多式联运、信息服务、辅助服务等。客运站按照位置特点，可分为枢纽站、口岸站、停靠站、港湾站；根据车站规模，可分为等级站、便捷车站、招呼站。根据《汽车客运站级别划分和建设要求》（JT/T 200—2020），客运站级别划分见表2-12。

公路客运站级别划分　表2-12

类别	划分标准
一级车站	设施和设备符合一级车站配置要求，且具备下列条件之一：①日发量在5000人次及以上的车站；②日发量在2000人次及以上的旅游车站、国际车站、综合客运枢纽内的车站
二级车站	设施和设备符合二级车站配置要求，且具备下列条件之一：①日发量在2000人次及以上、不足5000人次的车站；②日发量在1000人次及以上、不足2000人次的旅游车站、国际车站、综合客运枢纽内的车站
三级车站	设施和设备符合三级车站配置要求，且日发量在300人次及以上、不足2000人次的车站
便捷车站	设施和设备符合便捷车站配置要求的车站
招呼站	设施和设备不符合便捷车站配置要求，具有等候标志和候车设施的车站

（2）货运站

货运站是以办理货物运输业务为主的车站，主要功能包括运输组织、中转换装、装卸储存、中介代理、信息服务、综合服务等。根据《公路货运站站级标准及建设要求》（JT/T 402—2016），货运站按照承担的主要业务功能分为综合型、运输型、仓储型、信息型四类，以占地面积和处理能力为站级划分的主要依据，具体见表2-13。

公路货运站级别划分　　表2-13

类别		一级	二级	三级
综合型	占地面积(亩①)	≥600	≥300	≥150
	处理能力($\times10^4$t/年)	≥600	≥300	≥100
运输型	占地面积(亩①)	≥400	≥200	≥100
	处理能力($\times10^4$t/年)	≥400	≥200	≥100
仓储型	占地面积(亩①)	≥500	≥300	≥100
	处理能力②($\times10^4$m^2)	≥20	≥10	≥3
信息型	占地面积(亩①)	≥200	≥100	≥50
	处理能力③(次/日)	≥500	≥300	≥100

注:①1亩=666.67m^2。

②处理能力为货运站仓储设施的拥有能力,即仓储面积。

③处理能力为日均交易次数。

2.2.4　水路运输系统设施

水路运输系统设施主要包括港口、航道与航标、船舶等。

2.2.4.1　港口

港口是具有一定面积的水域和陆域,供船舶出入和停泊、货物和旅客集散的场所。港口具有水陆联运设备和条件,是水陆交通的集结点和枢纽,是工农业产品和外贸进出口物资的集散地。

1)港口的分类

(1)按用途分类

按用途,可将港口分为商港、渔港、工业港、军港、避风港等。商港主要指服务旅客上下和货物装卸转运的港口,一般分为综合港和专业港;渔港是指专为渔船服务的港口,如博贺渔港;工业港是专门为企业服务的港口,如武钢工业港;军港是指专供海军舰船用的港口;避风港主要是供大风情况下船舶临时避风用的港口,一般只有简易的停靠设备。

(2)按所在位置分类

按所在位置,可将港口分为海岸港、河口港、河港、运河港。海岸港和河口港统称海港,其中河口港位于河流入海口或受潮汐影响的河口段内,可兼为海船和河船服务;海岸港位于海岸、海湾或潟湖内,也有离开海岸建在深水海面上的。河港是位于天然河流或人工运河上的港口,包括湖泊港和水库港。运河港位于运河上,如徐州港、扬州港、万寨港等。

(3)按地位分类

按地位,可将港口分为国际性港、国家性港、地区性港。国际性港是指靠泊来自世界各国港口的船舶的港口。国家性港是指主要靠泊往来于国内港口的船舶的港口。地区性港是指主要靠泊往来于国内某一地区港口的船舶的港口。

2)港口的组成及主要设施

(1)港口的组成

港口由水域和陆域组成。水域是指供船舶进出港、停靠及进行港口作业的水上区域,该区域主要包括进出港航道、港池、锚地等。陆域是指港口供货物装卸、堆存、转运和旅客集散的陆地区域,该区域内一般拥有码头、仓库、货场、集疏设施与供货物装卸、堆存、转运及编配加工等的各种设备,以及其他各种必要的附属设施。

(2)港口的主要设施

港口的主要设施包括港口水域设施、港口陆域设施及港口水工建筑物。

①港口水域设施。港口水域设施主要包括港池、锚地、航道、回旋水域等。港池是供船舶靠泊、系缆和进行装卸作业的直接与码头相连的水域。锚地是供船舶抛锚候潮、等候泊位、避风、办理进出口手续、接受检查或过驳装卸等的水域。航道在此指的是船舶进出口航道。回旋水域是为船舶在靠离码头、进出港口时需要转头或改向而设置的水域,又称转头水域。

②港口陆域设施。为保证船舶货物的流通,港口要有配套的码头和泊位、仓库与堆场、港口装卸机械、集疏设施、港口生产辅助设备等陆域设施。码头是停靠船舶、上下旅客和装卸货物的场所。泊位指沿码头线按停靠一艘设计标准船型船舶所需长度划分的装卸作业单元,一座码头有一个或者多个泊位,具体视其布置形式和位置而定。仓库与堆场是供货物装船前和卸船后短期存放的场所。港口装卸机械是完成港口货物装卸的重要机械,用于完成船舶与车辆的装卸,货物的堆码、拆垛与转运等。集疏设施指的是与港口相互衔接,主要为集中与疏散港口吞吐货物服务的铁路、道路、管道等设施。为保证港口完成水陆联运任务,在港口陆域上还设有给水与排水系统、通信与助航设施等各种生产辅助设备。

③港口水工建筑物。港口水工建筑物是指大部分处于水中,或经常与水接触,特别是遭受海水的侵蚀等损害的水工建筑物。根据用途不同,港口水工建筑物可分为防护建筑物、码头建筑物、护岸建筑物等。其中防护建筑物多数用在海港,以防止波浪对港内的冲击,防止泥沙、流冰进入港内。码头是港口的主要组成部分,码头建筑物也是港口的主要水工建筑物。护岸建筑物是指在港口陆域和水域的交界地带,起加固作用以使天然岸坡免受潮汐、水流和波浪侵蚀的设施。

2.2.4.2 航道与航标

(1)航道

航道是指沿海、江河、湖泊、运河内船舶、排筏可以通航的水域。船舶行驶并不需要整个河流宽度范围,而仅要求一条连续畅通的航槽——航道。所以航道是具有一定深度和宽度的长条适航水体,其弯曲部分呈合理的曲线,并与直线段顺滑连接。航道必要通航条件主要包括:水深、宽度和弯曲半径等航道尺度条件,流速、比降和流态等水流条件,净空高度和宽度等水上净空条件。

航道可按形成原因、所处地域、通航时间、管理归属等划分,按形成原因分为天然航道、人工航道;按所处地域分为内河航道、沿海航道;按通航时间分为常年通航航道、季节通航航道;按管理归属分为国家航道、地方航道、专用航道。根据《内河通航标准》(GB 50139—2014),内河航道按可通航内河船舶的吨级划分为Ⅰ～Ⅶ级，通航标准低于Ⅶ级的航道，称为等外级航道。内河航道等级划分见表2-14。

内河航道等级划分表　表2-14

航道等级	Ⅰ	Ⅱ	Ⅲ	Ⅳ	Ⅴ	Ⅵ	Ⅶ
船舶吨级(t)	3000	2000	1000	500	300	100	50

(2)航标

航标是帮助引导船舶航行、定位和标示碍航物与表示警告的人工标志。航标的主要功能是:定位,为航行船舶提供定位信息;警告,提供碍航物信息及其他航行警告信息;交通指示,根据交通规则指示航行方向;指示特殊区域,如锚地、测量作业区、禁区等。航标按照设置地点,可分为沿海航标与内河航标;按照工作原理,可分为视觉航标、音响航标和无线电航标。

2.2.4.3 船舶

船舶是指能航行或停泊于水域进行运输或作业的工具,按不同的使用要求而具有不同的技术性能、装备和结构形式。船舶可按用途、航行区域、航行状态、推进方式、动力装置和船体材料及船体数目等分类。按用途分类,用于军事的称为舰艇或军舰。用于交通运输、渔业、工程及研究开发的则称为民用船舶。

民用船舶是运送旅客与货物的运输船,包括客船、货船、客货船。其中客船是用来载运旅客及其行李并兼带少量货物的运输船舶;凡搭载旅客人数超过12人的船舶,一般视为客船。

货船因运输货物种类不同,分为干货船和液货船两大类。干货船是指专门运送干杂货和散货的船舶,分为杂货船、散货船、专用货船。杂货船是装载一般包装、袋装、箱装和桶装的普通货物的船,包括普通型杂货船与多用途杂货船;散货船是专门装运糖、盐、谷物、煤、矿砂等不加包扎的货物的船舶,包括一般散货船、兼用散货船;专用货船是指为特定种类的货物所设计和制造的船舶,包括集装箱船、滚装船、载驳船、冷藏船等。液货船是指运送散装液态货物的船舶,包括油船、液体化学品船和液化气船等。

2.2.5 航空运输系统设施

航空运输是现代远程旅客、高附加值货物运输的重要方式,航空运输系统设施主要包括机场、飞机、航线等。

2.2.5.1 机场

机场是用于飞机起飞、着陆、停放、维护和组织安全飞行的场所。机场主要由飞行区、候机楼及进出机场的地面交通系统组成。

(1)机场的分类

①按服务对象划分,可以分为民用机场、军用机场和军民合用机场。

民用机场是指专供民用航空器起飞、降落、滑行、停放以及进行其他活动的划定区域。民用机场主要分为运输机场和通用机场。其中运输机场是指可以供运输旅客或者货物的民用航空器起飞、降落、滑行、停放以及进行其他活动的机场;通用机场是指为从事工业、农业、林业、渔业和建筑业的作业飞行,以及开展医疗卫生、抢险救灾、气象探测、旅游观光等飞行活动的民用航空器提供起飞、降落等服务的机场。

军用机场是供军用飞机起飞、着陆、停放和组织、保障飞行活动的场所，也是航空兵进行作战训练等各项任务的基地。

军民合用机场是既可军用又可民用的机场。

②按照机场所在城市的性质、地位划分，可以分为Ⅰ类机场、Ⅱ类机场、Ⅲ类机场和Ⅳ类机场。

Ⅰ类机场，即全国经济、政治、文化中心城市的机场，是全国航空运输和国际航线的枢纽。其运输业务量特别大，除承担直达客货运输外，还具有中转功能。

Ⅱ类机场，即省会、自治区首府、直辖市和重要的经济特区、开放城市和旅游城市，或经济发达、人口密集城市的机场，可以建立跨省、跨地区的国际航线，是区域或省区内民航运输的枢纽，有的可以开辟少量国际航线。Ⅱ类机场也称国内干线机场。

Ⅲ类机场，即国内经济比较发达的中小城市，或一般的对外开放城市和旅游城市的机场，除开辟区域和省内支线外，可与少量跨省区中心城市建立航线，故也称次干线机场。

Ⅳ类机场，除上述三类之外的机场通称Ⅳ类机场。Ⅳ类机场也称支线机场，航线主要是在本省区内或连接邻近省区。

③按照旅客乘机目的划分，可以分为始发/终程机场、经停机场和中转机场。

始发/终程机场是飞机的起点和终点，目前国内机场大多属于这类机场。

经停机场是飞机经过某地区时再次上下旅客、装卸货物的机场，位于航线的经停点，旅客不需要换飞机。

中转机场是同一架飞机飞行期间需要单独停留一段时间的机场，供部分旅客立即转乘其他航线的航班飞机飞往目的地，或者飞机加油以及进行技术检查。

除了以上所述三种划分机场类别的标准外，从安全飞行角度考虑还须确定备降机场。备降机场是指在飞行计划中事先规定的，当预定着陆机场不宜着陆时，飞机可以前往着陆的机场。在我国备降机场是由中国民用航空局事先确定的，起飞机场也可以是备降机场。

(2)机场的等级

①民用机场等级。民用机场现普遍采用飞行区等级表示机场等级。根据《民用机场飞行区技术标准》(MH 5001—2021)，飞行区等级用指标Ⅰ和指标Ⅱ表示，其中指标Ⅰ按使用该飞行区跑道的各类飞机中最长的基准飞行场地长度，采用数字1、2、3、4进行划分；指标Ⅱ按使用该飞行区跑道的各类飞机中的最大翼展，采用字母A、B、C、D、E、F进行划分。具体见表2-15。

飞行区分级 表2-15

指标Ⅰ		指标Ⅱ	
代码	飞机基准飞行场地长度(m)	代码	翼展(m)
1	<800	A	<15
2	800~1200(不含)	B	15~24(不含)
3	1200~1800(不含)	C	24~36(不含)
4	≥1800	D	36~52(不含)
		E	52~65(不含)
		F	65~80(不含)

②通用机场分级。通用机场根据其是否对公众开放分为A、B两类。A类通用机场即对公众开放的通用机场，指允许公众进入以获取飞行服务或自行开展飞行活动的通用机场。根据能够搭载乘客的数量，A类通用机场分为A1、A2、A3三级。A类通用机场分级见表2-16。B类通用机场即不对公众开放的通用机场，指除A类通用机场以外的通用机场。

A类通用机场分级 表2-16

类别	级别	乘客座位数
A类通用机场	A1	含有使用乘客座位数在10座以上的航空器开展商业载客飞行活动的A类通用机场
	A2	含有使用乘客座位数在5～9座的航空器开展商业载客飞行活动的A类通用机场
	A3	除A1、A2级外的A类通用机场

2.2.5.2 飞机

飞机按用途可以分为军用飞机和民用飞机两大类。军用飞机是指用于军事领域的飞机，而民用飞机是泛指一切非军事用途的飞机。民用飞机可按用途、航程、推进力来源等进行分类，具体分类见表2-17。

民用飞机分类 表2-17

划分依据	类别		承担功能
飞机用途	客机		主要用于运送旅客
	货机		主要用于运送货物
	教练机		用于训练民航飞行人员
	农业和林业机		用于农业喷药、施肥、播种、森林巡逻、灭火等
	多用途飞机		用于地质勘探、航空摄影、空中游览、紧急救护、短途运输等
飞机航程	干线飞机	远程飞机	航程一般超过8000km；一般用于国内干线和国际航线，可完成中途不着陆的洲际跨洋飞行
		中程飞机	航程一般为3000～5000km；一般用于国内干线和国际航线
	支线飞机	近程飞机	航程一般小于1000km；一般用于支线
飞机的推进力来源	螺旋桨飞机		指用空气螺旋桨将发动机的功率转化为推进力的飞机；支线客机、大部分通用航空中使用的飞机为螺旋桨飞机
	喷气式飞机		指使用喷气发动机作为推进力来源的飞机；在军用飞机和民用运输飞机中得到广泛应用
飞机客座数量	小型飞机		飞机的客座数在100座以下
	中型飞机		飞机的客座数为100～200座
	大型飞机		飞机的客座数在200座以上

2.2.5.3 航线

航线指飞机飞行的路线，也称空中交通线。航线确定了飞机飞行的具体方向、起讫点和经停点。

按照飞机飞行的起讫点，航线可分为国际航线、国内航线和地区航线三类。其中国际航线是指飞行路线连接两个或两个以上国家的航线;国内航线是指在一个国家内部的航线,又可分为干线、支线和地方航线三大类;地区航线指在一国之内,各地区与有特殊地位地区之间的航线,如我国内地(大陆)与港澳台地区间的航线。

航线都是沿着航路建立的。航路是由导航设施或机载自主导航建立的、具有一定宽度和高度范围的空中通道。空中交通管制规定了航路宽度和飞行高度,以维护空中交通秩序,保证交通安全。我国空中交通管制航路的宽度为20km,其中心线两侧各10km;航路的某一段受到条件限制的,宽度可以减小,但不得小于8km。

飞行高度是指航空器在空中至某一基准水平面的垂直距离。航空器进行航路和航线飞行时,应当按照所配备的飞行高度层飞行。根据《民用航空空中交通管理规则》,选择飞行高度层需要考虑以下因素:飞行的最高高程及对应大气压力,航空器的最佳飞行高度层,天气状况,航路、航线最低飞行高度,飞行高度层使用情况,飞行任务性质等。我国民航规定,中型以上的民航飞机都在海拔7000 ~ 12000m的高空飞行。

2.2.6 管道运输系统设施

管道运输系统的基本设施包括管道、储存库、压力站(泵站)和控制中心。按管道运输物品的不同,可分为输油管道、输气管道和固体料浆管道。不同类别的管道其设施有所不同。

2.2.6.1 输油管道

(1)输油管道的组成

长距离输油管道由输油站和管线两大部分组成。输油站是沿管道干线为输送油品而建立的各种场站,包括首站、中间输油站、末站等。输油管道的起点称为首站,多靠近矿场或工厂,其任务是集油,经计量后加压向下一站输送;输油管道沿途设有中间输油站,其任务是对所输送的原油加压、升温,俗称中间泵站;末站接收、计量、储藏由输油管道输送的油,并分配到各消费单位,或转交至其他运输工具。输油管道的线路(即管线)包括管道、沿线阀室、穿跨越构筑物和管道阴极防腐保护设施等;为保证长距离输油管道的正常运营,还设有供电和通信设施。

(2)输油管道的主要设备

输油管道由离心泵与输油泵站、输油加热炉、储油罐、管道系统、清管设备、计量及标定装置六部分构成。

离心泵是输油管线广泛采用的原动力设备,是输油管线的心脏。输油泵站设于首站和中间输油站,为油流提供一定的压力能或热能,将油品输送到终点站(末站)。输油加热炉是在原油输送过程中,为原油提供热能以降低能量消耗、减少结蜡、防止凝结的设备。储油罐是一种储存石油及其产品的容器,是油库的主要设施。管道系统即管道本身主体。清管设备是用于管线清理作业的配套设备。计量及标定装置用于掌握油品的首发量、库存量、损耗量等。

2.2.6.2 输气管道

输气管道系统是将气体从气田的井口装置开始,经矿场集气、净化及干线输送,再经配气管网输送到用户所形成的一个统一的、密闭的输气系统。相应的输气管道设备主要包括矿场集气设备、输气站、干线输气管道和城市配气管网四部分。

矿场集气设备包括井场、集气管网、集气站、天然气处理厂、外输总站等；集气主要作业流程为从井口开始，经分离、计量、调压、净化和集中等一系列过程，到向干线输送为止。输气站又称压气站，核心设备是压气机和压气机车间；输气站主要任务是对气体进行调压、计量、净化、加压和冷却，使气体按要求沿着管道向前流动。干线输气是指从矿场附近的输气首站开始到终点配气站为止的输气过程，其设备主要包括压缩机站和管道。城市配气指从配气站（即干线终点）开始，通过各级配气管网和气体调压所按用户要求直接向用户供气的过程，城市配气设备包括配气站和配气管网。

2.2.6.3 固体料浆管道

固体料浆管道的基本组成部分与输气、输油管道大致相同，此外还包括制浆、脱水干燥的特殊设备，可分为浆液制备系统、输送管道、中间泵站、后处理系统等。以煤浆管道为例，整个系统包括煤水供应系统、制浆厂、干线管道、中间加压泵站、终点脱水与干燥装置等。

复习思考题

1. 简述综合交通运输系统各种运输方式的技术、经济及组织特征。
2. 辨析各种运输方式的相互关系及适用范围。
3. 简述综合交通运输系统的构成要素及其相互关系。
4. 简述综合交通运输系统各种运输方式的系统设施。

第3章 综合运输需求预测

学习目标

- 了解综合运输需求的概念、产生原因、主要影响因素。
- 掌握综合运输需求预测的主要内容和一般流程。
- 了解常用的综合运输需求预测方法。

3.1 综合运输需求概述

3.1.1 综合运输需求的概念

西方经济学中的消费者需求理论提出“需求是在一定时期内,一定的价格水平下,消费者所愿意购买且能够购买某种商品的数量”,是消费者主观偏好和客观支付能力的有机统一。传统的运输需求认识受其影响,定义为“在一定的时期内,一定的价格水平下,经济社会活动在货物与旅客空间位移方面具有支付能力的需要”,强调“具有实现位移的需要”和“具备支付能力”是运输需求形成的必要条件。

然而,考虑到交通运输需求不同于一般商品,仅从微观经济的角度进行综合运输需求概念认知可能存在一定的偏差,具体表现为以下方面。

(1)忽略了运输需求的社会性

传统定义将具备支付能力视为综合运输需求形成的必要条件,使得综合运输活动的根本目标被定位为运输利益的实现。然而,综合交通运输体系服务于社会,综合运输需求的根本目标是最大限度地满足国民经济及社会发展对人与物位移的需要,传统定义否定了无支付能力的综合运输需要也是综合运输需求的一部分。

(2)忽略了运输需求的客观性

传统定义将价格水平视为综合运输需求形成的约束条件,认为在现实价格供给条件下将形成对应的运输需求,运输供给是运输需求形成的主动因素。然而,综合运输需求是客观存在的,虽然受到运输供给的影响,但不完全受其制约,在一定的供给条件下研究运输需求容易导致与"以需求为导向"的综合运输建设方向偏离。

(3)忽略了运输需求的层次性

不同人群的支付能力是一个相对的概念,随着消费水平、观念、动机的不同,人们有不同的支付愿望,并对相应的产品或服务的品质提出不同的需求。有研究基于此将运输需求分为三个层次,即超前型、同步型及滞后型。其中,超前型指需求者有足够的支付能力,但因所提供的运输服务品质达不到要求,而没有支付愿望;同步型指需求者有足够的支付能力,且运输服务品质能达到相应要求;滞后型指虽然有位移的需要,但是没有支付能力。传统定义将这三者混在一起,仅将具有实现位移的需要和具备支付能力作为运输需求形成的必要条件,既不客观,也不全面。

在此基础上,本书将综合运输需求定义为:在一定时期内,某一区域内,一切有利于国民经济和社会发展的人与物空间位移的需要。该需求是客观存在的,是不受既有运输市场供给、管理体制等因素制约的,它与经济社会的各个方面息息相关。

3.1.2 综合运输需求的产生

3.1.2.1 旅客运输需求的产生

旅客运输需求来源于生产和消费两个不同的领域,其中为了参与生产过程所进行的交通出行活动,包括上班、出差、开会、上学、经商购销等,称为生产性运输需求;为了休闲、娱乐等消费性需求进行的交通出行活动,包括旅游、探亲、访友等,称为消费性运输需求。这两种运输需求的来源存在较大差异。

(1)生产性运输需求:由于区域间的差异性、经济社会的发展而产生

区域间的差异性是生产性运输需求产生的主要动力之一。对于生产性运输需求来说,区域经济发展和开放程度较高,提供了更多的就业机会,由此吸引大量的投资者和打工者,而这些人员的流动,就形成了商务客流、公务客流和务工客流。同时,区域间的差异性还导致了经济结构、社会生活、文化观念的不同,由此促进了区域分工与协作,从而促进区域联系的生产性旅客运输需求产生。

经济社会的发展是生产性运输需求产生的另一动力。随着区域一体化的建设、人口数量的增加、城镇化的发展,城市群间、城市群内各核心城市间、城市城区和郊区间的互补互利、依附从属、互相制约关系不断增强,由此促进生产要素持续配置优化,产生了复杂多样的生产性运输需求。

(2)消费性运输需求:由于居民消费水平、运输服务水平的提高而产生

消费性运输需求是在居民的经济水平达到一定高度时,消费者开始产生的出行需求,因此,其产生是旅客支付能力和支付意愿共同作用的结果。前者对应居民消费水平,随着居民收入和消费水平持续提高,消费结构不断优化升级,探亲、访友、旅游、休闲等发展型、享受型消费随之产生;后者则对应运输服务水平,主要包括运输网络的完善程度、运输方式的便捷性、运输服务质量等,运输服务水平的不断提高,促进更多的旅行、度假等消费性运输需求产生。

3.1.2.2 货物运输需求的产生

货物运输需求主要来源于产业部门之间的投入产出关系和消费群体对生产部门产品的需求。具体而言,货物运输需求的产生原因主要有以下三方面。

(1)资源空间分布不均衡,使资源产地与资源用地分离

受地理因素、气候因素和产业布局影响,资源分布在空间上常常是不平衡的,生产所需要的基本资源如能源、原材料、矿石等常常分布在不同的地域,如煤炭主要集中在山西、陕西、内蒙古西部,铁矿石集中在河北、辽宁、四川等,而资源消耗型产业则集聚在东南沿海地区。那么,生产必须借助交通运输来完成资源从产地到销地的空间位移,从而产生了货物运输需求。

(2)生产社会化、专业化发展,使产品产地与使用地、消费地分离

从人口高度密集的大都市,到人口分散的农村和牧区,消费群体的分布十分广泛。而随着生产社会化、专业化发展,区域经济分工不断细化,生产要素进一步优化集聚,由此导致生产与消费在空间上日益分离,从而产生了货物运输需求。

(3)地区间商品品种、质量、价格、社会效用等不均衡

随着生活水平的提高和消费观念的转变,人们对商品的要求日益多样化。然而,由于不同地区资源、产业优势及技术水平不同,同一商品在不同地区的性价比(价值和使用价值)可能存在较大差异,由此引起商品在空间上的流动,促使货物运输需求产生。

3.1.3 综合运输需求的影响因素

综合运输需求的影响因素纷繁复杂,按照影响程度和作用途径,可以分为外部影响因素和内部影响因素两大类。

3.1.3.1 外部影响因素

综合运输需求的外部影响因素主要包括经济社会发展水平、居民收入和消费水平、人口数量和结构、国家政策等。

(1)经济社会发展水平

对旅客运输需求而言,经济社会发展水平是旅客运输需求产生和变化的前提。从静态角度来看,经济社会发展水平高的国家和地区,旅客运输需求水平高,相反,经济发展较落后的国家和地区,旅客运输需求水平就较低。从动态角度来看,经济高速发展时期,旅客运输需求增长速度快,相反,一旦经济处于低速发展时期,人们出行的数量和频率相应会降低。

对货物运输需求而言,经济社会发展水平是决定货物运输需求大小和结构的决定性因

素。经济社会发展水平越高,对资源的需求越多,由此产生了大量的货物运输需求;同时,随着经济社会的发展,产业结构逐渐向工业化后期演变,由此带来了货物运输需求总量和结构的变化。以工业化初期为例,货物运输需求偏向于煤炭、矿石、钢铁等大宗、低附加值的货物长途运输,而工业化后期则向电子产品、精密仪器等小批量、高附加值的货物运输方向转变。

(2)居民收入和消费水平

居民收入和消费水平代表居民在一定时期内的消费能力和社会购买力。考虑到消费性运输需求主要产生于满足基本生存需求后的居民出行需要,其始终受到居民收入和消费水平的限制。随着居民收入和消费水平的提高,不仅旅客运输需求总量会增加,需求层次也会对应提升。

(3)人口数量和结构

对于旅客运输需求而言,人是运输的对象,人口数量和结构的变化必然引起旅客运输需求的变化。一般而言,人口越密集的地区,旅客运输需求水平就越高,同一地区,人口数量的不断增加将导致旅客运输需求的相应增加。同样的人口数量不同的结构也会形成不同的旅客运输需求,以年龄划分,拥有成长型人口结构的地区会比拥有衰老型人口结构的地区有着更高的旅客运输需求水平;以居住地划分,城镇化水平更高的地区会拥有更高的旅客运输需求水平。

(4)国家政策

国家关于经济社会及交通运输的相关政策是导致综合运输需求变化的一个重要因素。一方面,国家政策影响国民经济社会活动,从而导致运输需求变动。比如实施刺激经济增长的政策时,人员和货物的流通范围扩大和交换频率增加,综合运输需求对应增长;而实行限制性政策时,人员和货物的流通范围和交换频率都受到一定限制,综合运输需求受到抑制。另一方面,国家政策也影响交通运输业的发展,从而影响综合运输需求。比如在交通运输投资力度加大时,交通运输业发展势必加快,由此引起综合运输需求的增加,反之亦然。

3.1.3.2 内部影响因素

综合运输需求的内部影响因素主要包括交通运输网络的布局和数量、运输服务质量、运输服务价格等。

(1)交通运输网络的布局和数量

交通运输网络的布局和数量决定了地区之间的交通运输供给能力。交通运输网络越发达、密度越高的地区,各种运输方式的衔接性越好,综合运输需求的吸引范围越大,在促进基本运输需求增长的同时,有助于使一些潜在的运输需求成为现实。

(2)运输服务质量

运输服务质量是运输需求主体基于运输需求实现付出的代价与获得的价值的比较,在运价水平相当的情况下,运输效率的提升、出行条件的改善、出行舒适性的增强,都会诱使综合运输需求增长,反之,则会抑制综合运输需求。

(3)运输服务价格

运输服务价格的变化直接影响运输支付费用,在同等运输服务水平下,当运输服务价格升高时,运输成本增加,运输需求减少;反之,运输需求会相应增加。运输需求具体变化幅度则视不同类型运输需求对运价变化的反应程度,表现出不同的弹性。

3.2 综合运输需求预测的主要内容与一般流程

3.2.1 预测的主要内容

综合运输需求预测是区域综合交通运输体系规划的前提,主要目的是把握未来年区域综合运输需求的总体规模、空间分布、方式结构和径路运量,从而为确定铁路、公路、水路、航空、管道不同运输方式交通设施供给的规模需求、空间格局提供支撑。预测的主要内容包括以下四部分。

(1)综合运输需求生成预测

综合运输需求生成预测指以历年统计数据资料为基础,分析综合运输需求发展的规律和未来趋势,进行符合客观实际的需求生成估计和推测。按照预测对象,可以分为客运需求生成预测和货运需求生成预测。

(2)综合运输需求分布预测

综合运输需求分布预测指在综合运输需求生成预测的基础上,预测综合运输需求的空间流向和在流向上的分布运量,也称运量OD预测,是客货运量集中分布格局辨识、综合运输通道规划的主要依据。

(3)综合运输需求结构预测

综合运输需求结构预测指在综合运输需求分布预测的基础上,根据铁路、公路、水路、航空、管道五种运输方式的地位和功能作用,判断未来年一定时期内各种运输方式对通道综合运输需求总量的分担比例。考虑到客运和货运方式选择的影响因素不同,客运、货运需求结构一般不同。

(4)综合运输需求分配预测

综合运输需求分配预测指将不同运输方式的运量OD分配到各运输方式的拓扑网络上,预测不同运输方式不同径路的运量。

3.2.2 预测的一般流程

综合运输需求预测过程一般从数据采集开始,通过资料搜集、综合调查、大数据挖掘等获得基本的数据信息,选择相适应的预测模型,估计模型的相关参数,检验模型的有效性,最终将模型应用到不同的场景下进行需求预测。预测的一般流程如图3-1所示。

(1)明确要求

明确综合运输需求预测的范围、年限,预测目标,预测主要内容及思路;制订需求预测计划。

(2)数据准备

从政府、企业、社会等各渠道搜集相关资料,来源包括城市统计年鉴、交通年报、综合交通调查、交通大数据等。

(3)模型构建

根据区域经济社会、交通基础设施等情况,选择合适的预测模型,基于历史数据进行拟合,检验模型的准确度。

(4)模型应用

将经过验证的预测模型应用于目标年份的对应情景中,进行综合运输需求预测和预测结果分析。

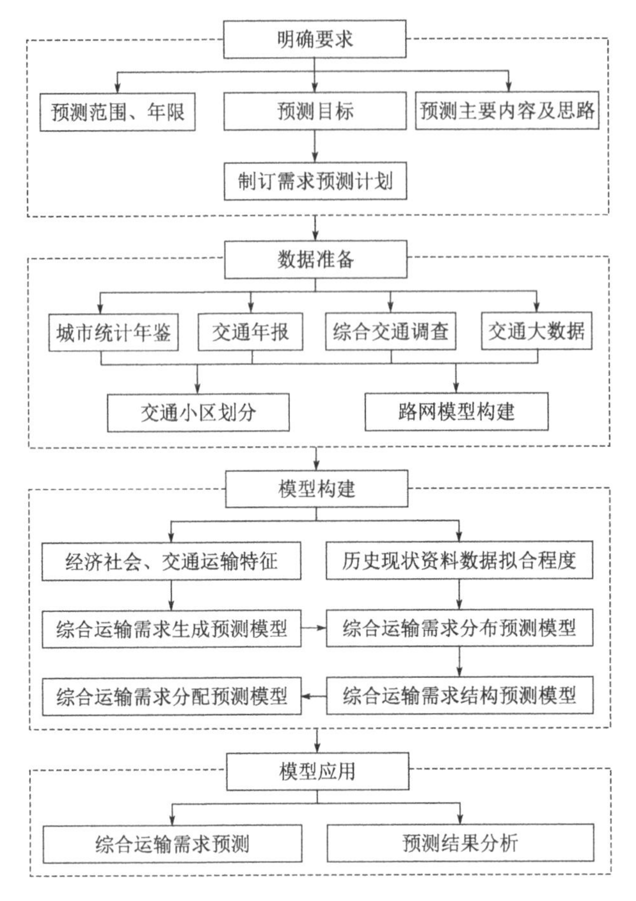

图3-1　区域综合运输需求预测流程图

3.3　综合运输需求生成预测

目前,经常使用的综合运输需求生成预测方法主要包括定性预测法、定量预测法和综合预测法。其中,定性预测法是预测者依据调查研究所得的直观数据资料,凭借自己的理论知识和实践经验,对预测对象进行分析判断和预测,具有片面性高、准确度低的缺点,一般仅作为辅助。本节主要对定量预测法和综合预测法进行介绍。

3.3.1　常用的定量预测法

常用的定量预测法按照适用范围分为两类,一是对旅客运输需求量和货物运输需求量预测均适用的,主要包括时间序列法、回归预测法和弹性系数法;二是根据旅客/货物运输特性,仅对旅客/货物运输需求量预测单一适用的,主要包括人均乘车系数法、货运强度法和产运系数法。

(1)时间序列法

时间序列法,也称趋势外推法,指根据规划区域的客运需求量历史统计资料,以年份为自变量建立数学模型,对未来的客运需求量进行合理预测的方法,一般应用于规划区域发展趋势平稳、预测年限较短的情况。常用的方法包括移动平均法、指数平滑法等。

①移动平均法。移动平均法是使用一系列移动平均数来修匀历史数据的变动,以描述其趋势的方法。用移动平均法修匀原始时间数列比较客观,也比较容易从中看出变动趋势。但数列两端的值无法进行修匀计算,因此每一次移动平均都会使数列变短,影响更进一步的观察。预测中常用一次移动平均法,也称简单平均法,其计算公式为

$$\overline{Q}_t = \frac{Q_t + Q_{t-1} + Q_{t-2} + \cdots + Q_{t-n+1}}{n} \quad (t \geqslant n) \tag{3-1}$$

式中:t——计算的时期;

$\overline{Q}_t$——第t期的一次移动平均值;

Q_t——第t期实际值;

n——移动窗口的大小,即考虑n个连续时间点的数据来计算平均值。

应用一次移动平均法进行预测,本期的移动平均值就是下一期的预测值,即

$$\hat{Q}_{t+1} = \overline{Q}_t \tag{3-2}$$

②指数平滑法。指数平滑法是通过使用一组具有指数变化规律的权重系数对各期历史数据进行加权平均,根据加权平均值进行预测的方法。它同样通过修匀历史数据中的随机成分去预测未来,但所用的修匀方法与移动平均法不同,引入了人为确定的系数,可以体现不同时期因素在预测中所占的比重。预测中常用一次指数平滑法,其计算公式为

$$\hat{Q}_{t+1} = \partial Q_t + (1 - \partial)\ \hat{Q}_t \tag{3-3}$$

式中:$\hat{Q}_{t+1}$——下一期预测值;

Q_t——本期实际值;

$\hat{Q}_t$——本期预测值,可按一次移动平均法计算;

∂——平滑系数。

平滑系数∂的值较小,说明近期数据对预测值的影响较小,预测得到的结果比较平稳;反之,近期数据对预测值的影响较大,远期数据对预测值的影响较小。∂取值的一般方法:若统计资料实际值的长期趋势为接近稳定的常数,∂取0.4~0.6;若统计资料实际值呈较明显的季节性波动,∂取0.6~0.9;若统计资料实际值长期趋势变动较缓慢,∂取0.1~0.4。

(2)回归预测法

回归预测法是通过找出预测对象和影响预测对象各因素之间的统计规律性,建立相应的回归方程进行预测的方法。在长期预测中,当历史数据能够较好地反映长期趋势和周期性变化时,回归预测法预测较为准确。回归预测法主要包括一元线性回归模型和多元线性回归模型。

①一元线性回归模型。若影响预测对象的主要因素只有一个,并且这个因素与预测对象之间存在线性关系,可建立一元线性回归模型。在综合运输需求生成预测中,该因素一般为地区生产总值。一元线性回归模型的计算公式为

$$\hat{y}_i = a + bx_i \tag{3-4}$$

式中：i——序列中的第i个观测值；

$\hat{y}_i$——第i期的预测值；

x_i——影响因素在第i期的值；

a、b——回归系数。

根据最小二乘法，a和b的计算公式为

$$a = \bar{y} - b\bar{x} \tag{3-5}$$

$$b = \frac{\sum_{i=1}^{n} x_i y_i - \bar{x}\sum_{i=1}^{n} y_i}{\sum_{i=1}^{n} x_i^2 - \bar{x}\sum_{i=1}^{n} x_i} \tag{3-6}$$

式中：$\bar{x}$——自变量x的平均值；

$\bar{y}$——因变量y的平均值；

y_i——第i期的实际值；

n——样本的大小，即观测值的总数。

而$\bar{y}$和$\bar{x}$可按如下公式计算：

$$\bar{y} = \frac{1}{n}\sum_{i=1}^{n} y_i \tag{3-7}$$

$$\bar{x} = \frac{1}{n}\sum_{i=1}^{n} x_i \tag{3-8}$$

②多元线性回归模型。若影响预测对象的主要因素有两个及以上，并且多个因素与预测对象之间存在线性关系，可建立多元线性回归模型。在综合运输需求生成预测中，该因素一般为区域经济发展水平、人口、面积等。多元线性回归模型的计算公式为

$$\hat{y} = a + b_1 x_1 + b_2 x_2 + \cdots + b_m x_m \tag{3-9}$$

式中：$\hat{y}$——预测值；

x_i——第i个影响因素的值，$i=1,2,\cdots,m$；

a——常数项；

b_i——y对x_i的总体偏回归系数，$i=1,2,\cdots,m$；

m——影响因素x的个数。

假设预测值$\hat{y}$和实际观察值y之间的误差为ε，则有

$$\hat{Y} = \begin{bmatrix} y_1 \\ y_2 \\ \vdots \\ y_n \end{bmatrix}_{(n\times 1)} = \begin{bmatrix} 1 & x_{11} & x_{12} & \cdots & x_{1m} \\ 1 & x_{21} & x_{22} & \cdots & x_{2m} \\ \vdots & \vdots & \vdots & & \vdots \\ 1 & x_{n1} & x_{n2} & \cdots & x_{nm} \end{bmatrix}_{[n\times(m+1)]} \begin{bmatrix} a \\ b_1 \\ \vdots \\ b_m \end{bmatrix}_{[(m+1)\times 1]} + \begin{bmatrix} \varepsilon_1 \\ \varepsilon_2 \\ \vdots \\ \varepsilon_n \end{bmatrix} \tag{3-10}$$

式中：y_j——第j期实际观察值；

x_{ij}——第i个影响因素在第j期的值；

ε_i——残差，即实际观察值与预测值之间的误差；

n——样本的大小，即观测值的总数。

多元线性回归方程中，变量参数a、b_i($i=1,2,\cdots,m$)的确定，与一元线性回归方程参数的确定方法相同。

(3)弹性系数法

弹性系数是交通运输增长速度与经济发展水平增长速度之比,反映了经济发展与交通运输发展之间的关系。弹性系数法即利用这两者之间的相关关系,通过对弹性系数发展规律的研判和对经济发展水平变化率的预测,预测综合运输需求生成量。该方法的关键是在长期的变化中把握住弹性系数的发展规律及变化趋势,一般而言,随着经济发展水平提高,弹性系数表现为降幅逐渐减缓的降低趋势。在市场环境相对稳定、变化因素较为明确的情况下,弹性系数法可以提供较为直观的预测结果。

弹性系数计算公式为

$$e = \frac{i_y}{i_x} \tag{3-11}$$

式中:e——弹性系数;

i_y——客(货)运需求生成量的年均增长率;

i_x——经济发展水平的年均增长率。

基于弹性系数法的客(货)运需求生成量预测公式为

$$y = y_0(1 + e_t \times i_{xt})^t \tag{3-12}$$

式中:y——预测年的客(货)运需求生成量;

y_0——预测基年的客(货)运需求生成量;

t——预测期的年限;

e_t——预测期的弹性系数;

i_{xt}——经济发展水平的预测年均增长率。

(4)人均乘车系数法

人均乘车系数法,也叫人均出行次数法,是以平均每人乘车次数(乘车系数)和区域人口预测客运量的方法。其中,乘车系数可以根据居民出行行为特征和未来可能发生的变化综合确定。人均乘车系数法的局限在于乘车系数的变化有时难以预料,区域经济发展水平、居民收入水平、国家政策、运价、路网等的变化都有可能使乘车系数出现较大变动。

人均乘车系数法的计算公式为

$$Q_t = M_t\beta \tag{3-13}$$

式中:t——预测期的年限;

Q_t——预测期运量;

M_t——预测期的总人口;

β——乘车系数。

(5)货运强度法

货物强度指单位产值(一般用地区生产总值)产生的货运量或货物周转量,代表经济增长对运输的要求。货运强度法即利用货运量和地区生产总值的关系进行货运量预测的方法。一般来说,随着经济增长模式从粗放型向集约型转变,货运强度会逐渐下降。货运强度的计算公式为

$$I_j = \frac{D_j}{\mathrm{GDP}_j} \tag{3-14}$$

式中：j——年份序号；

I_j——第j年的货运强度；

D_j——第j年的货运量；

GDP_j——第j年的地区生产总值。

（6）产运系数法

产运系数法是以产品为核心，根据某种货物运量随其生产总量发生变化的规律性，预测货运量的方法。产运系数法的计算公式为

$$Q_t = M_t\gamma \tag{3-15}$$

式中：Q_t——某种货物第t年的运量；

t——预测年份；

M_t——某种货物第t年的总产量；

γ——某年产运系数。

3.3.2 常用的综合预测方法

（1）灰色系统模型

灰色系统即信息不完全系统，指部分信息已知而部分信息未知的系统。灰色系统模型把随机变量看作在一定范围内变换的灰色量，通过对原始数据列"就数找数"的处理，从而得到规律性较强的生成函数。与其他预测方法相比，灰色系统模型是在离散数据基础上建立的连续微分方程，比较适用于中长期的运输需求预测。目前应用最广泛的灰色系统模型是GM(1,1)，它是GM(1,N)N=1的特例。设有变量为$X^{(0)}$的原始数据序列：

$$X^{(0)} = (X^{(0)}(1), X^{(0)}(2), \cdots, X^{(0)}(m)) \tag{3-16}$$

通过累加计算，生成一阶累加序列：

$$X^{(1)} = (X^{(1)}(1), X^{(1)}(2), \cdots, X^{(1)}(m)) \tag{3-17}$$

$$X^{(1)}(k) = \sum_{i=1}^{k} X^{(0)}(i) \tag{3-18}$$

$X^{(1)}$序列满足微分方程：

$$\frac{\mathrm{d}X^{(1)}}{\mathrm{d}t} + aX^{(1)} = b \tag{3-19}$$

其中，a表示数据的发展规律和趋势，被称为灰色发展系数；b反映数据的变化关系，被称为灰色作用量。a、b可通过最小二乘法求解。

（2）神经网络模型

神经网络是由大量简单的神经元互相连接而形成的复杂系统，它能够充分地逼近复杂的非线性系统，其中应用较为普遍的是BP神经网络。神经网络模型预测时不需要任何经验公式，只要有输入、输出样本就可获得数据的内在规律，且预测结果精度较高，但计算所需数据量大、参数校正复杂，适用于多因素作用、多目标要求的运输需求预测。

BP神经网络模型从结构上来讲属于分层型神经网络模型，包括输入层、输出层和隐含层，

隐含层可以是一层或多层。BP神经网络拓扑结构如图3-2所示，图中k_p、k_i、k_d是最终的输出数据，而r、y_1、e、y_2是对输出结果有影响的输入参数。

(3)系统动力学模型

系统动力学模型预测是通过预测系统内部诸多因素形成的各种反馈环，同时搜集与系统行为有关的数据和信息，采用计算机仿真技术或大数据技术，对复杂巨系统进行中长期预测。其核心环节在于建立综合交通运输系统中各影响因素之间的连接关系，并通过一系列的标识和正负号表示因素之间的因果关系，简称因果回路图。以公路客运需求为例，公路客运量与总出行需求、人口数量为正相关关系，而与民航客运量、私家车出行比例为负相关关系。公路客运需求的因果回路图如图3-3所示。

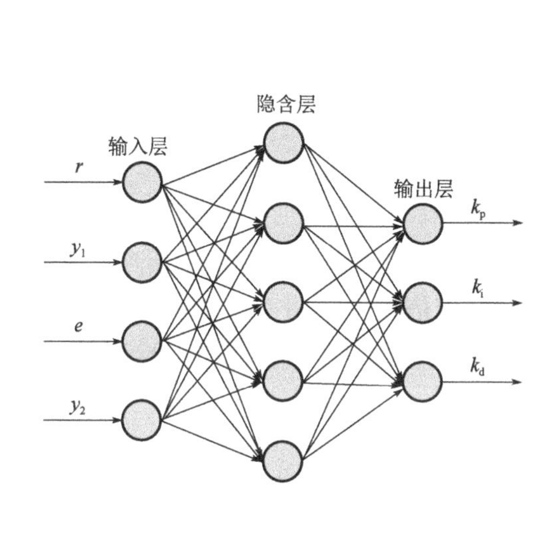

图3-2 BP神经网络拓扑结构图

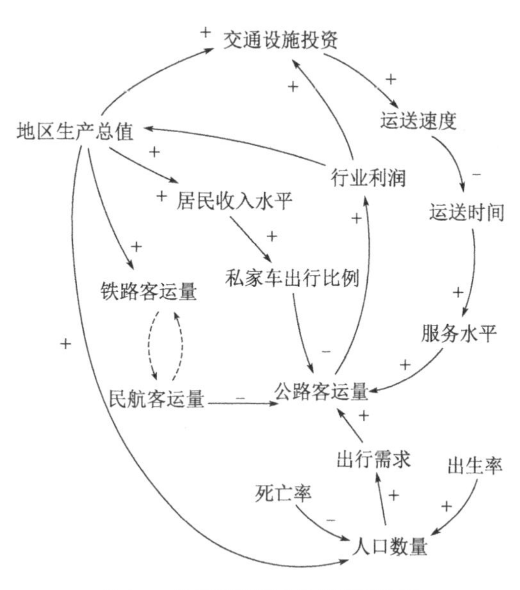

图3-3 公路客运需求的因果回路图

注：虚线表示不确定的关系。

3.4 综合运输需求分布预测

综合运输需求分布预测是综合运输通道规划的主要依据，其科学预测对反映旅客、货物集中联系方向和联系强度，进而规划合理的综合运输通道格局至关重要。目前，常用的综合运输需求分布预测方法主要包括增长率法和重力模型法。

(1)增长率法

增长率法是假设在完整的现状出行分布交通量给定的情况下，根据各个小区的客/货运增长率预测未来年的出行分布量，计算公式如下：

$$q_{ij}^{m+1} = q_{ij}^{m} \cdot f(F_{Oi}^{m}, F_{Dj}^{m}) \tag{3-20}$$

式中：m——迭代次数；

i、j——小区编号；

q_{ij}^{m+1}——小区i到小区j未来年的出行分布量；

q_{ij}^{m}——小区i到小区j现状出行分布量；

$f(F_{Oi}^{m}, F_{Dj}^{m})$——分布量增长函数，其中$F_{Oi}^{m}$为小区$i$的发生量增长率，$F_{Dj}^{m}$为小区$j$的吸引量增长率。

当$f(F_{Oi}^{m}, F_{Dj}^{m})$为常量时，称为常增长系数法。该方法计算简单，但精度不高，有时不能满足交通发生量与吸引量的守恒约束条件。

当$f(F_{Oi}^{m}, F_{Dj}^{m})=(F_{Oi}^{m}+F_{Dj}^{m})/2$时，称为平均增长系数法。该方法简明易懂，但是收敛速度慢，迭代次数多。

当$f(F_{Oi}^{m}, F_{Dj}^{m})=F_{Oi}^{m}\cdot F_{Dj}^{m}\cdot T^{m}/X$时，称为Detroit法。其中，$X$为未来年出行生成总量，$T^{m}$为第$m$次迭代时现状出行生成总量。该方法考虑了出行生成量的增长率这一因素，计算精度有所提高，但收敛速度同样较慢，迭代次数多。

当$f(F_{Oi}^{m}, F_{Dj}^{m})=F_{Oi}^{m}\cdot F_{Dj}^{m}\cdot(L_i+L_j)/2$时，称为Fratar法（福莱特法）。该方法收敛速度较快，迭代次数少，目前应用最为广泛。其中，$L_i=\dfrac{O_i^{m}}{\sum\limits_{j} q_{ij}^{m}F_{Dj}^{m}}$，$L_j=\dfrac{D_j^{m}}{\sum\limits_{i} q_{ij}^{m}F_{Oi}^{m}}$，$O_i^{m}$为小区$i$的发生量，$D_j^{m}$为小区$j$的吸引量。

总体而言，增长率法结构简单，易于理解，可直接使用现状的运量分布矩阵预测未来运量增长，不需要其他数据。但该方法不考虑运输网络的任何信息，包括小区之间的距离、出行时间、所需费用等，因此不能反映运输网络变化带来的影响，一般适用于需求空间分布变化不大情况下的短期预测。

（2）重力模型法

重力模型法根据牛顿万有引力定律类推而成，即把两个物体类推成两个小区，将两物体间的引力类推成小区i、j之间的出行分布量，将质量类推成小区i的交通发生量和小区j的交通吸引量，将距离类推成小区i、j之间的阻抗，其基本模型可表示为

$$T_{ij}=\alpha O_i D_j f(C_{ij}) \tag{3-21}$$

式中：T_{ij}——小区i、j之间的出行分布量；

α——比例系数；

O_i——小区i的交通发生总量；

D_j——小区j的交通吸引总量；

C_{ij}——小区i、j之间的阻抗；

$f(C_{ij})$——小区i、j之间的阻抗函数，与C_{ij}呈负相关，但始终大于0。

阻抗是指从一个小区到另一个小区的运输阻力，与小区间的运输时间、运输距离、运输费用等紧密联系，用于描述小区之间的出行难度。阻抗函数$f(C_{ij})$主要有以下三种：

指数函数：

$$f(C_{ij})=\mathrm{e}^{-\beta(C_{ij})} \tag{3-22}$$

幂函数：

$$f(C_{ij})=C_{ij}^{-n} \tag{3-23}$$

综合函数：

$$f(C_{ij}) = C_{ij}^{-n} \cdot e^{-\beta(C_{ij})} \tag{3-24}$$

式中：β——指数函数中的指数系数；

n——幂函数中的指数系数。

根据对约束条件的满足情况，重力模型可以分为三类：无约束重力模型、单约束重力模型和双约束重力模型。这里所说的约束条件有两个：

$$\sum_j T_{ij} = O_i \tag{3-25}$$

$$\sum_i T_{ij} = D_j \tag{3-26}$$

式(3-25)表示小区i至其他所有小区的交通发生量应与小区i的交通发生总量相等，因此也称出行产生约束条件。

式(3-26)表示小区j对其他所有小区的交通吸引量应与小区j的交通吸引总量相等，因此也称出行吸引约束条件。

无约束重力模型不满足出行产生约束条件[式(3-25)]和出行吸引约束条件[式(3-26)]中的任何一个，不能保证出行产生和吸引的总量约束；单约束重力模型满足单一约束条件，主要有乌尔希斯重力模型和美国公路局重力模型两种；双约束重力模型既满足出行产生约束条件，又满足出行吸引约束条件，是进行出行分布预测最常用的方法。双约束重力模型基本形式为

$$T_{ij} = K_i K_j' O_i D_j f(C_{ij}) \tag{3-27}$$

式中：K_i、K_j'——行约束系数、列约束系数，计算如式(3-28)和式(3-29)所示。

$$K_i = [\sum_j K_j' D_j f(C_{ij})]^{-1} \tag{3-28}$$

$$K_j' = [\sum_j K_i O_i f(C_{ij})]^{-1} \tag{3-29}$$

总体而言，重力模型对小区间阻抗变化的反应较为灵敏，在小区间现状交通分布量为零时也可预测，且所需基础数据简单，易于获取。在客货运量分布预测中，可以将区域间空间联系强度作为参数代入重力模型中，由此体现出区域间空间联系强度与两地人口规模、经济实力成正比，与两地距离成反比，即

$$T_{ij} = \alpha O_i D_j f(C_{ij}) K_{ij} \tag{3-30}$$

式中：K_{ij}——区域i、j之间的空间联系强度，与产业关联度、经济发展水平、人口规模相关。

3.5 综合运输需求结构预测

综合运输需求结构指某一通道内的综合运输需求对各种运输方式的需求量比例，是在综合运输需求分布预测基础上，对一定时期内相对稳定的通道内运输方式结构进行预测。综合运输需求结构预测是优化通道内运输方式结构、实现运输资源有效配置的依据，在综合运输需求日趋多样化、个性化的发展趋势下，其对于科学、合理地规划建设综合交通运输体系具有重要意义。

3.5.1 综合运输需求结构的影响因素

3.5.1.1 客运需求结构的影响因素

根据旅客出行方式选择行为的决策过程，可知影响客运需求结构的因素有出行需求、各运输方式的技术经济特征、选择环境和选择态度，可归纳为出行主体因素、运输供给因素和经济社会环境因素三个方面，具体如图3-4所示。

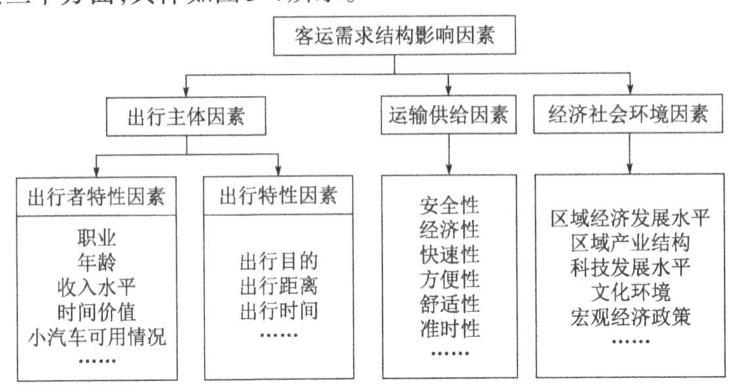

图3-4 客运需求结构的影响因素

(1)出行主体因素

出行主体因素包括出行者特性因素和出行特性因素。

①出行者特性因素。主要包括出行者的职业和年龄、收入水平和时间价值、小汽车可用情况等，出行者的特性不同，对不同层次运输服务(涉及安全、经济、快速、方便、舒适等方面)的选择不同。比如收入水平和时间价值越高的出行者，出行更注重速度、舒适性和个性化服务，相对更忽略出行费用。

②出行特性因素。主要包括出行目的、出行距离、出行时间等，不同类型、时空特定的运输需求会导致不同的出行方式选择。以出行目的为例，个人经商、因公出差和旅游等一般对舒适性、快速性和便捷性要求更高，倾向于选择快速的运输方式，而自费出行、外出打工和上学则只需安全到达，更加注重经济性。再者，以出行距离为例，各种运输方式有其优势运距和适用范围，对于空间距离特定的出行需求的方式选择行为影响重大。

(2)运输供给因素

运输供给因素主要指不同运输方式的安全性、经济性、快速性、方便性、舒适性、准时性等。由于技术经济特征不同，各种运输方式对同一层次需求表现出不同的匹配度，由此导致对旅客出行需求的满足程度不同，产生不同的运输方式选择。鉴于不同运输方式的技术经济特征在第2章有详细描述，且旅客总是以效用最大化为原则选择自己认为最优的方式，此处不再对运输供给因素的影响机理进行具体阐述。

(3)经济社会环境因素

经济社会环境因素主要包括区域经济发展水平、区域产业结构、科技发展水平、文化环境、宏观经济政策等。运输需求结构演变的历史表明，各种运输方式相对地位的重要程度随着经济社会的发展而变化，在当前阶段，随着区域经济发展水平的提高、工业化进程的加快、高铁技术的发展、高速公路网络的完善，短途客运需求结构向小汽车运输、中长途客运需求结构向高速铁路运输、长途客运需求结构向民用航空运输方向演变。

3.5.1.2 货运需求结构的影响因素

货运需求结构的影响因素包括货物特性因素、运输供给因素和经济社会环境因素三方面，具体如图3-5所示。

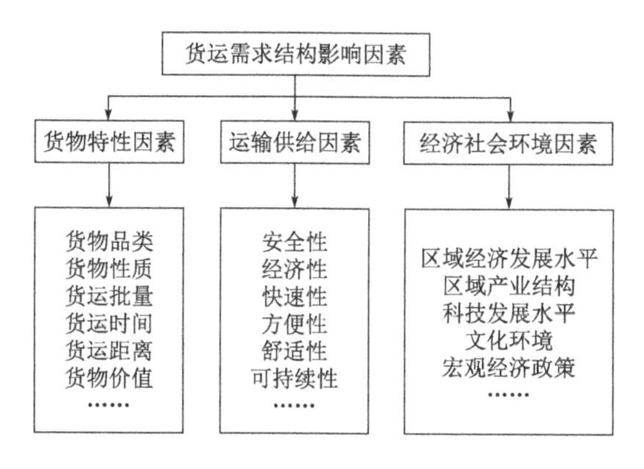

图3-5 货运需求结构的影响因素

(1)货物特性因素

货物特性即产品的运输属性，主要包括货物品类和性质、货运批量和批次、货运时间和距离、货物价值等。不同的货物特性对运输的要求不同，以货物价值为例，高价值货运需求往往选择高速的运输方式，比如高速铁路、航空、高速公路运输等；低价值货运需求则相对选择低速的运输方式，比如普通铁路、水路、公路运输等。再者，以货运批量为例，大宗货运需求往往选择低频率的运输方式，小批量货运需求相应匹配高频率的运输方式。

(2)运输供给因素

除了安全、经济、快速、方便、舒适之外，货运需求结构的运输供给因素还包括资源可持续性，主要指不同货运方式对土地占用、能源消耗和生态环境的影响。"碳达峰、碳中和"背景下，在运输方式的其他技术经济特征相同的前提下，货物运输需求更倾向于选择资源可持续性更优的运输方式。

(3)经济社会环境因素

经济社会环境因素同样包括区域经济发展水平、区域产业结构、科技发展水平、文化环境、宏观经济政策等。近年来，随着产品结构向小批量多品种、高新技术和高附加值方向转变，"门到门"高效率的运输需求逐渐增加；随着联运设备和技术的快速发展，多式联运、滚装运输、驮背运输等发展迅速，形成货运需求结构变化的又一重要影响变量。

3.5.2 综合运输需求结构的预测方法

综合运输需求结构预测方法主要分为两大类，一类是以统计学为基础的集计模型，常用的有转移曲线法、回归模型等，但需要相对大的样本量和充分的基础调查，数据的扩展和再利用能力弱，难以反映交通服务水平对需求的影响；另一类是以随机效用最大化为目标的非集计模型，可以充分利用小样本容量数据实现较高的预测精度，目前应用较为广泛。本节主要对最为经典、应用最广的非集计模型——Logit模型进行介绍。

(1)基本概念

Logit模型以个体为对象,考虑区域内每个个体的出行方式、出行频率、目的地选择、路径选择等,构建不同运输方式的选择概率模型,具有形式简洁、计算简单、容易理解等特点,理论基础包括选择肢和效用函数两部分。

①选择肢。可供选择的运输方式称为选择肢,例如客运出行者在出行之前将会面对选择高铁、航空还是选择自驾,那么每一种出行方式就是出行者的一个选择肢。

②效用函数。效用表示需求得到满足的程度,某个选择肢令人满意的程度叫作效用。关于效用作出如下假定:运输主体在特定的选择条件下,选择其所认知的选择方案中效用最大的方案。在运输方式选择中,效用最大即运输成本(阻抗)最小。并且,运输方式的效用值一般考虑了客运出行者的性别、年龄等个人因素,货运物品的品类、性质、价值等特性因素,运输方式的时间、费用等客观因素,以及个人偏好等主观因素。

效用函数用来衡量运输需求在本次运输活动中获得满足的程度,反映了出行者在决策时对不同运输方式综合价值的评判,通常表示为线性形式:

$$V_{in} = \sum_{k}^{K} \beta_k x_{kin} \tag{3-31}$$

式中:i——第i种运输方式;

n——第n个运输主体;

k——第k个服务属性;

K——服务属性的总数;

V_{in}——第n个运输主体选择第i种运输方式的效用;

x_{kin}——第n个运输主体在第i种运输方式中的第k个服务属性,如安全性、经济性、快速性、舒适性等;

β_k——待定系数,根据调查统计数据进行标定。

(2)传统的Logit模型

传统的Logit模型主要包括多项Logit模型(multinomial logit model,MNL)和巢式Logit模型(neasted logit model,NL),这两个模型均将待估计参数设为固定参数,假设所有出行者均有着相同的偏好结构(即为同质的),不考虑出行者之间的异质性。

①多项Logit模型。由于在运输需求结构分担率预测中,可供选择的运输方式往往多于两项,出行方式划分一般都是多项选择问题,多项Logit模型的应用性较强。在多项Logit模型中,出行者n选择运输方式i的概率如下:

$$P_{in} = \frac{e^{V_{in}}}{\sum\limits_{i \in A_n} e^{V_{in}}} \tag{3-32}$$

式中:P_{in}——出行者n选择运输方式i的概率;

V_{in}——出行者n选择运输方式i的效用;

A_n——出行者n的运输方式选择集合。

②巢式Logit模型。巢式Logit模型是在多项Logit模型基础上的一种改进模型,两者的主要区别是巢式Logit模型考虑了各选择肢之间的相关性,因此相对存在一定优越性。

巢式Logit模型各选择肢之间的关系可以描述为树状结构，树的节点分岔处又可以被看作一个独立的多项Logit模型，因此巢式Logit模型与多项Logit模型之间的关系可以被看作包含和被包含的关系，如图3-6所示。其中选择肢A1、A2之间具有相似的特性，选择肢B1、B2之间也具有相似的特性。

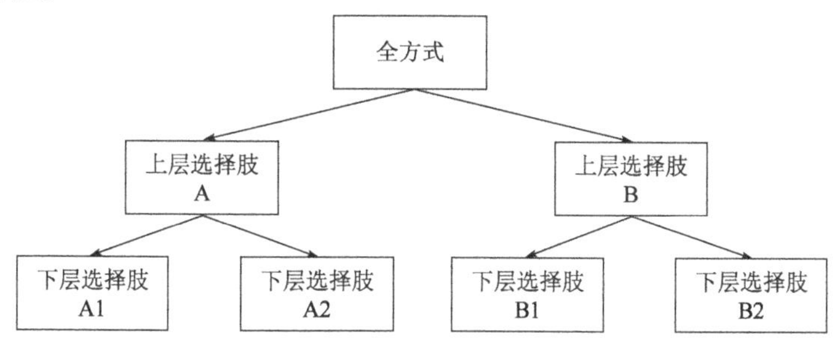

图3-6 两层巢式Logit模型结构图

以两层巢式Logit模型为例，设i是上层选择肢，j为下层选择肢：

$$P_{jin} = P_{j|in}P_{in} = \frac{\exp(\lambda_1 V_{j|in})}{\sum_j \exp(\lambda_1 V_{j|in})} \cdot \frac{\exp[\lambda_2(V_{in} + V_{in}^*)]}{\sum_i \exp[\lambda_2(V_{in} + V_{in}^*)]} \tag{3-33}$$

式中：P_{jin}——i和j同时被选择的概率；

$P_{j|in}$——上层选择i的条件下，下层选择j的条件概率；

P_{in}——上层选择i的概率；

$V_{j|in}$——上层选择i的条件下，下层选择j的效用；

V_{in}——上层选择i的效用；

λ_1——只与下层有关的效用的概率项的方差相对应的参数；

λ_2——同时考虑上、下层的效用的概率项的方差相对应的参数；

V_{in}^*——合成效用，$V_{in}^* = \frac{1}{\lambda_1}\ln\sum_j \exp(\lambda_1 V_{j|in})$。

(3)考虑异质性的Logit模型

在实际的运输方式决策中，由于不同用户对运输成本、运输时间、运输舒适性等感知不一样，因此往往导致不同的运输方式选择，即出行者异质性。在此基础上，相关学者提出了随机参数Logit模型(random parameter logit model，RPL)和潜在类别条件Logit模型(latent class conditional logit model，LCCL)，用于出行者异质性的解释。

①随机参数Logit模型。随机参数Logit模型，也称混合Logit模型，是一种对多项Logit模型的密度函数进行积分的预测模型。由于概率密度函数的存在，随机参数Logit模型的待估计参数随着样本变化而变化，从而形成随机参数，有助于体现出行者异质性。随机参数Logit模型的选择概率如下：

$$P_{in} = \int G_{in}(\beta_k)d(\beta|\lambda)\mathrm{d}\beta = \int \frac{\exp(\beta_k x_{kin})}{\sum_k \exp(\beta_k x_{kin})} d(\beta|\lambda)\mathrm{d}\beta \tag{3-34}$$

式中：P_{in}——第n个出行者选择运输方式i的概率；

$G_{in}(\beta_k)$——与出行者异质性相关的效用函数，β_k为参数；

$d(\beta|\lambda)$——某种分布的概率密度函数，λ是某种分布的参数，可供选择的分布形式有正态分

布、对数正态分布、均匀分布、三角分布、威布尔分布等；

x_{kin}——第n个运输主体在第i种运输方式中的第k个服务属性。

②潜在类别条件Logit模型。潜在类别条件Logit模型主要应用于出行者所属类别未知的情况，通过建立计算特定类别的参数集和出行者所属类别的概率函数，同时进行运输方式选择行为建模和出行者分类。不同于随机参数Logit模型需要假设参数服从某个分布，潜在类别条件Logit模型通过设置不同的类别参数表征出行者异质性，同一个类别的出行者有着同样的参数。潜在类别条件Logit模型的选择概率如下：

$$P_n = \sum_{m=1}^{M} s_m L_n(\beta) \tag{3-35}$$

式中：P_n——第n个出行者选择某种运输方式的概率；

m——第m个潜在类别；

M——潜在类别的总数；

s_m——第m个潜在类别的参数，这些参数表征了出行者的选择行为；

$L_n(\beta)$——决策者n做出一系列选择的条件概率。

假设有N个决策者，每个决策者面临T个选择场景，每个选择场景有J个选项，若决策者n对于某个选择场景t，选择第j个选项，则表示为x_{ntj}，对于每个选择场景，一个决策者做出一系列选择的条件概率为

$$L_n(\beta) = \prod_{t=1}^{T} \left\{ \frac{e^{\beta_n x_{ntj}}}{\sum_j e^{\beta_n x_{ntj}}} \right\} \tag{3-36}$$

整个人群可以分成M个类别，每个类别有特定的选择行为或偏好，设s_{nm}为出行者n属于类别m的概率，z_n为出行者的可观察统计特征，$\theta = (\theta_1, \theta_2, \cdots, \theta_m)$为类别成员参数，定义第$M$个参数为0，确保问题模型被识别，即$\theta_M$=0。则$s_{nm}$表示为

$$s_{nm} = \frac{e^{z_n \theta_m}}{\sum_{m=1}^{M} e^{z_n \theta_m}} \tag{3-37}$$

综上所述，潜在类别条件Logit模型的具体形式表示为

$$P_n = \sum_{m=1}^{M} \left\{ \frac{e^{z_n \theta_m}}{\sum_{m=1}^{M} e^{z_n \theta_m}} \right\} \prod_{t=1}^{T} \left\{ \frac{e^{\beta_n x_{ntj}}}{\sum_j e^{\beta_n x_{ntj}}} \right\} \tag{3-38}$$

3.6 综合运输需求分配预测

3.6.1 单一方式的分配预测

运量分配是运量预测四阶段法的最后一个阶段，是将各运输方式的运量OD按照一定的原则分配到各运输方式的拓扑网络上，从而得到不同运输方式不同径路的运量。运量分配预

测是模拟未来年规划运输网络的运量规模,判断各线路通行能力能否满足线路需求的主要依据,对于各方式运输网络优化调整具有重要意义。

1)理论基础

(1)最短路径问题

将客货运输OD分配到运输网络这一过程的关键就在于确定OD所对应的车流路径,并由车流路径构成运输方式拓扑网络。该过程通常选择"最短路径",即以两节点之间的最短路组合为分配路网,基本网络示意如图3-7所示。

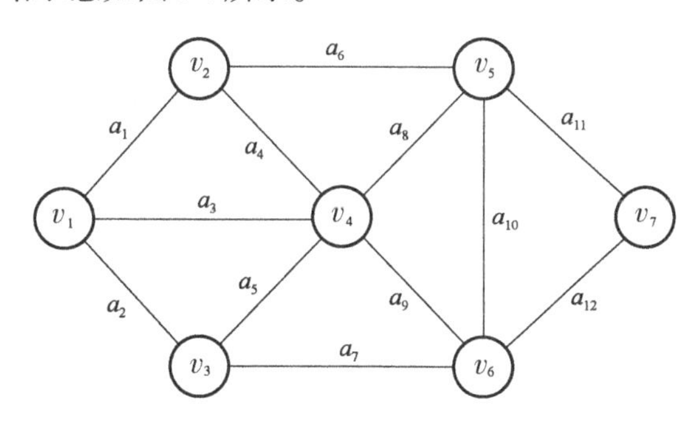

图3-7 基本网络示意图

图3-7给出了一个由7个节点和12个有向路段组成的简单网络,记作$G=(V, A)$,其中$V=\{v_1, v_2, \cdots, v_7\}$为节点的集合,$A=\{a_1, a_2, \cdots, a_{12}\}$为有向路段的集合。对于每一条有向路段$a \in A$,其阻抗为$\omega(a)=\omega_{ij}$,其中$i$、$j$分别表示$a$的起点$v_i$和终点$v_j$。设$P$是网络中以$v_s$为起点、$v_t$为终点的一条路径,则$P$的阻抗为路径经过的所有路段阻抗之和,即$\omega(P)=\sum\limits_{a \in P}\omega(a)$。最短路径问题即在以$v_s$为起点、$v_t$为终点的所有路径中,找出一条阻抗最小的路径$P_0$,使得$\omega(P_0)=\min\limits_{P}\omega(P)$,则$P_0$为$v_s$到$v_t$的最短路径,其阻抗成为从$v_s$到$v_t$的最短距离,记为$d(v_s, v_t)$。

(2)单一方式广义费用函数

①单一方式客运广义费用函数。客运广义费用是旅客在出行过程中所有耗费的总和,一般包括交通费用及相关正负外部因素费用。交通费用即旅客运输票价费用,相关正负外部因素费用主要包括旅客运输时间价值费用和旅客运输舒适性费用。客运广义费用需根据旅客类型分类计算。单一方式客运广义费用函数如下:

$$E_P = P_P + T_P - C_P \tag{3-39}$$

式中:E_P——单一方式客运广义费用;

P_P——旅客运输票价费用;

T_P——旅客运输时间价值费用;

C_P——旅客运输舒适性费用。

其中,旅客运输票价费用由旅客单位运价费率和旅客运输距离决定:

$$P_P = \partial_P \cdot D_P \tag{3-40}$$

式中:∂_P——旅客单位运价费率;

D_P——旅客运输距离。

旅客运输时间价值费用由旅客运输单位时间价值、旅客运输时间和旅客衔接换乘时间决定：

$$T_{\mathrm{P}} = P_{\mathrm{VOT}} \cdot \left(\frac{D_{\mathrm{P}}}{V_{\mathrm{P}}} + T_{\mathrm{Ph}}\right) \tag{3-41}$$

式中：P_{VOT}——旅客运输单位时间价值；

V_{P}——旅客运输速度；

T_{Ph}——旅客衔接换乘时间。

旅客运输舒适性费用由旅客旅行舒适性的单位时间货币价值、旅客对运输服务舒适性的评价等级、旅客运输时间、旅客衔接换乘时间决定：

$$C_{\mathrm{P}} = \gamma_{\mathrm{P}} \cdot C_{\mathrm{P'}} \cdot \left(\frac{D_{\mathrm{P}}}{V_{\mathrm{P}}} + T_{\mathrm{Ph}}\right) \tag{3-42}$$

式中：γ_{P}——旅客旅行舒适性的单位时间货币价值；

$C_{\mathrm{P'}}$——旅客对运输服务舒适性的评价等级，$C_{\mathrm{P'}} \in (0, 1)$。

②单一方式货运广义费用函数。货运广义费用是货物运输过程中的耗费总和，包括交通费用及相关正负外部因素费用。交通费用即货物运输运价费用，相关正负外部因素费用主要包括货物运输时间价值费用、货物运输安全损耗费用等。货运广义费用一般根据货物类型分类计算。单一方式货运广义费用函数如下：

$$C_{\mathrm{f}} = P_{\mathrm{f}} + T_{\mathrm{f}} + S_{\mathrm{f}} \tag{3-43}$$

式中：C_{f}——单一方式货运广义费用；

P_{f}——货物运输运价费用；

T_{f}——货物运输时间价值费用；

S_{f}——货物运输安全损耗费用。

其中，货物运输运价费用由货物单位运价费率、货物运输距离和货物装卸费用决定：

$$P_{\mathrm{f}} = \partial_{\mathrm{f}} \cdot D_{\mathrm{f}} + L_{\mathrm{f}} \tag{3-44}$$

式中：∂_{f}——货物单位运价费率；

D_{f}——货物运输距离；

L_{f}——货物装卸费用。

货物运输时间价值费用由货物运输单位时间价值、货物运输时间和货物中转时间 T_{fh} 决定：

$$T_{\mathrm{f}} = F_{\mathrm{VOT}} \cdot \left(\frac{D_{\mathrm{f}}}{V_{\mathrm{f}}} + T_{\mathrm{fh}}\right) \tag{3-45}$$

而货物运输单位时间价值则受货物平均价值、物流仓储费用和社会折现率的影响，反映占用资金的时间价值：

$$F_{\mathrm{VOT}} = (P_{\mathrm{r}} + C_1) \cdot R \tag{3-46}$$

式中：F_{VOT}——货物运输单位时间价值；

P_{r}——货物平均价值；

C_1——物流仓储费用；

R——社会折现率。

货物运输安全损耗费用由货物损耗的单位时间货币价值、对货物运输损耗风险的评价等级、货物运输时间、货物中转时间决定：

$$S_f = \gamma_f \cdot S_{P'} \cdot \left(\frac{D_f}{V_f} + T_{fh}\right) \tag{3-47}$$

式中：γ_f——货物损耗的单位时间货币价值；

$S_{P'}$——对货物运输损耗风险的评价等级，$S_{P'} \in (0, 1)$。

2)预测模型

常用的分配预测方法分为非平衡分配方法与平衡分配方法两大类，其中符合交通网络平衡定义，认为每一位出行者均选择自身成本最低的路径，达到用户平衡和系统最优状态的是平衡分配模型，否则为非平衡分配模型。本书主要对非平衡分配模型中的多路径分配模型和平衡分配模型中的随机用户平衡模型进行介绍。

(1)多路径分配模型

多路径分配模型有效避免了单路径分配法中运量全部集中于最短路上这一不切实际的现象，使各条可能的运输线路均能分配到运输量，各条出行线路被选择的概率取决于各条出行线路的效用。

出行者总是选择最适合的线路出行，即最短路因素；而由于运输网络的复杂性和运输状况的随机性，在选择出行线路时往往存在不确定性，即随机因素。这两种因素存在于出行者的整个出行过程中，两种因素所处的主次地位取决于可供选择的出行线路的路权差(时间或费用等)。因此，各出行线路被选用的概率也可采用Logit型路径选择模型计算，该模型可用如下公式表示：

$$P(r, s, k) = \frac{\exp[-\theta \cdot t(k)/\bar{t}]}{\sum_{i=1}^{m} \exp[-\theta \cdot t(i)/\bar{t}]} \tag{3-48}$$

式中： r——起点(origin)；

s——终点(destination)；

k——出行线路；

$P(r, s, k)$——OD运量$T(r, s)$在第k条出行线路上的分配率；

$t(k)$——第k条出行线路的平均路权(时间)；

$\bar{t}$——各出行线路的平均路权(时间)；

θ——分配参数；

m——有效出行线路条数。

分配参数θ为无量纲参数，与路权无关，仅与可供选择的出行线路条数有关。通过计算机模拟发现参数θ的变化范围很稳定，为3～4。由于θ相对稳定，且对运量分配影响不大，故θ的确定可以标准化。

(2)随机用户平衡模型

随机用户平衡模型假定出行者或货物托运人没有完整的路网属性信息，其对路径的感知阻抗与实际阻抗之间存在一个服从某一分布的随机误差，且均会选择自己认为感知阻抗最小的路径，因而随机用户平衡模型的分配结果更接近现实。实际应用中，Fisk于1980年提出了一个不含随机变量的Logit型随机用户平衡模型：

$$\min Z(f) = \frac{1}{\theta} \sum_{i} \sum_{k} f_k^i \ln(f_k^i) + \sum_{a} \int_0^{x^a} E^a(i)\,\mathrm{d}i \tag{3-49}$$

$$\sum_k f_k^i = q^i \qquad (k \in K, i \in I) \tag{3-50}$$

$$f_k^i \geqslant 0 \qquad (k \in K, i \in I) \tag{3-51}$$

$$x^a = \sum_i \sum_k f_k^i \delta_{a,k}^i \qquad (a \in A) \tag{3-52}$$

式中：$Z(f)$——目标函数，用于最小化随机用户平衡模型中的阻抗；

θ——反映人们对网络阻抗的认知程度，其值越大表明人们对路况认知程度越高，感知误差越小；

I——全部OD对集合；

K——OD对i间全部路径集合；

A——网络中所有路段的集合；

f_k^i——OD对i间路径k的运量；

$E^a(i)$——OD对i间路段a的广义费用；

q^i——OD对i间的总客货运量；

x^a——路段a的流量；

$\delta_{a,k}^i$——路径与路段的关联性，若路段a在OD对i间第k条路径上，则该值为1，反之为0。

3.6.2 组合方式的分配预测

随着综合交通运输体系不断完善，传统的单一模式交通网络难以充分地描述组合出行模式下的交通网络特征，不同运输方式网络之间的换乘费用、换乘时间、等待时间等属性难以体现，基于单一模式交通网络的需求预测同样难以满足更高准确性要求的综合运输需求分配预测需要。在此背景下，基于综合交通超级网络的组合方式分配预测应运而生。

(1)区域综合交通超级网络

区域综合交通超级网络是由公路、铁路、水路、航空等运输方式的基础网络与添加的虚拟弧段、虚拟节点共同组成的交通网络。它将每种运输方式作为一层基础子网络，依据实际交通网络拓扑关系，在多层子网络间相同位置的换乘节点通过虚拟弧段与虚拟节点进行关联。处于该超级网络中的客货流可通过换乘枢纽实现在不同子网络中的自由流动，进而实现客货各运输方式、多种方式联运的多路径选择和分配。

①构建各运输方式子网络。根据各运输方式的运行特点和拓扑关系，分析子网络中的构成要素，分别构建公路、铁路、水路和航空子网络。各运输方式子网络中各要素类型及组成见表3-1。

各运输方式子网络中各要素类型及组成　　表3-1

各运输方式子网络	节点	弧段
公路子网络	汽车站、收费站、公路交叉口	代表汽车站、收费站和公路交叉口之间的公路路段
铁路子网络	火车站、铁路交叉点	代表火车站和铁路交叉点之间的铁路路段
水路子网络	港口、码头、航道交叉点	代表港口、码头和航道交叉点之间的航道
航空子网络	机场	代表机场之间的航线

②建立运输方式子网络间关联。通过换乘枢纽建立各运输方式子网络间的关联，即将交通枢纽作为不同运输方式之间相互连接的纽带，在不同子网络上相同位置的换乘节点处添加虚拟节点，使各运输方式子网络间相互联系。不同运输方式需要具备的换乘节点类型见表3-2。

综合交通网络内各运输方式换乘节点　　表3-2

运输方式	公路运输	铁路运输	水路运输	航空运输
公路运输	—	火车站	港口	机场
铁路运输	火车站	—	港口	—
水路运输	港口	港口	—	—
航空运输	机场	—	—	—

③综合交通网络要素信息匹配。输入综合交通网络内节点、弧段的类型以及线路等级、长度、设计速度、通行能力、交通阻抗等属性信息。

在上述基础上，构建各运输方式通过换乘节点一体衔接的区域综合交通超级网络，如图3-8所示。

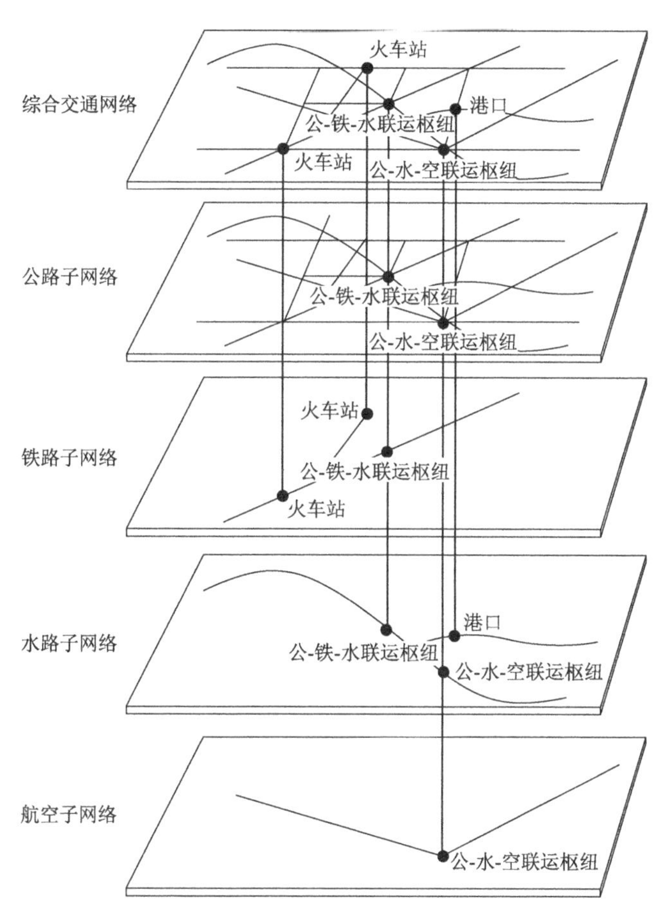

图3-8　区域综合交通超级网络示意图

(2)多方式广义费用函数

相对于单一方式的广义费用函数，多方式广义费用函数补充考虑了不同运输方式之间的换乘成本、换乘时间等，具体可通过以下公式进行表述。

①多方式客运广义费用函数：

$$E_{\mathrm{P}} = P_{\mathrm{P}} + T_{\mathrm{P}} - C_{\mathrm{P}} \tag{3-53}$$

式中：E_P——多方式客运广义费用；

P_P——旅客运输票价费用，包括各运输方式票价及换乘衔接费用；

T_P——旅客运输时间价值费用，包括各运输方式旅行时间费用和换乘时间费用；

C_P——旅客运输舒适性费用。

②多方式货运广义费用函数：

$$C_f = P_f + T_f + S_f \tag{3-54}$$

式中：C_f——多方式货运广义费用；

P_f——货物运输运价费用，包括各种运输方式的运价费用和中转费用；

T_f——货物运输时间价值费用，包括在途时间费用和中转时间费用；

S_f——货物运输安全损耗费用。

复习思考题

1. 简述综合运输需求的主要影响因素。
2. 简述综合运输需求预测的一般流程。
3. 简述常用的综合运输需求生成预测方法。
4. 简述Logit模型的基本概念、常用方法。
5. 简述客运和货运广义费用计算的考虑因素。

第4章

区域交通运输规划理论

学习目标

- 了解区域交通运输规划的目标、原则和主要内容。
- 理解区域交通运输规划的主要影响因素。
- 掌握常用的区域交通运输规划基础理论。

4.1 区域交通运输规划概述

规划是指进行比较全面长远的发展计划,是对未来整体性、基本性、长期性问题的思考和设计。区域交通运输规划是指在一定地域范围内对交通运输系统进行总体战略部署,即根据国民经济发展的要求,从区域内具体的自然条件和经济条件出发,通过综合平衡和多方案比较,确定交通运输网络和交通运输枢纽空间布局。

4.1.1 规划目标及原则

(1)规划目标

交通运输体系是由人、车、路、环境共同构成的复杂整体。按照规划作用的层次,可以把区域交通运输规划的目标分为“区域发展”“基础设施”“运输服务”三大类。

①区域发展——支撑国家和区域发展战略实施，满足服务大局、主动引领要求。区域交通运输规划的宏观目标是支撑国家和区域发展战略实施，满足战略落地对交通运输发展的需要。交通运输具有基础先导性和战略支撑性，其规划旨在通过综合运输大通道建设、交通运输结构优化等，完善服务“一带一路”倡议，区域一体化、可持续发展等国家和区域发展战略的交通运输体系，满足战略实施对交通运输服务大局、主动引领的客观要求。

②基础设施——充分发挥各种运输方式的比较优势，构建一体融合的交通基础设施体系。区域交通运输规划的基础目标是最大限度地发挥交通运输系统的效能。不同运输方式的技术特征不同，比较优势不同，交通运输规划旨在从系统空间特征和资源约束的角度，分析交通运输资源的最优配置，通过合理化少量交通运输资源的投入，推动交通运输资源整合和集约利用，在构建一体融合的交通基础设施体系的同时，实现整体交通运输网络效率的最大化提升，以及土地、能源、交通运输基础设施等资源的最优化利用。

③运输服务——提供高效优质的运输服务，服务公众便捷出行、货物高效流动。区域交通运输规划的最终目标是满足各类交通参与者的交通需求，随着高品质、多样化、个性化的旅客运输需求和高价值、小批量、时效性强的货物运输需求不断增长，交通参与者对区域交通运输的服务品质要求持续提高。区域交通运输规划旨在通过多样化运输方式的网络和枢纽建设，扩大交通运输通道的覆盖范围和提高交通运输通道联通水平，提高运输服务供给能力，为旅客和货物提供便捷、高效、安全、可靠的运输条件，从而促进旅客出行便捷程度的提高和货运物流成本的降低。

(2)规划原则

①全局性与统筹性原则。区域交通运输规划应具备全局视野，立足区域经济社会发展大局，坚持系统观念，秉承“前瞻性思考、全局性谋划、战略性布局、整体性推进”理念，通过交通运输网络和枢纽的统筹布局，实现交通运输方式一体融合、区域一体融合、与相关产业融合发展，切实增强交通运输体系对区域经济社会发展的支撑能力。

②协调性与可行性原则。区域交通运输规划应与区域经济社会发展水平相结合，适应经济社会发展需要。一方面，区域交通运输网络布局应当与区域资源分布、人口分布、城镇布局、产业布局等相协调，引导生产力合理布局；另一方面，区域交通运输规划发展程度、建设投资力度应当与区域当前经济社会发展水平相符，保证规划方案的可行性。

③继承性与衔接性原则。区域交通运输规划编制过程中，为保证规划的科学性和可操作性，应遵循下位规划服从上位规划、下级规划服务上级规划、等位规划相互协调的原则。作为国土空间规划的下位规划，区域交通运输规划需要服从国土空间规划对于交通用地可持续空间管控的要求，成果应被纳入国土空间规划。同时，区域交通运输规划应加强与产业发展规划、全域旅游发展规划等同层级规划的衔接，不同编制时间的区域交通运输规划还需要考虑规划之间的继承性问题。

④远近结合与有序实施原则。区域交通运输规划既要着眼长远，又要立足当下，应当秉承远近结合、有序实施的原则。对近期而言，需要注重与技术经济指标、投入产出指标的统筹协调，区分轻重缓急，在综合考虑运输需求和资金投入的基础上，优先挖掘既有资源潜力，合理安排近期实施项目；对远期而言，需要充分考虑长远发展需求，发挥交通先行作用，适度超前规划。

⑤可持续发展原则。可持续发展是我国的基本国策。区域交通运输规划应当立足于区域资源环境承载能力，推动交通运输低碳绿色发展。以盘活存量用地为主，严格控制新增建设用地，促进土地资源尤其是土地资源紧张区域的节约集约利用；强化节能减排和污染防治，推进新能源、清洁能源应用，优先发展高速铁路、城际铁路等资源节约型、环境友好型交通运输方式；同时，严守生态保护红线，新增交通项目应有效避绕生态环境敏感区域，减少对生态空间的占用和资源消耗。

4.1.2 规划层次及内容

(1)规划层次

区域交通运输规划从不同的角度可划分为不同类别，如图4-1所示。

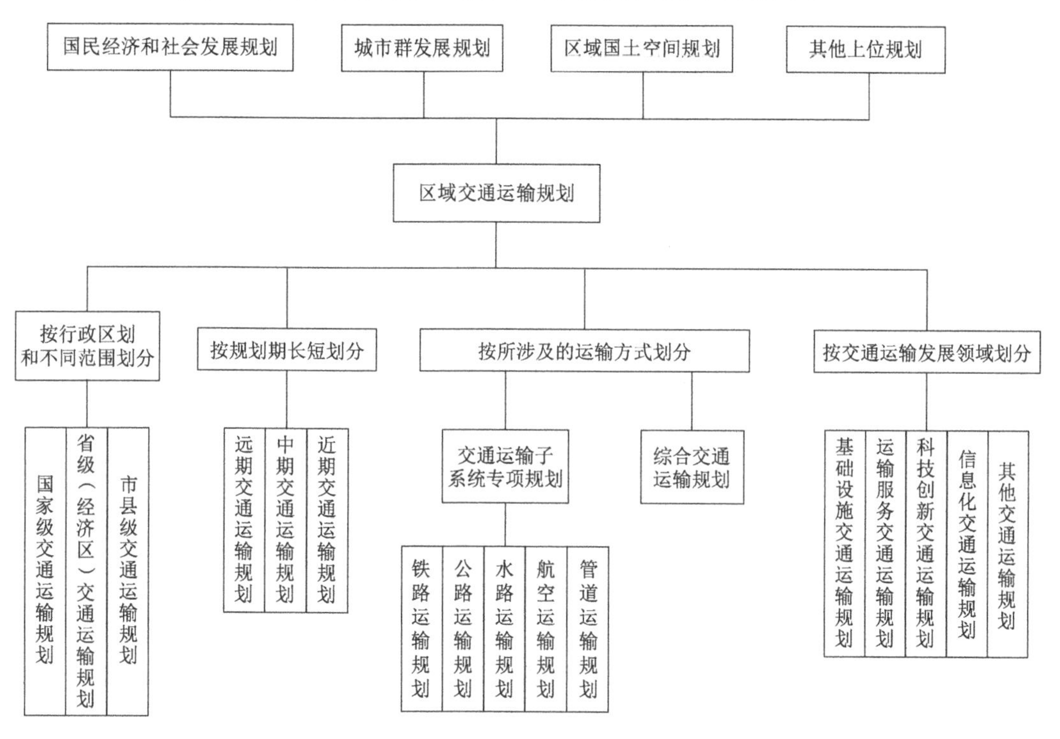

图4-1 区域交通运输规划的层次划分

①按照行政区划和不同范围，区域交通运输规划可分为国家级、省级(经济区)、市县级三个层次。其中，国家级交通运输规划主要研究国家层面交通运输的战略取向、总体部署以及国家交通运输大通道、主骨架与综合交通枢纽的布局方案；省级(经济区)交通运输规划，重点落实国家总体部署，研究本区域内交通基础设施布局和一体化运输发展等问题；市县级交通运输规划，重点落实上位规划的战略要求和约束性指标，制定具体的实施策略。

②按规划期长短，区域交通运输规划分为远期、中期和近期三个层次。其中，远期交通运输规划，指20年及以上的规划，也称战略规划，重点提出区域长远的交通发展战略目标与理念；中期交通运输规划，规划期一般为5～20年，也称发展规划，指为满足经济社会发展需要所编制的计划；近期交通运输规划是实施发展规划的具体行动和近期建设项目安排，规划期一

般为5年,也有3年滚动计划的形式。

③按所涉及的运输方式,区域交通运输规划分为综合交通运输规划和交通运输子系统专项规划。其中,综合交通运输规划将各种运输方式作为有机衔接、不可分割的整体,从系统固有的空间特征和资源约束的角度,分析研究交通运输资源的最优配置;交通运输子系统专项规划,则按基本运输方式的适用范围分别开展,分为铁路运输规划、公路运输规划、水路运输规划、航空运输规划、管道运输规划等。

④按照交通运输发展领域,区域交通运输规划分为基础设施、运输服务、科技创新、信息化和其他交通运输规划,重点提出不同领域的发展目标和主要任务。

(2)规划内容

虽然不同层次的区域交通运输规划关注重点不同,但规划的基本内容大致相同。总体而言,区域交通运输规划主要包括发展现状评价、形势需求分析、发展定位与目标研究、规划方案研究、政策措施建议五个方面内容。

①发展现状评价。发展现状评价是区域交通运输规划的基础,包括总结上一轮规划实施以来的进程和效果,评价交通运输发展现状对服务现状和未来经济社会发展需要的适应程度,以及归纳总结交通运输发展现状存在的问题。其中,适应性评价主要包括三方面内容:一是从交通网络规模与结构、交通运输通道数量与品质、交通运输枢纽及集疏运、各种运输方式间的衔接性、城市内外交通的衔接性等方面对基础设施发展水平进行评价;二是从客货运输组织、客货运量及结构、基本公共服务覆盖面等方面对交通运输服务效率和水平进行评价;三是从安全应急保障能力、科技与信息化水平、绿色低碳水平等方面对交通运输高质量发展水平进行评价。

②形势需求分析。形势需求分析是区域交通运输规划的重要依据,包括规划期内发展环境分析及运输需求预测。其中,发展环境分析主要通过对国际及国内宏观环境和区域内空间战略、经济社会、科技进步、生态文明建设等发展趋势的分析,研判对交通运输发展的新要求;运输需求预测则分为总量预测、分布预测、结构预测、分配预测等部分,预测结果将作为制定交通运输规划方案的重要依据。

③发展定位与目标研究。发展定位与目标研究是区域交通运输规划的战略导向。主要从经济社会发展战略的高度、从区域整体利益的广度、从交通运输自身发展需要的深度出发,明晰规划期内交通运输发展方向和发展重点,确定适合区域特点和实际的指导思想、基本原则和规划思路,提出规划期内交通运输发展目标和主要指标。

④规划方案研究。规划方案研究是区域交通运输规划的核心内容,主要包括交通运输通道规划、交通运输网络规划和交通运输枢纽规划。其中,交通运输通道规划重点分析具有密集运输流的两地客货需求特点,对两地间的交通运输线路进行合理配置;交通运输网络规划根据运输网络的构成和特性,综合经济社会影响因素,提出运输网络布局规划;交通运输枢纽规划重点在于枢纽规模的确定、场站空间布局。

⑤政策措施建议。政策措施建议是区域交通运输规划的实施保障,重点结合交通运输行业实际情况,从争取国家财政和政策支持、创新投融资渠道、强化用地保障等方面,提出支撑和保障区域交通运输规划实施的措施和建议。

区域交通运输规划总体流程如图4-2所示。

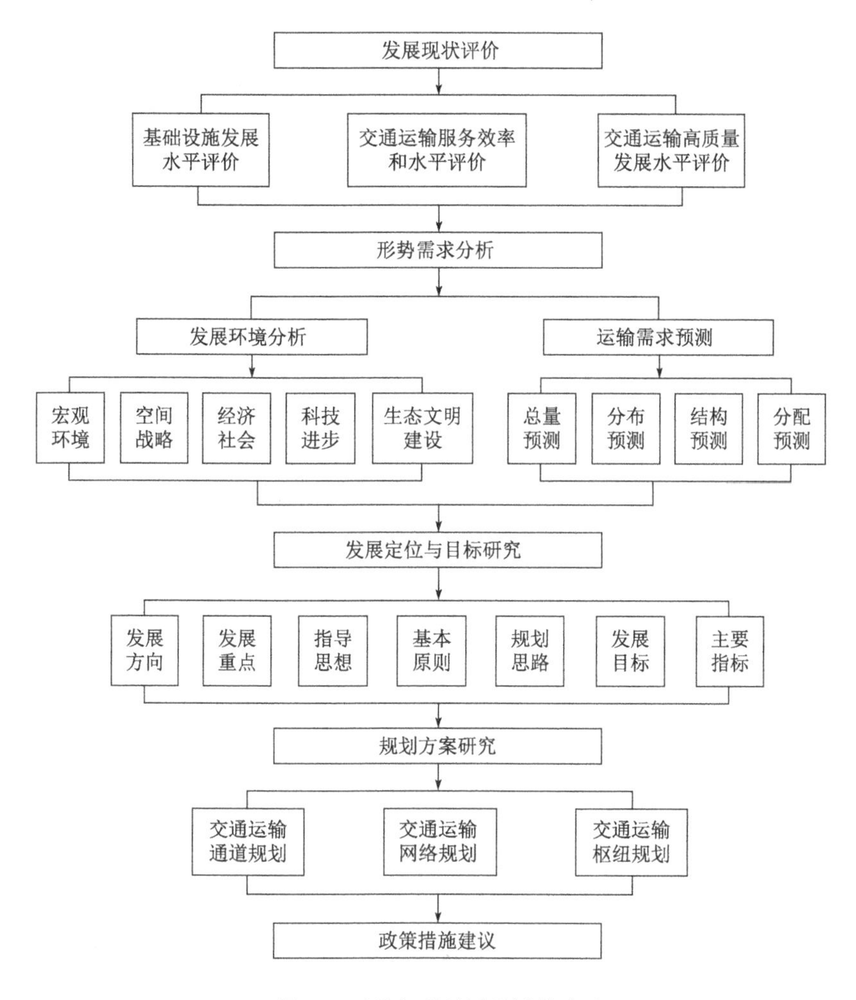

图4-2　区域交通运输规划总体流程

4.2　区域交通运输规划影响因素

交通运输规划涉及面广，影响因素众多，不仅受到外部环境和发展条件的影响，也受到交通运输体系自身发展的影响；不仅受到当下发展状况影响，也受到未来发展趋势影响。总体来看，影响区域交通运输规划的主要因素可以归纳为经济、社会、生态环境、交通四个方面。

4.2.1　经济因素

（1）经济总量及结构

经济总量是一个地区经济发展水平的重要体现，通常以国内生产总值（GDP）及增长率为表征。经济总量的增长表明经济社会活动更加频繁、经济规模进一步扩张，由此诱发更强烈的旅客出行意愿和更多的货物运输需求，需要相匹配的交通运输线网规模和布局以适应经济发展需要。

经济结构是一个地区各个经济要素的相对位置和空间分布，也是经济地理特征的体现。区域交通运输规划应当结合各个区域经济的不同特点，分析区域间的关联性和互补性，建立契合区域客货流发展特征、符合经济要素聚集轴线的交通运输系统，从而实现交通运输网络格局与经济空间结构形态的协调。

(2)产业结构及布局

产业结构指农业、工业和服务业在经济总量中所占的比重。产业结构与客货运输需求密切相关，在一定的产业总规模条件下，产业结构的变化必然引起运输需求的变化，区域交通运输规划需要着重考虑产业结构变化引起的运输需求变化对交通网络布局的影响。

产业布局指产业在地区范围内的空间布局，与交通运输行业密切相关的主要为工业布局、旅游产业布局。其中，工业布局直接影响产品和原材料的运输、人员的流动，要求区域交通运输规划结合工业布局、上下游相关产业链分布，科学分析和预测运输需求，规划布局与产品运输相匹配的交通线路；旅游产业布局则反映了消费型旅客运输需求流动的方向和趋势，要求区域交通运输规划结合旅游资源的空间分布和布局、旅游客源分布和开发方向及力度等合理布局不同功能、规模、速度标准的旅游线路。

4.2.2 社会因素

(1)国家及区域战略

国家及区域战略是为实现国家及区域发展总目标而制定、指导区域经济社会各个领域发展的总体性战略概括，是重大交通设施规划的重要指引和驱动因素。比如为了服务“西部大开发战略”，《中长期铁路网规划(2008年调整)》在西部铁路网处于发展初期的基础上，提出了完善西部开发性新线、以扩大西部路网规模为主、形成西部铁路网骨架的规划目标；再比如为了服务“京津冀协同发展”和“长江经济带发展”战略，分别制定了《京津冀协同发展交通一体化规划》和《长江三角洲地区多层次轨道交通规划》。

(2)国土空间格局

国土空间是一个多功能的有机地理空间，其格局的形成和演变是自然地理区位、经济社会发展和人类文化共同作用的结果，国土空间规划划定了“三区三线”(三区：农业空间、生态空间、城镇空间；三线：耕地和永久基本农田保护红线、城镇开发边界、生态保护红线)。国土空间作为交通赖以发展的空间基础，其开发和利用格局很大程度上决定了交通的走向和空间网络结构，区域交通运输规划需要紧密结合国土空间格局进行。

(3)人口数量与结构

人口数量是以数量表示人口发展和变化程度，包括人口绝对量和人口密度。人类活动是产生交通运输需求的基础条件，任何一种交通运输方式承担的客运量都需要相应的人口数量作为支撑。区域交通运输规划既要关注影响线网规模的人口绝对量，也要研究区域人口密度对运输系统的影响，设施尽量沿人口密度较大的地区布设，以便吸引更多客流。

人口结构指区域人口的地理分布状况，包括人口的行政、自然与经济区域分布，城乡分布等。区域交通运输规划应当结合人口分布，分析人口流动的主要走向，布局基础设施；结合城乡人口的比例，分析出行频率、出行质量要求、城乡联系需求等。

4.2.3 生态环境因素

(1)资源分布

资源分布指资源包括矿产资源、农产品资源等在地域上所处的位置及位置的空间特征。资源分布决定着货源发生地及货物发送量,直接影响着货物运输的流量和流向。区域交通运输规划要准确跟踪资源分布和开发的现状、发展趋势,建立能力充分的资源外运通道布局,保证充足的外运能力。

(2)自然因素

自然因素指影响人类活动的自然环境要素,包括地形地貌、地质、气象气候、土地、水、动植物等,与交通运输密切相关的主要包括地形地貌、气候条件和水文地质等。其中,地形地貌是确定通道线路走向和枢纽设点的重要约束因素,一般来说,一条线路的走向应尽量选择地形平坦、地质稳定的区域;气候条件是确定线路技术标准的约束因素,特别是高原和高寒地区,气候条件对运输装备的特殊要求往往决定了线路的技术等级;水文地质则是规划通道线路走向的约束因素,一般而言,线路走向尽量选择水系较少的区域,尽可能与水系垂直交会。

(3)资源环境承载能力

资源环境承载能力即生态系统所能承受的人类经济与社会活动的限度,是区域交通运输规划的约束因素。区域交通运输规划应结合国土空间规划,严格遵循生态保护红线,重点布局在资源环境承载能力较强的、经济和人口集聚条件较好的重点开发区域和优化开发区域,谨慎布局在关系到全国或较大区域范围生态安全的限制开发区,绕避依法设立的各类自然保护区、环境敏感区等禁止开发区。同时,采取避让或技术手段减少对野生动植物等的影响。

(4)人文与环境保护因素

在人文与环境保护方面,区域交通运输规划应与自然环境、城市生态相协调,包括与居民稠密区、自然保护区、历史文化区等相协调。区域交通运输规划基础设施应与居民稠密区、水源保护区、植被保护区、动物保护区、风景游览区、名胜古迹等保持必要的防护距离。

4.2.4 交通因素

(1)交通运输需求

交通运输需求直接影响着区域交通运输规划的规模和质量,满足交通运输需求是交通发展的主要动因。区域交通运输规划应通过需求总量测算出交通基础设施的总规模,并结合不同品类的需求数量、分布情况、品质要求,分别研究交通运输通道和网络的布局、运输服务组织形式等。

(2)交通运输结构

交通运输结构主要指运输方式结构。运输方式结构是交通运输系统中不同运输方式所承担的运量比例关系,这种比例关系反映了不同运输方式在交通运输系统中的功能与地位。区域交通运输规划应根据各种运输方式的技术经济特征,发挥各自的优势,合理分工、协调发展,实现综合效益最大化。

4.3 区域交通运输规划基础理论

一般而言，区域交通运输规划是按照“节点选择—初步布局方案形成—布局方案优化”的思路进行的。自区域交通运输规划发展以来，相关学者针对规划流程中的各个步骤探索了相应的规划理论与方法。

(1)节点选择

这一步骤主要涉及的基础理论是节点重要度理论，旨在通过区域内各节点经济、社会、交通等指标的计算，判断各节点重要度，从而基于重要度将区域节点划分为不同的等级，划分结果将作为区域交通网络和枢纽分层布局的基础。

(2)初步布局方案形成

这一步骤主要涉及的基础理论包括交通区位理论、增长极与点-轴理论、点-线-面分层布局理论。其中，交通区位理论结合区域内不同等级区位节点的分布情况，铺划交通区位径线、射线和环线；增长极与点-轴理论聚焦于确定区域的关键“点”与“轴”，通过布设重点的“点”“轴”路线，发挥关键节点优势扩散效应；点-线-面分层布局理论则既能充分考量各层节点对网络连通的相关要求，又能考虑网络层面的整体优化，是最为常用的布局理论。

(3)布局方案优化

在已形成初步布局方案的基础上，对方案进行优化及调整，常用的是网络连通与覆盖理论，通过评估交通网络整体结构形态的连通性和覆盖性，判断其是否适应当地运输需求总量和运输需求结构需要。

区域交通运输规划基础理论框架如图4-3所示。

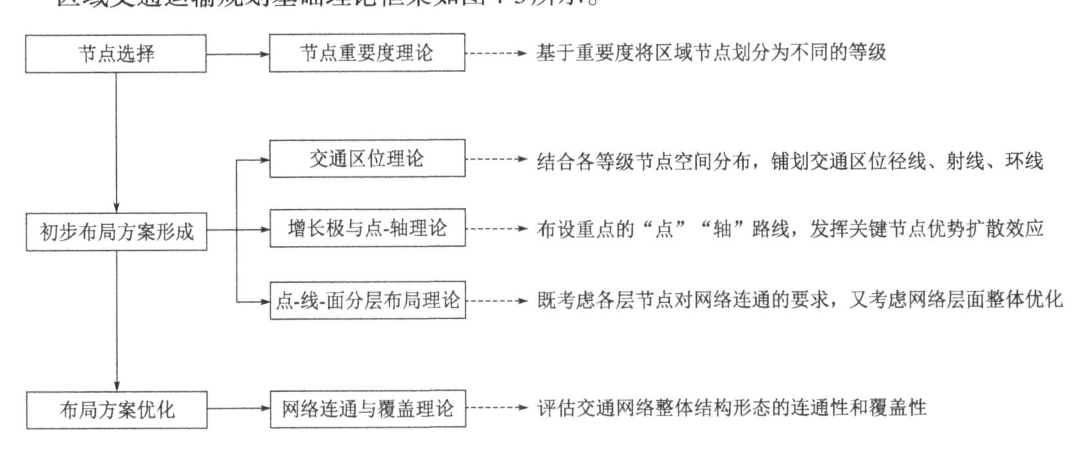

图4-3 区域交通运输规划基础理论框架

4.3.1 节点重要度理论

由于经济社会发展水平及地理条件的差异，交通网络节点往往表现出不同的功能定位。节点的功能表现强，说明其所处的地位重要，反之则说明其所处的地位不重要或不太重要。节点重要度是反映规划各节点功能强弱的特征量或特征参数，是对节点经济社会活动的度量，是描述规划节点在交通网络中所处地位、重要程度的指标。节点重要度理论对于进行节点层次划分，从而实现交通网络分层布局意义重大。

1）节点重要度模型

节点重要度计算是在评价指标选取和权重确定的基础上进行的，计算公式如下：

$$Z_i = \sum_{j=1}^{m} w_{ij} \frac{y_{ij}}{\overline{y}_j} \times 100\% \tag{4-1}$$

式中：Z_i——第i个节点的重要度（现状或未来预测值）；

w_{ij}——第i个节点指标j的权重；

y_{ij}——第i个节点指标j的值；

$\overline{y}_j$——区域内各节点指标j的平均值；

m——第i个节点的指标数量。

其中，对于节点重要度评价指标，通常从经济及人口发展、交通发展水平、交通区位等方面选取，典型的节点重要度评价指标体系如图4-4所示。节点权重则可以通过层次分析法、模糊综合评价法、熵权法等进行计算。

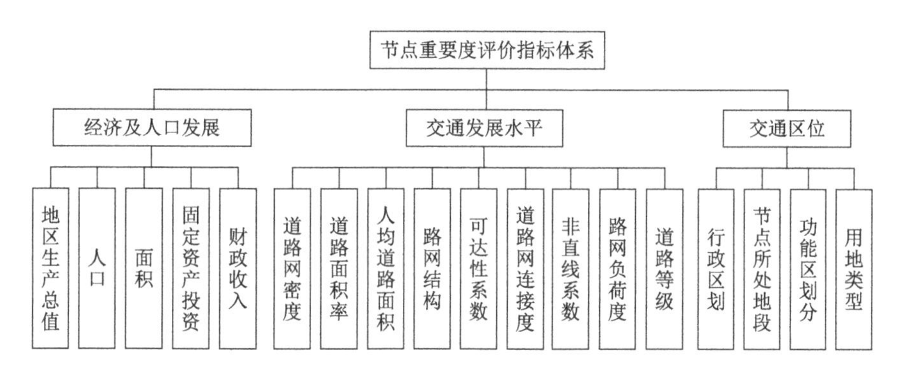

图4-4 节点重要度评价指标体系

2）节点聚类及层次划分

在节点重要度计算的基础上，一般依据“重要度相似”的原则将节点划分为具有不同功能和地位的几个层次，在此基础上考虑同一层次或不同层次节点之间的连通，进行交通网络的分层布局。常用的层次划分方法主要有重要度法、动态聚类法、模糊聚类法、模拟退火聚类法等。本书主要对重要度法和动态聚类法进行介绍。

（1）重要度法

重要度法的原理是将各节点重要度从大到小排序，再根据经验判断进行初步节点层次划分，分别进行各层次内节点和不同层次间相邻节点的均值和标准差计算，由此挑选出重要度差值均在合理范围的同一层次节点。

①层次内节点鉴别。以k倍标准差为舍弃标准，即舍弃那些在$\overline{X} \pm kS$范围以外的节点，然后重新分析鉴别，直至层次内各节点的重要度均在$\overline{X} \pm kS$范围内为止，计算公式如下：

$$\overline{X} = \frac{\sum_{i=1}^{N} X_i}{N} \tag{4-2}$$

$$S=\sqrt{\frac{\sum_{i=1}^{N}(X_i-\overline{X})^2}{N-1}} \tag{4-3}$$

式中：$\overline{X}$——层次内各节点重要度的均值；

S——层次内各节点重要度的标准差；

X_i——层次内第i个节点的重要度；

N——层次内节点数量。

k为保证率系数，当层次内节点数量分别为3、4、5和6时，k值分别取1.15、1.46、1.67和1.82。

②不同层次间相邻节点鉴别。

第一步，计算本层次内各节点的重要度均值：

$$a=\frac{\sum_{i=1}^{N}X_i}{N} \tag{4-4}$$

第二步，将相邻层次的节点并入本层次，重新计算并入后该层次内各节点的重要度均值：

$$b=\frac{\sum_{i=1}^{M}X_i}{M} \tag{4-5}$$

第三步，构造统计量：

$$t=\frac{a-b}{S_{(a-b)}} \tag{4-6}$$

该统计量服从自由度为$N+M-2$的t分布，合并前后节点重要度均值差的标准化值$S_{(a-b)}$为

$$S_{(a-b)}=\sqrt{\frac{(N-1)S_1^2+(M-1)S_2^2}{N+M-2}}\cdot\sqrt{\frac{1}{N}+\frac{1}{M}} \tag{4-7}$$

式中：M——本层次与相邻层次节点的数量；

S_1、S_2——层次合并前后各节点重要度的标准差。

第四步，从t分布表中查出自由度为$N+M-2$、置信度水平为α时的临界值t_0，如果$|t|>t_0$，说明相邻层次的节点重要度与本层次有显著差异，不能合并；如果$|t|\leqslant t_0$，说明相邻层次的节点重要度与本层次没有显著差异，可以合并为同一层次。

(2)动态聚类法

动态聚类法是最为常用的聚类方法，其基本思想是将研究区域内的所有节点视为聚类分析的样本，再按一定的标准将样本分为不同类，每一类具有典型的特征。总体思路是通过相关系数、相似系数或欧氏距离计算各样本间的相关关系，进而运用聚类分析法进行样本归类。

①相关系数和相似系数。

设n个变量$x_1,x_2,\cdots,x_n$共有S组数据：

$$x_1,\ x_2,\ \cdots,\ x_n;\ t=1,2,\cdots,S$$

将n个变量的相关关系视为相关关系集合R的n个向量，常用式(4-8)来描述变量x_i、x_j之间的相关性，称为x_i、x_j的相关系数。

$$r_{ij}^{(1)}=\frac{\sum_{t=1}^{S}[(x_{it}-\overline{x}_i)(x_{jt}-\overline{x}_j)]}{\left[\sum_{t=1}^{S}(x_{it}-\overline{x}_i)^2\sum_{t=1}^{S}(x_{jt}-\overline{x}_j)^2\right]^{1/2}} \tag{4-8}$$

式中：S——数据组数，即有多少组观测数据；

t——观测数据的索引，表示第t组数据，t的取值范围是$1 \sim S$；

x_{it}——第i个变量在第t组数据中的值；

x_{jt}——第j个变量在第t组数据中的值；

$\bar{x}_i$、$\bar{x}_j$——分别为第i、j个变量的平均值。

$$\bar{x}_i = \frac{1}{S}\sum_{t=1}^{S} x_{it} \tag{4-9}$$

$$\bar{x}_j = \frac{1}{S}\sum_{t=1}^{S} x_{jt} \tag{4-10}$$

而常用式(4-11)来描绘变量x_i、x_j之间的相似程度，称为x_i、x_j的相似系数。相关系数和相似系数从不同的角度描述变量x_i、x_j的相近程度。

$$r_{ij}^{(2)} = \frac{\sum_{t=1}^{S}(x_{it}x_{jt})}{\left(\sum_{t=1}^{S} x_{it}^2 \sum_{t=1}^{S} x_{jt}^2\right)^{1/2}} \tag{4-11}$$

②欧氏距离。

设有两向量$\boldsymbol{x}_i$、$\boldsymbol{x}_j$，定义：

$$d_{ij} = \left[\sum_{t=1}^{S}(x_{it} - x_{jt})^2\right]^{1/2} \tag{4-12}$$

为向量$\boldsymbol{x}_i$、$\boldsymbol{x}_j$的欧氏距离。

欧氏距离也常用来衡量两个变量的相近程度。d_{ij}越小，意味着$\boldsymbol{x}_i$、$\boldsymbol{x}_j$越相近；特别地，如果$d_{ij}=0$，则表示在距离意义下两变量完全相同；而d_{ij}越大，则意味着两者相差越大。

在实际区域交通运输规划中，节点重要度理论的应用通常从规划区域内的节点分析入手，在计算节点重要度的基础上，对区域内节点进行聚类分析，将节点划分为不同的功能层次，从而确定不同层次线网布局的主要控制点。节点重要度理论应用示意如图4-5所示。

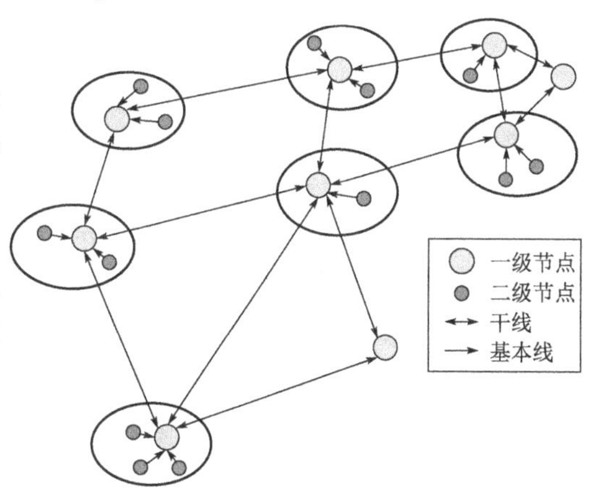

图4-5　节点重要度理论应用示意图

4.3.2　交通区位理论

区位是一种地理经济现象，交通区位指交通现象在地理空间上的高发场所。交通区位理论的研究任务就是发现一定区域内高发（出现概率大）的交通线路枢纽等资源的区位，同时判断交通线路和枢纽布局在何处才能更好地达到区域国民经济建设目标。交通区位理论对于分析交通产生可能性最大的走廊、确定区域内中长期交通运输网络格局作用巨大。

交通区位理论的核心概念是交通区位线。交通区位是交通现象在地理空间上的高发场所，相应地，交通区位线就是交通线在地理空间上的高发地带。

(1)交通区位线的特点

①交通区位线只是一条大概率发生交通的原理线，例如时区分界线、0度经线等原理线，

在现实中没有任何实质性的工程上的物体。

②交通区位线与现实生活中的交通线路不同,它不是按照具体情况在微观上变化走向的曲线,而是用来相连需连接的节点的直线。因此它不受微观地形、地貌特征的约束,只受宏观层面因素的影响。

③交通区位线是原理线,并不表示具体运输方式,同样的交通区位线在不同的历史时期,所承载的运输方式可能不同。比如河西走廊的交通区位线,是由自然地理因素决定的,具有万年不变的趋势,但是在古代是驼、马道,现今是高速公路和铁路线路。

④交通区位线不表示具体的技术等级,不同背景下分析出的交通区位线技术等级可能不同。比如,县市区域背景下分析出的交通区位线,其技术等级一般低于省级区域背景下分析出的交通区位线,相应地,省级区域背景下分析出的交通区位线技术等级一般低于全国区域背景下分析出的交通区位线。

(2)交通区位线的分类

由于在不同区域背景下交通区位线属性不同,有必要对交通区位线的类型进行区分,以便在区域交通运输规划中具体分析运用。按照研究地域,可以将交通区位线分为区域内部和区域外部两种;而依据交通网络本身的几何属性,则可以将交通区位线分为交通区位径线、交通区位射线、交通区位环线等。

①交通区位径线。交通区位径线是区域交通区位纵线与交通区位横线的总称,其主要功能是沟通区域内部生产要素聚集的流通线。一般来说,区域纵向与横向最长的交通线会在区域经济中心正交,使得通过这两条交通线吸引地域中心上的生产要素的能力达到最大。

②交通区位射线。交通区位射线是指从某级区域中心出发,向其腹地延伸的交通高发带。其主要功能为强调政治、经济地理以及人文地理方面的因素对交通区位线的影响,将两正交交通线吸引带未覆盖的地域聚集到区域中心。

③交通区位环线。交通区位环线指连接区域外围各分中心的交通高发带,其作用是将各分中心联系起来形成整体,从而将原先中心向外围呈“峰形”特征展开的聚集力匀化为“峦形”分布。

在实际区域交通运输规划中,交通区位理论的应用通常分为三个步骤:①找出影响交通区位的决定性因素;②综合分析各个因素的结果,绘制交通区位线图;③根据交通区位线图,结合节点、地理条件等约束,确定交通运输路线走向,研究运输方式配置,形成交通网络规划图。

4.3.3 增长极与点-轴理论

(1)增长极理论

增长极理论是由法国经济学家佩罗克斯(Perroux)于20世纪50年代首次提出的,指社会经济客体在特定城市的集聚而使该地经济高效发展,同时在这种集聚基础上又进一步向外围地区扩散,带动这些地区的发展。

增长极理论认为,一个国家或地区要实施平衡发展只不过是一种理想,现实中是不可能的,经济增长通常是从一个或数个“增长中心”逐渐向其他部门或地区传导的。增长极通过其吸引力和扩散力作用不断地增大自身的规模,通过技术的创新与扩散、资源的聚集与输出产生吸引或辐射作用,对所在部门和地区产生支配性影响,从而不仅使所在部门和地区获得优先增长,而且带动其他部门和地区的迅速发展。

如果增长极的扩散效应大于聚集效应,就会带动周边地区经济共同发展;但如果扩散效应小于聚集效应，就会使增长极与周围地区经济发展的差距拉大，产生极化作用。增长极理论的典型应用是枢纽经济。

(2)点-轴理论

点-轴理论是我国经济地理学家陆大道以克里斯塔勒(Christaller)的中心地理论、赫格斯特兰(Hagerstrand)的空间扩散理论和佩罗克斯的增长极理论为基础，通过对宏观区域发展战略的深入研究，于1984年首次提出的。这里的“点”是各级中心地，即各级中心城(镇)，是各级区域的集聚点，也是带动各级区域发展的中心城镇。“轴”是由交通干线、通信干线、能源输送线和水源干线联结起来的“基础设施束”，对附近区域有很强的经济吸引力和凝聚力。

点-轴理论是对增长极理论的发展，随着区域内的增长极数目增加，增长极之间出现相互联结的交通线，成为发展轴，轴线上集中的经济社会设施通过物质流和信息流对附近区域产生空间扩散作用。空间扩散是由经济社会空间结构不均衡、区域间存在着“梯度”和“压力差”引起的，扩散的物质要素和非物质要素作用于附近区域，与区域生产力要素相结合，形成新的生产力，推动经济社会发展，最终导致区域空间结构均衡化，这就是“点-轴”渐进式扩散理论。“点-轴”渐进式扩散理论示意如图4-6所示。

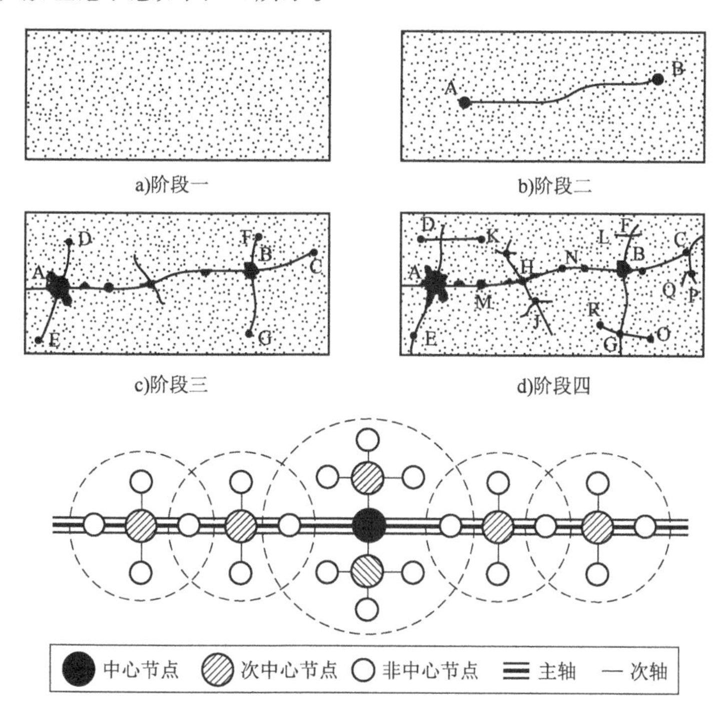

图4-6 “点-轴”渐进式扩散理论示意图

点-轴理论作为一种构建“点、线、轴”空间组织形式的区域开发模式，反映了经济社会空间组织的客观规律，是区域开发的基础性理论，在我国国土开发和区域发展中应用广泛，对于交通运输走廊开发与规划具有非常重要的理论价值和现实指导意义。

4.3.4 点-线-面分层布局理论

点-线-面分层布局理论是交通运输网络布局的常用理论，其中“点”代表经济社会和交通节点,"线"代表交通运输线路,"面"代表交通运输网络。三者之间,"点"解决的是起、终点问题,"线"解决的是线路走向问题,"面"解决的是网络整体最优问题。点-线-面分层布局法主要包括节点选择、线网布局、网络优化三个步骤。

(1)节点选择

节点选择是交通网络布局的基础,网络节点所在地区的政治、经济、社会等方面特征决定了其在交通网络中的重要程度,而不同重要程度的节点对网络连通的要求也不尽相同。考虑到第4.3.1节已阐述节点重要度计算及层次划分,在此不再具体展开。

(2)线网布局

充分考量各层次节点的各种属性对网络连通的具体要求,分别构建用于实现不同功能的通路,考虑以交通区位理论、线位重要度和最优树布设为依据,按照自上而下便捷连通的原则,力求网络的全覆盖。

①线位重要度。线位重要度理论运用数学模型定量分析网络节点间的联系强度,在具有较强联系的节点间布设线路,以直观反映区域内节点间因关联关系而形成的交通轴带。借鉴重力模型思想,线位重要度计算模型可用下式描述:

$$\mathrm{ZL}_{ij} = K\frac{I_i \cdot I_j}{L_{ij}^2} \tag{4-13}$$

式中:ZL_{ij}——节点i和j的线位重要度;

I_i、I_j——分别为节点i和j的重要度;

L_{ij}——节点i和j之间的阻抗,一般为距离;

K——综合系数,一般取1,与线路等级和功能定位有关。

②最优树布设。一般来说,网络的最初形成是向最优树或近似最优树方向发展的。离散数学中的最优树是指带权路径长度最短的树。在交通网络的生成过程中,需要根据节点重要度及节点间的欧氏距离,计算出各节点间的路段重要度,最优树即路段重要度之和最大的树。按网络最优树理论布设交通线网,可以得到从中心节点到其他各节点重要度之和最大的布局方案。

由于国家的行政管理结构是自相似的,各级别地域的交通网络布局最初也是自相似结构。通常情况下,在线路布设时,可用自相似最优树替代最优树。

对区域内所有节点进行最优树连接,会产生放射状的区域路网结构。较小的节点会被比它大且距离近的节点吸引,较大的节点又会被更大的节点吸引,直至被区域交通中心吸引,从而构成整个区域最大联系需求树。最优树结构示意如图4-7所示。

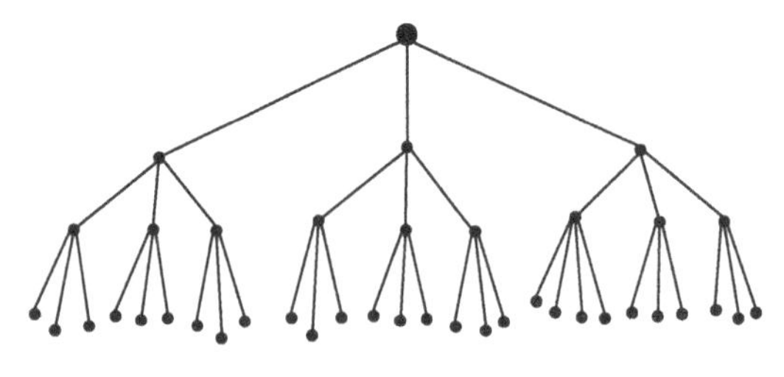

图4-7 最优树结构示意图

(3)网络优化

面层研究的是交通运输线网整体方案的架构和优化,主要根据区域用地布局、发展形态、发展规模、自然条件、客货运输需求等特征,运用效能最大化原理和分析方法,站在全局统筹协调发展的角度,对上述拟定的交通网络线路进行进一步的优化调整,最终形成交通运输网络的总体布局。

4.3.5 网络连通与覆盖理论

交通网络结构形态包括交通网络的连通性和覆盖性，反映网络整体配合能力和对外适应能力，是研究交通运输网络规模的重要依据。网络连通与覆盖理论分别利用节点连通度以及分形理论中的分形维数，对区域交通网络连通性指标和覆盖性指标是否适应当地运输需求和结构需要进行评价，从而为区域交通运输网络优化提供支撑。

(1)节点连通度法

节点的连通度反映了路网节点的连通状态。节点连通度法又称节点模型法，其理论基础是网络几何学。节点连通度计算公式为

$$C = \frac{L}{\sqrt{A \cdot N}} \cdot \xi \tag{4-14}$$

式中：C——节点连通度；

L——区域路网发展规模，km；

A——区域面积，km^2；

N——区域内节点数；

ξ——路网变形系数。

节点连通度的值与路网结构密切相关，当路网为树状结构时，节点间多为2路连通，连通度为1.0；当路网为网格状结构时，节点间多为4路连通，连通度为2.0；当路网为正三角形结构时，节点间多为6路连通，连通度为3.22；当路网为网格+对角线结构时，节点间多为8路连通，连通度为4.83。路网结构与节点连通度的关系如图4-8所示。

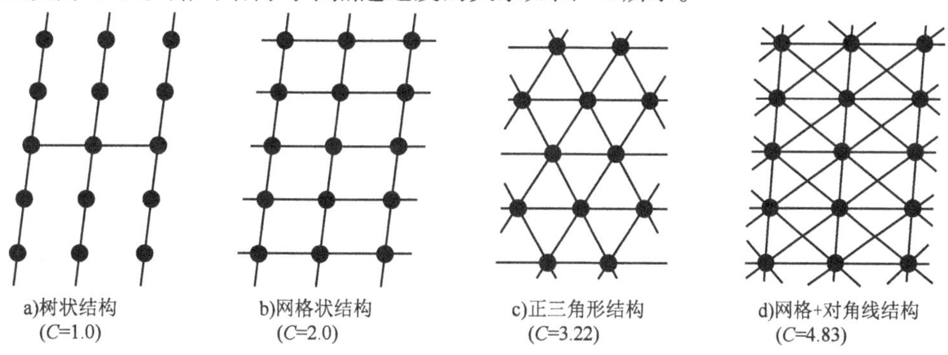

图4-8 路网结构与节点连通度的关系

(2)网络覆盖性

网络覆盖性描述的是网络中交通线路在区域中的覆盖状况，评价指标主要包括路网密度和网络覆盖度。

①路网密度。路网密度也称路网适应系数，主要以单位面积、单位生产总值或人均拥有线路的平均状况来衡量和评价交通路网的总体规模、密集程度和覆盖状况，反映空间路网的整体特征及建设水平，具体有以下四项指标。

面积路网密度：

$$D_S = \sum_{i=1}^{m} (\alpha_i L_i) / S \tag{4-15}$$

人口路网密度：

$$D_P = \sum_{i=1}^{m} (\alpha_i L_i)/P \tag{4-16}$$

经济路网密度：

$$D_Q = \sum_{i=1}^{m} (\alpha_i L_i)/Q \tag{4-17}$$

综合路网密度：

$$D_C = \sum_{i=1}^{m} (\alpha_i L_i)/\sqrt[3]{SPQ} \tag{4-18}$$

式中：S——区域面积，km^2；

P——区域人口总数，万；

Q——区域生产总值，万元；

L_i——区域内i等级线路的长度，km；

α_i——区域内i等级线路换算长度的权重系数；

m——区域内线路等级数。

②网络覆盖度。网络覆盖度可用分形维数$D(r_i)$来定义，它反映覆盖区域路网的网格边长经第i次细分后有交通线路通过的覆盖程度。

$$D(r_i) = \frac{\ln N(r_{i-1}) - \ln N(r_i)}{\ln(r_i) - \ln(r_{i-1})} \tag{4-19}$$

式中：$D(r_i)$——网络覆盖度（分形维数）；

r_i——第i次细分网络后的网格边长；

r_{i-1}——第i-1次细分网络后的网格边长；

$N(r_i)$——第i次细分网络后有交通线路通过的网格数；

$N(r_{i-1})$——第i-1次细分网络后有交通线路通过的网格数。

为便于理解，以图4-9为例进行说明。设在一个边长为R的正方形网络内有一条道路通过[图4-9a)]，将该正方形四等分，分成4个边长为$R/2$的小正方形，形成新的覆盖网网格，这时道路通过状况可有四种不同的情况，见图4-9b)～e)。

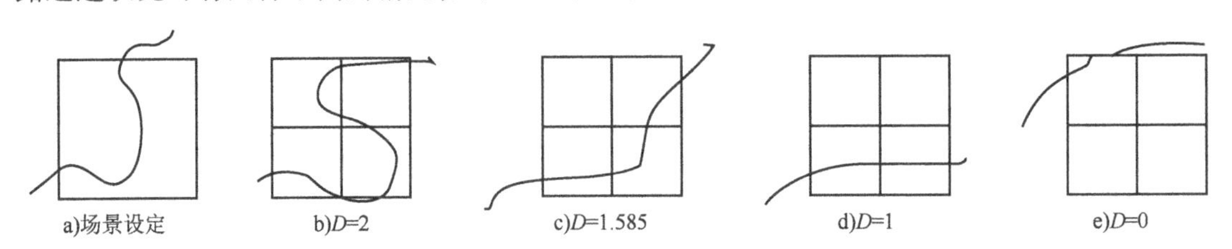

图4-9　不同道路覆盖形态下的网络覆盖度（分形维数）

如果4个小正方形中都有道路通过，如图4-9b)所示，即$r_{i-1} = R$时，$N(r_{i-1}) = 1$，$r_i = R/2$时，$N(r_i) = 4$，则由式(4-19)可算出，分形维数$D = 2$；

如果3个小正方形中都有道路通过，如图4-9c)所示，即$r_{i-1} = R$时，$N(r_{i-1}) = 1$，$r_i = R/2$时，$N(r_i) = 3$，则由式(4-19)可算出，分形维数$D = 1.585$；

如果2个小正方形中都有道路通过，如图4-9d)所示，即$r_{i-1} = R$时，$N(r_{i-1}) = 1$，$r_i = R/2$时，$N(r_i) = 2$，则由式(4-19)可算出，分形维数$D = 1$；

如果仅1个小正方形中有道路通过，如图4-9e)所示，即$r_{i-1} = R$时，$N(r_{i-1}) = 1$，$r_i = R/2$

时，$N\ (r_i) = 1$，则由式(4-19)可算出，分形维数 $D = 0$。

可以看出，分形维数越大，网络中有线路通过的网格数越多，网络的覆盖形态就越好。相对于路网密度，网络覆盖度反映了网络分布特征，能够更深入、更直观、更准确地反映交通网络的状况。

复习思考题

1. 简述区域交通运输规划的目标及原则。
2. 简述区域交通运输规划的主要影响因素。
3. 简述常用的区域交通运输规划基础理论。

第5章

综合交通运输子系统规划

学习目标

- 了解综合交通运输各子系统规划的内容和特点。
- 理解综合交通运输各子系统规划的基本思路。
- 掌握综合交通运输各子系统规划的常用方法。

5.1 铁路运输系统规划

5.1.1 铁路运输系统规划概述

铁路运输系统规划是对一个国家或区域铁路基础设施布局和建设发展作出的全面、长远的顶层安排,主要解决铁路基础设施空间布局及功能结构问题,通过对铁路运输系统发展现状及其对经济社会发展适应性分析,找出存在的主要问题和短板弱项,确定铁路运输系统发展思路、主要目标、布局方案及实施步骤。作为综合交通运输系统的骨干和国民经济大动脉,铁路运输系统的合理规划是发挥铁路在骨干交通中优势作用、服务构建新发展格局和支撑经济社会高质量发展的重要保障,具有重要的指导意义。

(1)规划内容

①铁路线网布局规划。铁路线网布局规划是指在连接节点选择和层次划分的基础上,通过充分考量各层节点对网络连通的要求,分层布局并使得叠加后的网络最优,形成铁路网布局优化方案的过程。主要内容包括节点选择与分层、线网分层布局和布局方案优化。

②铁路枢纽布局规划。铁路枢纽布局规划是指根据铁路线网的空间布局规划,综合考虑客货运输需求分布情况及与其他运输方式衔接情况,所进行的铁路客货流集散、换乘节点布局规划。主要内容包括铁路客货运枢纽的空间布局规划、分工等。

(2)规划特点

①侧重于满足通道性运输需求,强调战略层面的路网合理布局形态。铁路运输具有速度快、运量大等特点,其规划不同于一般的路网规划,更侧重于构建干线运输通道,形成铁路网主骨架,从而支撑经济社会发展需求。作为长远性的规划,铁路运输系统规划更侧重于解决线网的物理和几何形态问题,要求以合理的路网布局形态,增强骨干交通对经济社会发展总战略、大格局的支撑作用。

②铁路线网布局规划具有较强的层次性,"分层布局"规划理念贯穿始终。不同类型的铁路网络有明确的功能定位,在布局规划过程中,为给不同等级、不同性质的运输需求提供相应的运输服务,铁路网布局一般按照"分层研究、逐层展开、整体优化"的理念进行,优先保证中心节点之间的联系,然后将重要节点、一般节点与中心节点或运输通道连接,最终形成铁路运输网络。

5.1.2 铁路线网布局规划

5.1.2.1 铁路线网层次划分

由于铁路线网具有层次性,各层次线网的功能不尽相同,在线网布局时不同层次线网对通达性的要求也就不一样,需要分层次采取不同的方法进行布局。同时为了更好地分析"点-线-面"布局思路,统筹考虑铁路网布局,引入抽象层面的概念网和实际层面的基础网的概念,并将概念网划分为多个层次,逐层展开分析。

(1)铁路概念网

铁路概念网是具有完善功能和形态的路网,是理想的物理网络形态。概念网一般可划分为骨干网、基本网、系统网三个层次。

①骨干网。骨干网主要为大规模的、长距离的运输服务,侧重于"通",重点实现重要度较高的中心节点之间的连通。

②基本网。基本网是骨干网的进一步延伸、拓展,以"达"为重点,实现骨干网向重要节点和一般节点的延伸,形成覆盖整个规划区域、连接所有节点、保证各节点间的通达性的铁路网基本形态。

③系统网。单因素系统网是具有专用性质的网络,主要是对于一些具有特殊功能的城市节点,比如旅游城市、边境口岸等,进行路网补充和完善。

(2)铁路基础网

骨干网、基本网、系统网汇总形成的铁路概念网是理想状态下的铁路网布局结果,在具体的规划和实施过程中,线路的布设会受到诸多环境因素和现实条件的影响。因此,铁路概念网形成后,还需要将铁路概念网与实际情况进行对比,综合考虑地形条件限制,以及环境敏感区分布、交通需求分布、线路重要度等情况，对方案进行比选优化，从而形成铁路网初始方案，即铁路基础网。

铁路各层次概念网和节点选择与分层的关系、概念网和基础网的关系如图5-1所示。

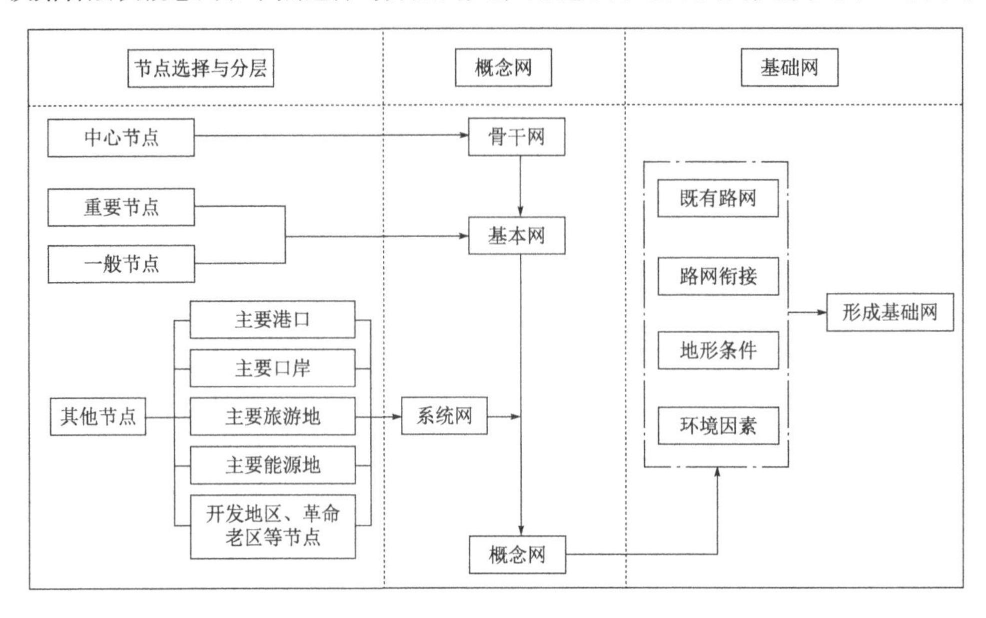

图5-1 铁路概念网和基础网关系图

5.1.2.2 铁路线网布局规划基本思路

铁路线网布局规划一般遵循“点-线-面”的系统性思路，通过节点选择与分层、线网分层布局、方案优化等步骤确定铁路网的布局方案。铁路线网布局规划基本思路和常用方法如图5-2所示。

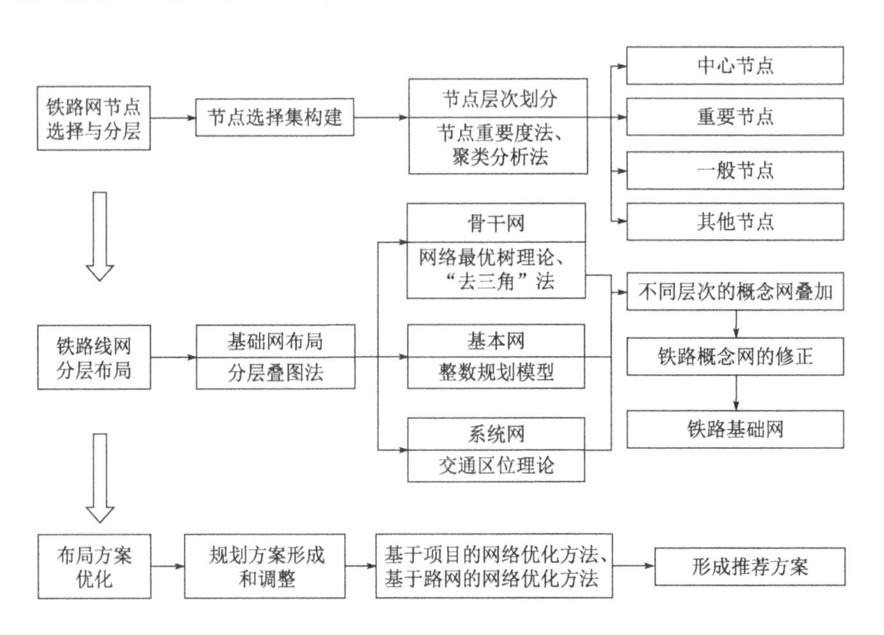

图5-2 铁路线网布局规划基本思路和常用方法

(1)节点选择与分层

节点选择与分层是铁路网布局的基础。网络节点所在地区的政治、经济、社会等方面的特征决定了其在铁路网中的重要程度,而不同重要程度的节点对网络连通的要求也存在差异,布局一般优先考虑重要程度较高的节点之间的便捷连通,进而考虑重要节点与相邻次要节点之间的连通。常用的节点选择及层次划分方法有节点重要度法、聚类分析法等。

(2)线网分层布局

线网分层布局是铁路网布局的关键。节点层次划分后,充分考量各层次节点的各种属性对网络连通的具体要求,分别构建用于实现不同功能的通路,分层铺划出若干铁路规划网络拓扑图,再对图形叠加处理,得到铁路基础网布局方案。在铺划线网时,普遍采用网络最优树理论、整数规划模型、交通区位理论等。

(3)方案优化

方案优化是铁路网布局的重点。由于通过分层叠图法形成的基础网仅反映了可能的路网布局,规划方案的形成还需结合项目的必要性、功能作用及实施的可能性等对基础网进行优化。目前,常用的网络优化方法主要为基于项目的网络优化方法和基于路网的网络优化方法。

5.1.2.3 铁路线网节点选择及分层

(1)构建节点选择集

铁路线网的形成应主要考虑为区域内的城市节点、自然资源开发利用和生产力发展提供服务,因此,常见的节点选择集一般包括一定规模的城市节点,重要战略、资源节点,以及既有铁路网络节点等类型节点。

①一定规模的城市节点。通常将具有一定人口规模和经济体量的城市作为铁路线网布局的节点。不同类型的铁路承担的功能、覆盖的区域不同,其选取城市节点的层次等级往往也有所区别。不同类型铁路的功能和连接城市节点见表5-1。

不同类型铁路的功能和连接城市节点 表5-1

类别	功能	连接城市节点
高速铁路	国家客运铁路大动脉,服务于区域、省、市等中长途旅客运输	重要城市群、主要经济区、省会城市及其他大中型以上城市
快速铁路	区域内中小城市间的干线,服务于人口密度较大、经济较发达、人口流动很大的城市群内部中短途运输	相邻城市、城市群内各城市等
普速铁路	国家客货运铁路的重要组成部分,服务于煤炭、钢材、粮食等大宗货物运输以及对时效性要求不高的中长途旅客运输	主要经济区、大中型及以上城市、重要交通枢纽、资源富集区及国防战略要地等
市域铁路	中心城区与外围新城区的骨干线路,服务于中心城区与周边城镇、外围组团运输	都市圈中心城区和周边城镇组团等
支线铁路	地方铁路的重要组成部分,服务于干线铁路,联系地方城镇运输	口岸、港口、工矿企业、物流园等

②重要战略、资源节点。选取有丰富资源的城市节点或者有战略意义的城市节点作为铁路线网布局的节点。主要考虑具有一定运量规模的资源型城市、港口城市、公路枢纽汇集地、主要旅游景点所在地，以及边境口岸城市等。

③既有铁路网络节点。在节点选择的过程中，应充分考虑既有铁路网络的实际情况，酌情选择线路里程较长的铁路支线的尽头站、在既有路网中为多线路交叉点的城市为路网节点等。

(2)节点的层次划分

①确定节点重要度。地区经济社会发展统计数据对应的评价指标数量众多，且各指标间普遍具有一定的相关性。一般采用主成分分析等方法，将各节点包含的信息最大限度地浓缩于一个新指标中，并将这一新指标作为各节点的重要度评价指标。铁路网络节点重要度评价指标通常从经济社会、节点网络性能、行政等级、特殊节点等类别中选取，各类别常用的评价指标见表5-2。

确定节点重要度常用的评价指标 表5-2

类别	常用评价指标
经济社会	人口规模、地区生产总值、地区财政收入、社会商品零售总额、进出口额等
节点网络性能	节点连接线路的数量等
行政等级	城市行政等级等
特殊节点	资源区位、交通区位、国防区位等

②节点的等级层次划分。在对区域内各节点重要度及功能属性定量标注的基础上，对其进行系统聚类分析，将节点划分为若干层次和类别。在铁路线网规划中常用的聚类分析法是动态聚类法。

为体现节点层次功能，同时便于线网布局，规划实践中常常将节点划分为四层，即中心节点、重要节点、一般节点、其他节点，各层次节点的辐射范围及主要功能、一般特点见表5-3。

各层次节点的辐射范围及主要功能、一般特点 表5-3

节点层次	辐射范围及主要功能	一般特点
中心节点	作为全国性铁路枢纽，辐射范围覆盖全国大部分地区；主要发挥客货运输在全国范围内的中转集散功能	一般设置于全国重要的干线交叉或衔接点、客货集散城市和交通枢纽城市，如国际性大都市、区域经济中心城市、港口城市以及口岸城市等
重要节点	是中心节点在一定区域范围内的重要支撑和有益补充；弥补中心节点在区域内辐射范围的空缺	一般设置于一定经济区域内重要的中心城市，且要求具有较好的交通区位条件和市场需求规模，起到连接上下层铁路枢纽节点的衔接作用
一般节点	主要发挥铁路网络衔接终端市场和客户的作用，延长铁路运输服务的链条	一般规模较小，为补充性质的铁路枢纽节点
其他节点	具有较强针对性，主要发挥旅客运输、口岸物资运输等特殊功能，对铁路骨干网和基本网进行加边补充	一般规模较小，为补充性质的、具有特殊功能的节点，如大型旅游景区、重要口岸等

5.1.2.4 铁路线网分层布局

1)骨干网布局方法

铁路骨干网通常由最高等级的节点相互连接而成，支撑起铁路运输网络，起到动脉输送的作用。因此，骨干网规划应是铁路线网规划的核心环节和优先考虑的重点。骨干网不是简单的点和线的几何连接，要求所选择的所有线路都能充分发挥作用，形成既能保证运输效率又具有较高运输经济性和可行性的路网结构。常用的布局方法包括网络最优树理论、“去三角”法等。

（1）网络最优树理论

①选取最重要节点，优先建立通路。遵循交通区位理论，在最重要的中心节点间建立通路。在此基础上，根据地域分布和经济特点，采用聚类分析法等方法，将其他中心节点聚类为多个簇，即在空间分布上划分为多个片区。

②完善中心节点通路连接。在各中心节点间构建连接通路，对通路重要度进行计算和排序。根据排序结果，按网络最优树理论，分片区确定关键性中心节点与其他节点间的通路，同时保留节点间重要度排序靠前的通路。

③调整节点通路走向，形成骨干网。考虑规划项目实施条件等制约因素，调整部分节点间的通路走向，保障所有中心节点均具备较高的通达度，形成规划铁路网的骨干网。

（2）“去三角”法

①初始路网布局。根据节点重要度计算和选择结果，构造由第一层级节点（即中心节点）构成的完全图式的初始骨干网络，其中节点为网络图的顶点，线路为网络图的边。

②骨干路网优化。任意选取图中三个节点构成三角形，设三角形最大内角为θ，将θ与规定的阈值θ_0（取值一般大于120°）进行比较，如果$\theta>\theta_0$，则表明线路走向非常相近，删除角θ的对角边，否则，保留对角边；重复以上步骤，直至网络图中任意三角形的内角都已比较，得到骨干网优化方案。“去三角”法布局优化过程如图5-3所示。

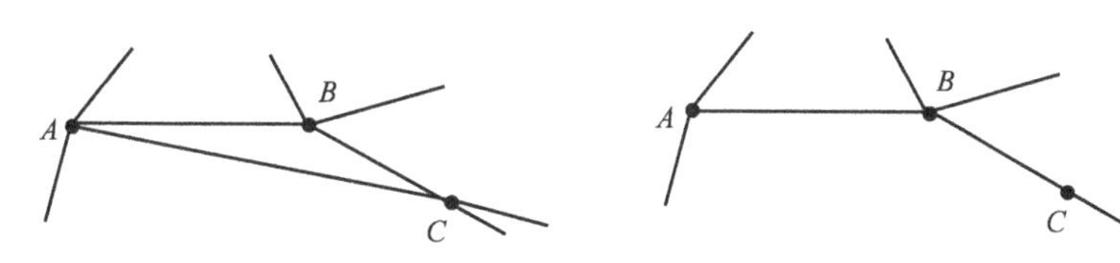

图5-3 “去三角”法布局优化过程

“去三角”法对线网中方向相近线路进行优化，保留了关键性中心节点之间的多链路连接和网络的多个回路。其复杂度和可靠性介于最优树和完全图式骨干网络之间，具有节省建设费用，各节点之间的运距相对较短且直达性较好，线网可靠性强等综合优势。利用“去三角”法与其他布局方法得到的骨干网络对比如图5-4所示。

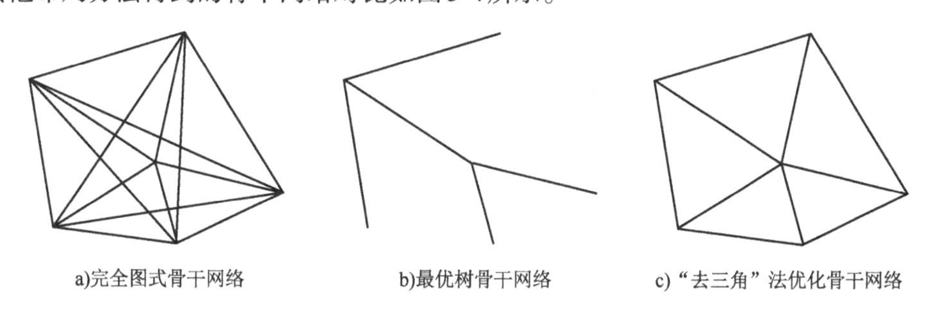

图5-4 利用“去三角”法与其他布局方法得到的骨干网络对比

2)基本网布局方法

对于基本网的布局,主要是通过将区域内的较低层次节点在骨干网上叠加,形成连接更多城市、衔接众多线路、具有明显的客货流集聚效应和较高的运输负荷的铁路运输网基本形态,从而使整个铁路网的辐射范围更广、连通度更高。

具体布局方法是在骨干网的基础上,以线网重要度最大为目标,按照"逐层展开、整体最优"的模式,逐层展开布局,最终形成一个连通所有节点城市、线网重要度最大的轴辐式基本网络,如图5-5所示。该网络中骨干网是基础,任何一个重要节点都被指派给一个中心节点,一般节点可能与中心节点直接连接,也可能通过其他节点与中心节点连接。

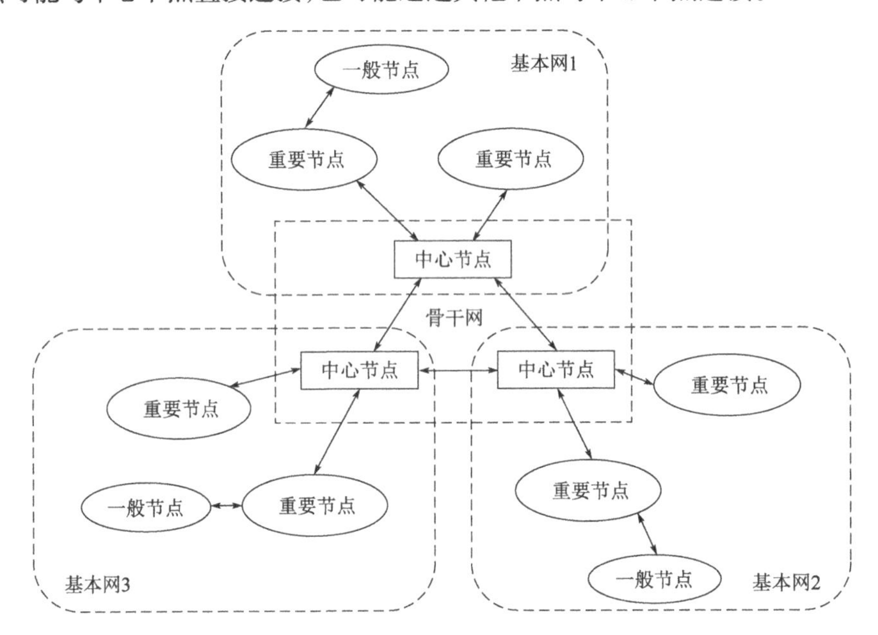

图5-5　铁路基本网布局形态

轴辐式基本网络布局优化,可以采用线网重要度最大为目标,建立整数规划模型。

(1)模型假设

①无向连通图$G=(V, E)$。V为网络中所有节点(包括中心节点和重要节点)的集合,且$|V|=N$;E为所有边线的集合。

②假设已存在铁路骨干网络,网络中心节点之间以干线相互连接,定义N^*为骨干网,h为骨干网中心节点,H为线网中心节点的集合,且$|H|=m$,p为网络中重要节点,P为重要节点集合,且$|P|=n$。

③一个重要节点p只能被分配给一个中心节点h,但重要节点既可以直接与中心节点相连,也可以通过其他重要节点间接连接中心节点。

④基本网络为无向图,即各节点间可能存在双向流量。

(2)建立模型

以线网重要度C最大为目标,基本网络的布局规划可以通过建立整数规划模型表示。

目标函数:

$$\max C = \sum_{i=1}^{n}\sum_{h=1}^{m} w_{ih} \cdot x_{ih} + \sum_{i=1}^{n-1}\sum_{j=i+1}^{n} w_{ij} \cdot x_{ij} \tag{5-1}$$

约束条件：

①基本网络中节点的约束，即网络中心的节点只能是中心节点和重要节点：

$$m + n = N \tag{5-2}$$

②整个网络中线段的约束：

$$K + M = L \tag{5-3}$$

由于具有n个重要节点的基本网络必须通过n条边与骨干网相衔接，约束条件是生成轴辐式树状网络的必要条件：

$$\sum_{i=1}^{n}\sum_{h=1}^{m} x_{ih} + \sum_{i=1}^{n-1}\sum_{j=i+1}^{n} x_{ij} = n \tag{5-4}$$

③重要节点连通且无环，呈现树状：

$$\frac{\sum_{i \in S}\sum_{j \in S} x_{ij}}{2} + \sum_{i \in S}\sum_{h=1}^{m} x_{ih} = |P'| \quad (P' \subseteq P, |P'| \neq \varnothing) \tag{5-5}$$

④保证所有节点都被包含在基本网络中：

$$\sum_{h=1}^{m} x_{ih} + \sum_{j=1}^{n} x_{ij} \geqslant 1 \quad (i = 1, 2, \cdots, n) \tag{5-6}$$

⑤变量的0-1约束：

$$x_{ij} \in \{0, 1\} \quad (i, j = 1, 2, \cdots, n)$$

$$x_{ih} \in \{0, 1\} \quad (i = 1, 2, \cdots, n; h = 1, 2, \cdots, m) \tag{5-7}$$

式中：C——整个基本网络的总重要度；

i、j——重要节点编号；

h——中心节点编号；

m——中心节点数量；

n——重要节点数量；

N——重要节点和中心节点总数；

P——重要节点集合，且$|P| = n$；

S——基本网络的子网络重要节点集合；

P'——最优基本网络的任一生成子网络中重要节点集合，$P' \subseteq P$，非空集；

K——中心节点间边线的集合；

M——重要节点之间以及中心节点与重要节点间边线的集合；

L——整个网络中线段总数量；

x_{ih}——重要节点i是否被指派给中心节点h，$x_{ih} = 1$、0分别表示是(被指派)、否(未被指派)；

x_{ij}——重要节点i与j间是否连接，$x_{ij} = 1$、0分别表示是(连接)、否(不连接)；

w_{ih}——重要节点i与中心节点h之间的线路重要度；

w_{ij}——重要节点i与j之间的线路重要度。

3）系统网布局方法

对于基本网的布局，已经形成了具有较完整形态和功能的铁路线网规划布局方案，保证了线网中各节点间的有效连通,这是在满足线网可达性条件下的较经济布局方案。但是由于基本网布局过程中主要以节点重要度和路段重要度为参考,对于一些具有特殊功能的节点,基于节点重要度的定量计算很难准确地度量其重要性,布局过程中容易造成该类节点的遗漏和路网布局的不完善。

基于上述不足,应在得出基本网布局的基础上,通过适当的定性分析,增加具有特殊功能的系统网络,实现对主要港口、主要旅游地、主要边境口岸、主要资源城市等特殊节点的覆盖和完善。常用的系统网布局方法为交通区位线分析布局法,通过对不同交通区位线进行分析,生成港口连接系统网、旅游地连接系统网、资源城市连接系统网、边境口岸连接系统网等多个单因素系统网,与基本网进行叠加,考虑既有路网、路网衔接、地形条件、环境因素等,最终形成铁路基础网。

5.1.2.5 铁路基础网布局方案优化

经过分层布局规划的铁路基础网初步解决了铁路线网布局结构及几何形态等问题,提供了未来路网建设的"全图集"。但是铁路网络建设投资大、周期长,如何利用有限资金达到既定目标下的整体效益最优,还需要进行布局方案优化。

根据研究对象的不同,铁路网络布局方案优化方法可分为两类:一是基于项目的网络优化方法,即以规划项目个体为研究对象,遵循一定的评判标准,以投资总额、建设时机等预设条件为约束,筛选规划项目的优化方法;二是基于路网的网络优化方法,即以提升路网整体效能为目标,选择对提升路网整体效能作用较大的规划项目并将其优先纳入的优化方法。

(1)基于项目的网络优化方法

一般来说,基于分层叠图法形成的铁路基础网布局方案所对应的规划项目集合会远远超出最终可行的线网规划规模。在建设时间和建设资金等有限的情况下,有必要对铁路基础网中的规划项目进行优选,优先实施财务效益和社会效益好、政治意义和战略作用显著的项目。这就需要以路网规模或投入资金量为约束,综合权衡,筛选出较优的项目纳入规划方案。同时,这也是铁路网规划过程中确定项目建设时序的基础。

铁路规划项目优选的影响因素较多,一般通过建立包含网络重要性、能力重要性、经济重要性和政治重要性四个方面多个指标的评价指标体系,对项目进行评价排序。重点采用的方法为以定性分析为主的专家评价法和以定量分析为主的综合评价法。铁路规划项目常用的评价指标及说明见表5-4。

铁路规划项目常用的评价指标及说明 表5-4

准则层	指标层	指标释义
网络重要性	覆盖节点平均重要度	指项目覆盖的所有节点重要度之和与项目里程的比值
	网络通达性	指增加铁路项目后的网络通达性水平
能力重要性	路网能力增量	指在现有设备、人力、车流径路分配方案和行车组织水平条件下,基于一定的运输需求,考虑各子系统的相互协调,增加铁路项目后路网单位时间内能够有效完成的运输能力增量
	线路能力利用率	指项目年度预测运量与线路能力的比值
经济重要性	单位里程投资额	指项目的投资总额与项目里程的比值

续上表

准则层	指标层	指标释义
经济重要性	投入产出占比	指项目预期总投入与预期总产出的比值
	集聚效应	指项目建成后对区域经济影响的效应
政治重要性	国土资源开发、国防安全、民族团结等	指项目在开发国土资源、增强国防安全、促进民族团结、缩小区域经济发展差异、提高应急抢险能力等方面的影响。一般通过专家打分进行估算

(2)基于路网的网络优化方法

基于项目的网络优化方法面向规划项目个体,无法反映项目之间的关系,也难以准确衡量项目对路网整体效能提升所做的贡献。在此背景下,基于路网的网络优化方法从全网角度出发,研究在最小成本的条件下最大限度地满足社会运输需求。

该方法的关键在于根据各点对间的OD流量需求、各路段的建设和改造水平,找出技术等级和空间布设最优的路段集合。优化的内容可以概括为两个方面:确定新线是否需要布设、布设后的等级标准,以及现有线路是否需要改造、改造后的等级标准。

基于路网的网络优化方法基于以下假设进行建模:$G=(V,E)$为规划线网图,其中V为节点集,E为有向弧集。$e\in E$表示线网上任意一有向弧,$m\in M$为线网中普速铁路弧的集合,$h\in H$为线网中高速铁路弧的集合;$d_s\in D$表示一组相关弧的合集,包括运输通道的相互依存弧和正反向弧的集合,若$d_s=\{p,q,t,w\}$,则表明p,q,t,w是相关弧,当其中一条要建设改造时,其余关联弧也要建设成为相同技术等级的线路,从而构建一条通道。

基于路网的铁路网络优化模型可以表示为:

目标函数:

$$\begin{aligned}\min T_c = &\sum_{e\in E}\sum_{k=1}^{k(e)} c_e^k\cdot x_e^k\cdot l_e + \\ &\sum_{(i,\ j)}\sum_{n=1}^{\theta_{ij}}\left\{(f_{ij}^n+\beta\cdot p_{ij}^n)\cdot\left[\sum_{m\in M} l_m\cdot a_{ij}^{mn}\cdot\left(\sum_{k=1}^{k(m)} I_m^k\cdot x_m^k\right)\right]\right\}+ \\ &\sum_{(i,\ j)}\sum_{n=1}^{\theta_{ij}}\left\{p_{ij}^n\cdot\left[\sum_{h\in H} l_h\cdot a_{ij}^{hn}\cdot\left(\sum_{k=1}^{k(h)} I_h^k\cdot x_h^k\right)\right]\right\}\end{aligned} \tag{5-8}$$

目标函数为规划期内总的运营及建设成本最小。其中,第一项为所有弧的建设成本,第二、三项分别为普速铁路和高速铁路的运营成本。

约束条件:

①不相容约束,即任意弧$e\in E$只能选择一种建设改造方案:

$$\sum_{k=1}^{k(e)} x_e^k = 1 \qquad (e\in E) \tag{5-9}$$

②依存性约束,对于任意存在依存性的弧段,其建设改造方案必须相同:

$$\sum_{k=1}^{k(e)}\prod_{e\in d_s} x_e^{k(e)} = 1 \qquad (d_s\in D) \tag{5-10}$$

③线网规模约束,分别限制线网总规模及高速铁路总规模的上、下限:

$$\sum_{e\in E} l_e \cdot \sum_{k=1}^{k(e)} x_e^k \leqslant L_0 \tag{5-11}$$

$$l_H^* \leqslant \sum_{h\in H} l_h \cdot \sum_{k=1}^{k(h)} x_h^k \leqslant L_H^* \tag{5-12}$$

④投资预算约束，投资建设资金不能超出规划期内的铁路建设投资预算：

$$\sum_{e\in E} \sum_{k=1}^{k(e)} c_e^k \cdot x_e^k \cdot l_e \leqslant B \tag{5-13}$$

⑤线路流量约束，普速铁路弧和高速铁路弧上的流量不能超过弧能力的限制：

$$0 \leqslant \sum_{(i,j)} \sum_{n=1}^{\theta_{ij}} (f_{ij}^n + \beta \cdot p_{ij}^n) \cdot a_{ij}^{en} \leqslant \sum_{k=1}^{k(e)} N_e^k \cdot x_e^k \quad (e \in M) \tag{5-14}$$

$$0 \leqslant \sum_{(i,j)} \sum_{n=1}^{\theta_{ij}} p_{ij}^n \cdot a_{ij}^{en} \leqslant \sum_{k=1}^{k(e)} N_e^k \cdot x_e^k \quad (e \in H) \tag{5-15}$$

⑥线路属性约束，若弧e属于从i到j的第n条径路上的弧，且弧e建设为高速铁路弧，则该条径路上的货流量为0：

$$f_{ij}^n = 0 \quad (a_{ij}^{en} = 1 \text{且} e \in H) \tag{5-16}$$

⑦OD流量需求满足约束，任意OD间的客货运需求均能得到满足：

$$F_{ij} = \sum_{n=1}^{\theta_{ij}} f_{ij}^n, P_{ij} = \sum_{n=1}^{\theta_{ij}} p_{ij}^n \tag{5-17}$$

⑧非负性约束：

$$f_{ij}^n \geqslant 0,\ p_{ij}^n \geqslant 0 \tag{5-18}$$

⑨0-1变量约束：

$$a_{ij}^{en} = 0 \text{或} 1,\ x_e^k = 0 \text{或} 1 \tag{5-19}$$

式中：E——有向弧集，$e \in E$指线网上任意一有向弧；

M——线网中普速铁路弧的集合，$m \in M$；

H——线网中高速铁路弧的集合，$h \in H$；

d_s——相关弧，$d_s \in D$；

T_c——规划期内线网建设和运营总成本；

k——投资方案的编号；

i、j——节点的编号；

$k(e)$——各投资建设方案的集合；

θ_{ij}——从i到j可选择径路的数量；

F_{ij}——从i始发到终点站j的货流量；

P_{ij}——从i始发到终点站j的客流量；

f_{ij}^n——从i始发到j的货流量被分配在径路r_{ij}^n上的流量；

p_{ij}^n——从i始发到j的客流量被分配在径路r_{ij}^n上的流量；

r_{ij}^n——从i到j可选的第n条径路；

a_{ij}^{en}——若弧e在从i到j的第n条径路上则取1，否则取0；

x_e^k——若弧e选择方案k则取1，否则取0；

c_e^k——弧e选择方案k时的单位建设成本；

I_e^k——弧e选择方案k时的线路单位运输成本；

N_e^k——弧 e 选择方案 k 时的线路输送能力；

l_e——弧 e 的长度；

L_0——线网总规模；

L_H^*、l_H^*——高速铁路总规模的上、下限；

B——规划期内铁路建设投资预算；

β——单位客流折算为货流系数。

基于路网的网络优化模型设计复杂，决策变量中既包含线网的建设、改造决策变量，又包括流量径路选择的决策变量，模型求解关键是计算路网中各路径上的流量，即解决网络配流问题。

5.1.3 铁路枢纽布局规划

5.1.3.1 铁路客运枢纽布局规划

1）影响因素

在进行铁路枢纽客运站的布局选址时，需要综合考虑区域因素、城市因素、交通因素、成本因素以及环境保护和路网长远规划等其他因素的影响，具体见表5-5。

铁路枢纽客运站布局选址影响因素 表5-5

影响因素		影响因素要求
区域因素	国家政策	铁路枢纽客运站选址要考虑国土空间规划、国家重点建设项目、工业布局改善等方面的国家政策影响
	地方政策	铁路枢纽客运站设置的主要任务之一是为地方服务，选址必须考虑本地区的发展情况、交通运输情况及城镇规划等因素
	区域经济	铁路枢纽客运站选址受整个区域经济活动的影响，必须根据未来经济发展需要，合理确定客运站站址、规模与功能定位
城市因素	城市形态	城市形态越集中，如单中心组团城市，所需的客运站数量越少，布局较为简单；城市形态越分散，如大型的带状或星状城市，所需的客运站数量越多，布局较为复杂
	城市规划	布局规划应符合城市规划的要求，需要充分考虑城市的经济状况、布局现状、发展规划以及既有客运站与城市的关系
	城市客运需求	城市客运需求特征决定了所需客运站的数量和类型，客运站应能满足不同客流集中点、不同方向、不同运距的客流需求
交通因素	周边交通路网	铁路客运枢纽是城市最主要的客运交通子枢纽，也是城市交通网络的客流高峰节点，选址必须使客流能迅速疏散到各类城市客运交通系统
成本因素	建设成本、运营成本、运输成本	选址时应考虑已有站点的改扩建费用、新增站点的建设费用、运营和投资收益，以总成本最低为铁路枢纽客运站选址的经济性原则
其他因素	环境保护	考虑对沿线自然环境的破坏程度，以及噪声污染对周边居民的影响
	路网长远规划	基于国家和地方铁路有关发展规划来开展

2)选址方法

常用的铁路客运枢纽选址方法有层次分析法和0-1整数规划法。

(1)层次分析法

铁路枢纽客运站的选址是一个多种因素相互关联、相互制约的复杂系统问题。层次分析法操作简单,易于理解和使用,且能够清晰地展示铁路客运枢纽选址问题的结构,帮助决策者识别和理解铁路枢纽客运站选址问题中的各个组成部分及其相互关系。

首先,需要构建备选项目库,建立铁路枢纽客运站选址方案评价指标体系,一般可分为目标层、指标层和评价标准层,具体见表5-6。

铁路枢纽客运站选址方案评价指标体系 表5-6

目标层	指标层	评价标准层
铁路枢纽客运站选址最优方案 P	技术条件 P_1	技术标准 C_1
		实施条件 C_2
	投资与运营 P_2	工程范围及投资 C_3
		运营条件 C_4
		运营及投资收益 C_5
	城市发展规划 P_3	城市规划及发展现状 C_6
		城市基础设施 C_7
		城市土地利用 C_8
		征地拆迁 C_9
	其他因素 P_4	环境保护 C_{10}
		枢纽布局整体性和前瞻性 C_{11}
		交通网络布局 C_{12}

其次,需要邀请专家对评价指标的重要性及各项指标打分,并对判断矩阵进行一致性检验。通过一致性检验后,计算每个指标的权重。将每个选址方案在每个指标上的评分与该指标的权重相乘,然后将所有结果相加,计算每个选址方案的得分,选择得分最高的方案作为最终的决策结果。

(2)0-1整数规划法

铁路枢纽客运站作为旅客的集散地,在选址时需要满足一系列定性因素和定量因素约束。将定性因素分为两种,一种是结合铁路和城市实际必须满足的定性因素,即强制性满足因素,例如选址地点的占地面积是否符合客运站近远期规模、是否做到文物保护等;另一种为非强制性满足因素,例如选址地点是否与城市规划协调良好、是否与铁路枢纽内其他车站协调良好、是否与城市公共交通协调良好、是否对城市发展有带动作用等。在实际规划时,可采用两阶段模型,综合考虑强制性满足因素和非强制性满足因素进行选址布局。具体实现方法如下:

①第一阶段:定性筛选。

设初始地点集合 C 有 m 个初始地点,非强制性满足因素集合 F 有 u 个因素,强制性满足因素集合 Q 有 v 个因素。

a. 计算贡献值。对于非强制性满足因素，若选择地点c_i对F中第r个影响因素有正面影响，则贡献值A_{ir}=1；若没有影响，则A_{ir}=0；若有负面影响，则A_{ir}=-1。例如，若选择地点c_1对F中第2个影响因素有正面影响，则该因素的贡献值A_{12}=1。

类似地，对于强制性满足因素，定义初始地点c_i对Q中第s个影响因素的贡献值为E_{is}。因Q为强制性满足因素，所以只考虑2个值，若能够满足，则E_{is}为1，否则为-1。

b. 计算各地点贡献值之和。初始地点c_i对非强制性满足因素集合F中所有因素的贡献值之和a_i为

$$a_i = \sum_{r=1}^{u} A_{ir} \tag{5-20}$$

初始地点c_i对强制性满足因素集合Q中所有因素的贡献值之和e_i为

$$e_i = \sum_{s=1}^{v} E_{is} \tag{5-21}$$

c. 定义阈值。设定非强制性满足因素的贡献值阈值为z，则需满足所有非强制性满足因素的实际贡献值之和$a_i \geqslant z$。对于强制性满足因素集合Q，定义贡献值阈值为v，则需满足$e_i = v$。

d. 形成备选集。保留同时达到非强制性满足因素阈值和强制性满足因素阈值的选址，得到备选地点集合B，进入下一阶段定量规划。

②第二阶段：定量规划。

经过非强制性满足因素集合F和强制性满足因素集合Q的约束后形成备选地点集合B，共有n个备选地点。在此基础上，考虑定量因素集合（设定为D，其中有w个因素），建立以总成本最小和总效益最大为目标的选址模型。

目标函数：

总成本最小：

$$H_1 = \min\left\{\sum_{j=1}^{n}\sum_{t=1}^{w} \alpha_t y_j G_{jt}\right\} \tag{5-22}$$

总效益最大：

$$H_2 = \max\left\{\sum_{j=1}^{n}\sum_{t=1}^{w} \beta_t y_j X_{jt}\right\} \tag{5-23}$$

约束条件：

$$b_j \in B, \sum_{j=1}^{n} y_j = p, \ y_j \in \{0, \ 1\} \tag{5-24}$$

式中：t——影响因素的序号；

j——备选点的序号；

b_j——B中的备选点；

y_j——0-1决策变量，当选择b_j作为选址地点时，y_j取1，否则取0；

G_{jt}——将b_j作为选址时对应定量因素集合D中第t个影响因素的成本，可从建设成本、铁路运营成本、旅客综合出行成本等方面进行综合计算；

α_t——费用归一化时第t个影响因素的权重；

X_{jt}——将b_j作为选址时对应定量因素集合D中第t个影响因素的效益，可从运营收益、环境保护效益等方面进行综合计算；

β_t——效益归一化时第t个影响因素的权重；

p——选址数目。

此方法引入贡献值、综合贡献值来解决定性因素约束的问题，产生备选地点，再利用定量因素对备选地点建立0-1整数规划模型，可较好解决铁路枢纽客运站选址时较难处理的定性因素约束问题。

3）客运站分工

客运站分工即按照列车的方向和作业类型将其分配到枢纽内的各个车站。根据各枢纽的特点，我国铁路枢纽客运站有不同的分工模式，主要分工模式及其优缺点见表5-7。

铁路枢纽客运站分工 表5-7

划分依据	分工模式	优点	缺点
按旅客运距	高速客运站负责中长距离旅客输送，非高速客运站按客流和客运设备情况承担短途旅客运输	将短途与中长途客流分开，使得短途客流对高速客流的影响减小，方便旅客到固定区域乘车	同一车站将引入不同方向的高速铁路和既有铁路，各方向的车流干扰较大，疏解困难
按衔接线路方向	一个车站负责某一个方向或几个方向线路的所有列车的全部作业	各客运站不分主次，客运站的接发列车作业相对简单； 可有效降低枢纽内各客运站的运输组织难度； 旅客可根据各站衔接方向乘车，便于记忆	加重枢纽内客运站间城市交通的负担； 各客运站均需办理不同类型旅客列车，因此，需要配备不同车辆设备，增加管理难度和成本； 客运站内聚集长短途旅客，易造成站内旅客流线复杂
按办理旅客列车的作业性质	按照办理始发、终到和通过旅客列车进行分工，一般将办理始发、终到的客运站作为枢纽的主要客运站，其余作为辅助客运站	客运站作业相对简单	可能造成部分旅客列车迂回走行和折角走行
按办理旅客列车的种类	一般将办理高速动车组列车和城际列车为主的客运站作为枢纽的主要客运站，将办理普速列车的车站作为辅助客运站	高速列车与普速列车分开，运输组织相对简单，对于铁路机车车辆可实现专业化和集中化管理	不利于枢纽内旅客中转换乘； 不同方向的车流易在客运站内形成交叉干扰
组合分工	根据枢纽衔接线路方向、线路性质、枢纽布局、枢纽内各设备能力、城市规划、城市交通方式衔接等因素综合考虑	形成的枢纽分工方案较为多样灵活	需针对各枢纽具体情况对分工方案优劣进行分析判断，全面系统评价分工方案

5.1.3.2 铁路货运枢纽布局规划

物流基地是铁路货运枢纽的主要发展形式，按照其功能定位一般分为三级。一级铁路物流基地主要服务于国家级流通节点城市，为综合型物流基地，负责货物的集散与分拨任务，满足特快货物班列、国际班列和多式联运等运输需求，具备所有物流基本服务功能和较全面的物流增值服务功能、完善的配套服务设施。二级铁路物流基地服务于国家级、区域级流通节点城市，为综合型或大型专业型物流基地，负责货物的集散任务，满足快速货物班列、管内货物快运列车和多式联运等运输需求，具备所有物流基本服务功能和多种物流增值服务功能、较完善的配套服务设施。三级铁路物流基地服务于地区级流通节点城市，或在国家级、区域级流通节点城市中发挥辅助作用，负责货物的集散任务，满足普快货物班列、管内货物快运列车、普通货物列车和多式联运等运输需求，一般具备所有物流基本服务功能和少数物流增值服务功能。一、二级铁路物流基地由中国国家铁路集团有限公司规划，三级铁路物流基地由地方铁路局自行规划。本书选取三级铁路物流基地为规划对象。

1）影响因素

在进行铁路物流基地的布局选址时，主要考虑的影响因素包括综合环境因素、成本费用因素和可持续性因素，具体见表5-8。

铁路物流基地布局选址影响因素 表5-8

影响因素		影响因素要求
综合环境因素	政策因素	把铁路物流基地的规划发展和国家政策及周围货运市场的发展结合起来，符合政府的政策和城市的建设规划，与城市的发展政策相适应
	经济因素	匹配地方经济的发展需求
	货运需求及货源分布	物流基地选址应面向产业、靠近货源发生地，与城市生产力布局和物流园区、工业园区等规划相匹配
	交通条件	周边宜具备多条铁路、高速公路、城市主干路等，临近港口功能区，满足城市货物快进快出的物流需求
	地理位置	物流基地是大规模建设用地，要选址在地势平坦开阔的地区，便于货物集散
成本费用因素	固定费用、改扩建成本费用、可变费用、运输费用	选址定在市区、近郊区或远郊区，其未来物流活动辅助设施的建设规模、建设费用以及运费等物流费用是不同的，选址时应以总费用最低为物流基地选址的经济性原则
可持续性因素	国土空间规划	符合国土空间规划
	环境保护	物流基地宜选址在近郊区，既能满足城市内高效物流运转需求，又可减少物流基地对城市交通环境、生态环境的影响
	路网长远规划	基于国家和地方铁路有关发展规划来开展
	物流基地长远发展	目前利益要服从于长远利益，既要考虑目前的实际需要，又要考虑日后发展的可能情况

2）选址方法

铁路物流基地选址的方法包括定性方法、定量方法以及定性和定量相结合的方法三种。其中，定性方法主要包括专家打分法、德尔菲法等；定量方法主要包括中心法、交叉中值法、求解运输模型法等；定量和定性相结合的方法则主要包括层次分析法、模糊评价法、数据包络分析法等。目前，常用的铁路物流基地选址方法是层次分析法和求解运输模型法。

（1）层次分析法

在构建备选项目库、建立初始场址方案的基础上，建立评价指标体系，采用层次分析法计算初始场址方案重要度。考虑到各因素对物流基地选址的影响程度和数据的可得性,主要选取上位规划、市场需求、交通区位、铁路货运设施等类别指标。铁路物流基地选址评价指标体系见表5-9。

铁路物流基地选址评价指标体系 表5-9

一级指标	二级指标	三级指标
上位规划	用地条件	土地资源可获得性
市场需求	工业货源条件	周边典型工业园区数量
	商贸货源条件	周边典型商贸园区数量
交通区位	公路交通情况	周边高等级公路条数
	水路交通情况	与港口的距离
铁路货运设施	铁路连通情况	接轨条件
	铁路设施情况	与技术站距离

(2)求解运输模型法

求解运输模型法,指采取数学模型并求解的方法确定物流基地位置。求解运输模型法的总体思路是利用线性规划方法,在多种条件约束下,建立数学模型,使物流基地的投资额、运营成本、货物运输总费用最小。采用求解运输模型法的物流基地选址模型如下:

目标函数:

$$\min S = \sum_{i=1}^{n} C_i X_i + \sum_{i=1}^{n} \sum_{j=1}^{m} d_{ij} X_{ij} + \sum_{i=1}^{n} k_i \tag{5-25}$$

约束条件:

物流基地能力与供应量平衡(或略大于):

$$X_i \geqslant \sum_{j=1}^{m} X_{ij} \quad (i = 1, 2, \cdots, n; j = 1, 2, \cdots, m) \tag{5-26}$$

每个需求点的运输需要全部满足或在满足的前提下尚有剩余的供应能力:

$$b_j = \sum_{i=1}^{n} X_{ij} \tag{5-27}$$

总量平衡(或略有余地):

$$\sum_{j=1}^{m} b_j = \sum_{i=1}^{n} X_i \tag{5-28}$$

投资额低于允许额(或接近相等):

$$\sum_{i=1}^{n} k_i \leqslant K \tag{5-29}$$

式中:S——总费用;

i——第i个物流基地,范围是$1, 2, \cdots, n$;

j——第j个需求点,范围是$1, 2, \cdots, m$;

C_i——第i个物流基地平均运转成本;

X_i——第i个物流基地的总运输能力;

k_i——第i个物流基地的投资额;

X_{ij}——第i个物流基地和第j个需求点之间的货运量;

d_{ij}——第i个物流基地和第j个需求点之间的单位运输货物成本;

b_j——第j个需求点的货运需求量；

K——投资最大允许额。

该模型表示物流基地投资、中转及集疏的运营总费用最小，基于两个基本假设：一是运输费用是物流基地选址决策时考虑的主要因素；二是在作出选址决策前，该地区尚无其他物流基地。然而实践中的选址问题常常不满足第二个假设，因此该模型在实际应用中有一定的局限性，较适合城市内小规模物流基地的选址。该模型简单，可以实现精确计算，能获得物流基地选址的最优解。

5.2 公路运输系统规划

5.2.1 公路运输系统规划概述

公路运输系统规划是指在确定未来经济社会发展趋势和公路运输需求的基础上，综合考虑区域内经济社会节点分布情况，制定合理可行的公路网和公路场站空间布局方案，是对一个地区公路建设发展的全面、长远安排。作为综合交通运输系统的基础性支撑，合理的公路运输系统规划对于提升运输网络整体通达性，保障区域内各类经济社会节点网络覆盖具有重要作用。

(1)规划内容

①公路网布局规划。公路网布局规划是指以规划路网的整体效益最优化为目标，充分考虑交通需求、建设资金、土地资源、环境影响等方面的约束条件，科学合理地连接规划节点和布置规划线路的具体走向，形成公路网布局方案的过程。主要内容包括节点选择和层次划分、初步布局方案制定、布局方案优化。

②公路场站布局规划。公路场站布局规划是指以公路运输需求在运输网络中方便快捷地衔接和转换为目标，制定公路运输场站空间布局和等级规模等方案。主要内容包括客货运场站的数量、布局、等级、规模等的确定。

(2)规划特点

①分层布局，既需注重干线的高效连通，又需注重支线的普惠通达。公路运输系统是综合交通运输系统的基础性支撑和区域客货运输的基本载体，具备通行和服务双重功能。在公路网布局规划中，既要注重公路的通行功能，建设以运输功能为主、承担跨区域和过境交通功能的干线公路网，也要注重公路的服务功能，打造主要为生产和生活服务，以及实现干线公路汇聚和疏散作用的集散公路网。

②统筹协调，需注重与资源产业节点、其他运输方式的有效衔接。公路运输的显著特点是机动灵活、适应性强、可达性好，是唯一能实现“门到门”服务的运输方式，对促进当地经济社会发展作用巨大。因此，在公路运输系统规划过程中，一方面，需要充分考虑当地的资源优势和特色产业分布，以发挥公路网的最佳效益；另一方面，需要强化与其他运输方式的衔接规划，以顺畅便捷的公路集疏促进其他运输方式腹地范围的拓展，实现运输整体效益的提升。

③因素复杂，需以综合效益最佳为评判目标，开展布局方案优化决策。相较于其他运输方式，公路运输系统服务运输需求广泛、控制节点规模层次较多、影响因素复杂，因此，属于多因素、多目标的复杂系统，布局方案有多种可能性。由此要求在公路运输系统规划过程中，根据实

际需要和可能,充分考虑城镇格局、产业布局、资源开发、国家安全等多种影响因素,以综合效益最优为评判目标,选择合适的定量评估方法,实现规划方案的优化决策。

5.2.2 公路网布局规划

5.2.2.1 公路网布局的主要形式

合理的区域公路网布局形式有助于提高路网的整体可达性,节约建设资金,减少运输时间和运输费用,实现良好的经济、社会和环境效益。典型区域公路网布局形式主要有三角形、放射形、放射环形、并列形、树杈形五种,如图5-6所示。各种布局形式的形态特点、优缺点及适用范围见表5-10。

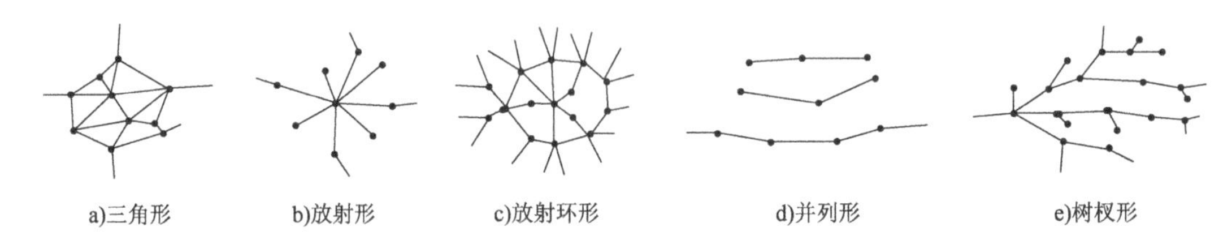

图5-6 典型区域公路网布局形式

典型区域公路网布局形式的形态特点、优缺点及适用范围 表5-10

布局形式	形态特点	优缺点	适用范围
三角形	由三角形格网道路组成	优点:通达性好,运输效率高; 缺点:建设量相对较大	重要程度相当的节点间的直达交通联系,如区域干线网布局
放射形	以一个中心点为起点,向各个方向放射形成	优点:有助于重要核心节点辐射带动周边区域; 缺点:外围节点之间联系不便	重要程度相差较大的节点间的交通联系,如区域高速公路网布局
放射环形	由环路与放射干线组成	优点:便于中心以外地区联系; 缺点:交通灵活度略低	特大城市、大城市的干线公路网布局
并列形	由几条平行线路组成	优点:平行线上运输效率高; 缺点:平行线间缺少便捷联系	受山脉、河川等限制的重丘区或山区的公路网
树杈形	以中心点为起点,分支出多条道路形成	优点:逐级衔接,易于扩充; 缺点:末端节点连通度较低	连接干线公路与支线公路,如县乡公路网布局

5.2.2.2 公路网布局规划基本思路

公路网布局规划的基本思路是从区域内节点体系分析和重要度计算入手,通过节点层次划分,结合交通区位理论,找出主要交通运输通道,逐层展开构建区域公路网,并进行整体布局优化,可归纳总结为节点选择和层次划分、初步布局方案制定、布局方案优化三大步骤,具体流程如图5-7所示。

(1)节点选择和层次划分

根据区域各节点的经济社会发展趋势、节点在区域发展中的地位和作用、节点交通需求等因素,采用节点重要度法、聚类分析法等方法,确定公路网必须连接的控制节点和各节点所属的不同层次类别,建立节点体系。常用的节点选择和层次划分方法有节点重要度法、聚类分析法等。

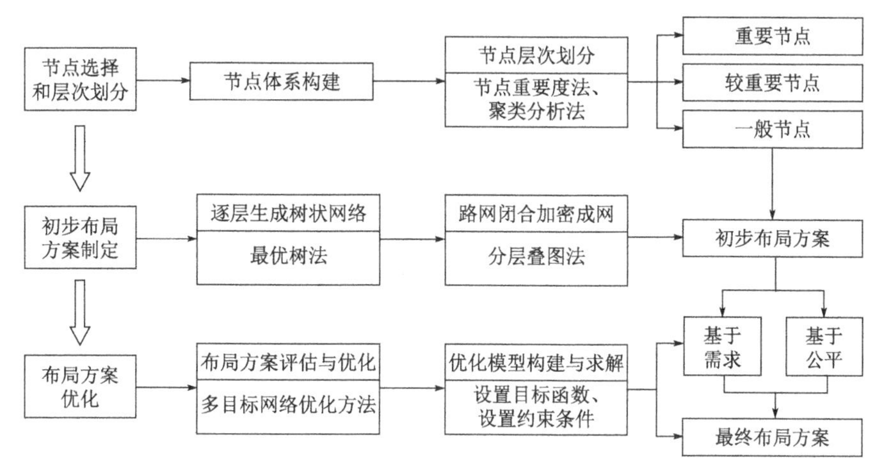

图5-7 公路网布局规划的基本流程

(2)初步布局方案制定

采用最优树法等适当的方法或模型选择规划线路,逐层生成树状网络;在此基础上采用分层叠图法,将路网闭合加密成网,形成公路网初步布局方案。常用的公路网布局方法有最优树法、交通区位法等。

(3)布局方案优化

基于需求和公平两个角度,对初步布局方案进行优化,形成最终布局方案。基本思路为:采用多目标网络优化方法对初步布局方案进行评估并优化;以一定的目标函数和约束条件为依据,构建优化模型并求解。常用的公路网布局方案优化方法有多目标网络优化方法等。

5.2.2.3 公路网节点选择和层次划分

节点是区域内客货运输需求的集中代表,其数量和层次类别直接影响公路网布局规划层次的深度和布局方案的合理性。公路网节点选择的目的是根据区域内经济社会发展现状及趋势,确定公路网必须连接的控制节点以及各节点所属的不同层次类别。

(1)节点的选择

根据运输需求的来源,可将公路网需要联系的节点划分为行政节点、经济节点、交通节点三类,常见的各类联系节点见表5-11。

公路网的常见联系节点 表5-11

节点类型	联系节点
行政节点	市(区、县)、乡镇(街道)、行政村、自然村的行政中心
经济节点	物流枢纽、产业基地、开发园区、大型工矿区、农牧业基地、旅游景点、商业中心等
交通节点	铁路枢纽、沿海和内河港口、机场、公路运输场站等

对于不同范围的公路网规划,应综合考虑公路网的特征、地位、功能作用,区域经济、社会、政治、国防等方面的需要,选择合理范围的节点作为路网布局的控制点。节点选择范围如果过小,会影响布局精度;如果过大,则会使研究工作过于繁杂。

(2)节点的层次划分

公路运输需求的地理分布存在不均衡性,不同节点之间的交通强度和功能存在差异,因此，对公路网布局的形式和要求必然不同。公路网布局以最大化实现运输需求为本质功能，应首先保障重要节点之间的相互连接，然后考虑较重要节点和一般节点与重要节点间的连接以及较重要节点和一般节点之间的相互连接，以体现和区分不同层次节点的功能强弱，使得路网布局层次清晰、重点突出，并有利于公路网的分期建设和分级管理。

因此，节点层次划分的主要思路是选取能够反映节点所代表区域的经济、社会、政治等宏观因素发展水平的指标，计算节点重要度，进而依据"功能相似"的原则将节点划分为具有不同功能和地位的几个层次。常用方法有节点重要度法、TOPSIS法等排序类方法，以及包括动态聚类法、模糊聚类法和模拟退火聚类法在内的聚类算法等，鉴于第4章已对相关方法进行介绍，本章不再赘述。分类结果一般为三个层次，即重要节点、较重要节点和一般节点。

5.2.2.4 公路网的初步布局方案制定

在节点选择和层次划分的基础上，公路网的布局方案是通过优先考虑大节点之间的便捷连接，然后考虑小节点的连接，再逐渐加密形成网络的"逐层展开法"形成的。从路网形态上看，是由疏到密，由树状到网状，由迂回到直接的逐步完善过程。

(1)基于最优树法确定骨架路网

以"重要节点-较重要节点-一般节点"三层节点为例，最优树法在公路网布局规划中的应用步骤如下：

①计算路段重要度。基于节点重要度、节点间的空间距离和修正系数等计算不同节点间的路段重要度，用于衡量运输通道上的交通需求强度，其计算公式为

$$\mathrm{ZL}_{ij} = K\frac{I_i \cdot I_j}{L_{ij}^{\ 2}} \tag{5-30}$$

式中：ZL_{ij}——节点i、j之间的路段重要度；

i、j——节点编号；

I_i、I_j——节点i、j的重要度；

L_{ij}——节点i、j之间的阻抗，一般为距离；

K——综合系数，一般取1，与线路等级和功能定位有关。

②逐层布设最优树。首先，进行第一层次节点最优树路网布局，获得路网主骨架；其次，以第一层次节点为根节点，追加第二层次节点，进行第二层次节点最优树路网布局，并考虑上下两层布局之间的相互影响；最后，以此类推，直至完成最后一层的节点布局为止。

"重要节点-较重要节点-一般节点"三层节点的公路网最优树规划示例如图5-8所示。

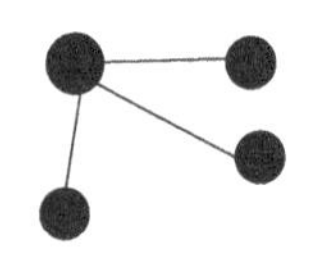

a)第一层次最优树

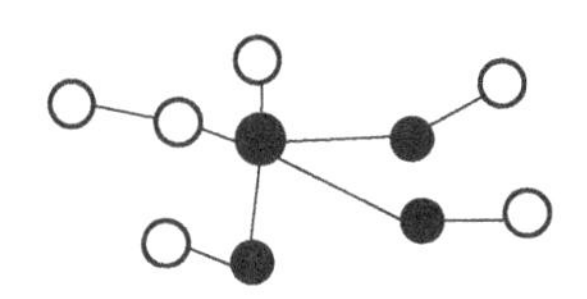

b)第一层次-第二层次最优树

c)第一层次-第二层次-第三层次最优树

图5-8 公路网最优树规划示例

(2)逐层增设联络线

最优树以最大的效益保证了各节点间的有效连通,形成了公路骨架网,但综合考虑各节点的分布位置,需要在最优树的基础上增补附加联络线,使路网由树状向网状过渡,以进一步提高到主要运输集散点的便捷程度,降低整个路网的运输费用。具体可采用逐层增设联络线的加边方法:

第一层次同级节点之间未连线的可直接加边相连,与第一层次节点相邻的第二层次节点、运输走廊等运输主要集散点(通道)也应直接连通,与第一层次节点相邻的第三层次节点根据路段重要度酌情连通,形成区域第一层次公路网,并计算调整其节点重要度值。

第二层次节点的相邻同级节点之间尚未连线的应直接加边连通,与第二层次节点相邻的第三层次节点根据路段重要度酌情连通,形成区域第二层次公路网,并计算调整其节点重要度值。

第三层次节点的相邻同级节点之间尚未连线的应根据路段重要度酌情连通,形成区域第三层次公路网。

最后,叠加不同层次的最优树和联络线,即可获得公路网的初步布局方案。

"重要节点-较重要节点-一般节点"三层节点的公路网联络线增设示例如图5-9所示。

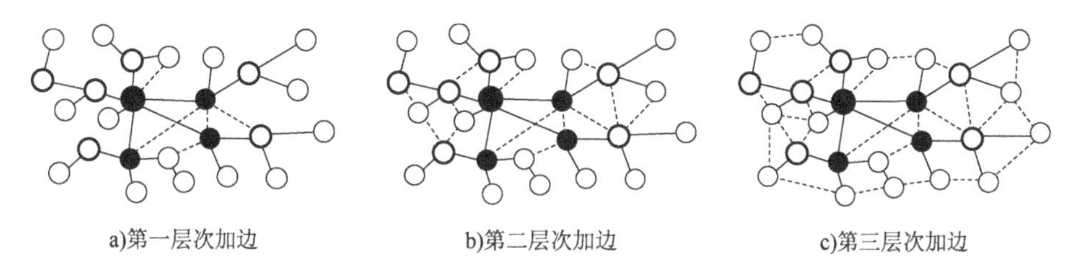

a)第一层次加边　　b)第二层次加边　　c)第三层次加边

图5-9　公路网联络线增设示例

5.2.2.5　公路网布局方案优化

基于上述方法形成的公路网初步布局方案仅反映了可能的公路网布局,是公路网规划的基本底图。从规划方案的形成到项目实施受诸多环境因素和现实条件的限制,且因规划公路网功能定位的不同而具有不同的规划侧重;此外,联络线的增设仅关注局部公路网,容易出现局部公路网过密的情形,容易导致公路经济效益大大降低。因此,有必要考虑不同类型的公路网,从全局视角出发对公路网初步布局方案进行优化。

公路网的布局方案优化通常采用多目标网络优化方法,通过设置多个目标函数和约束条件,找到一组既能满足约束条件又能使目标函数达到最优的决策变量。

(1)目标函数

目标函数的选取与规划公路网的功能定位有关。承担通道运输功能的公路网通常以满足交通需求为核心,以效率、效益等指标为目标函数,如干线公路等。承担惠民通达功能的公路网通常以实现交通公平为核心,以连通性等指标为目标函数,如农村公路等。常见的目标函数如下:

①公路网阻抗最小。公路网阻抗是指公路交通网络中两个节点之间的最短时间距离或最短空间距离,是衡量公路网可达性的关键指标。研究区域内公路网阻抗越小,表明通行效率越高、可达性水平越高。公路网节点及整个公路网阻抗可表示为

$$A_i = \frac{1}{n-1} \sum_{\substack{j=1 \\ (i \neq j)}}^{n} d_{ij} \tag{5-31}$$

$$A = \frac{1}{n} \sum_{i=1}^{n} A_i \tag{5-32}$$

式中:A——整个公路网的阻抗;

i、j——节点编号;

A_i——网络上节点i的阻抗;

d_{ij}——节点i、j之间的最短时间距离或最短空间距离;

n——整个公路网络中的节点总数。

②经济效益最大。经济效益是指公路对周边地区的辐射带动作用,其既与公路的运输量有关系,也与联系节点的重要度以及空间环境有关。经济效益记为E,其计算公式如下:

$$E = \sum \frac{I_i I_j Q_{ij}}{(ka)^2} \tag{5-33}$$

式中:I_i、I_j——分别为节点i、j的重要度;

Q_{ij}——节点i、j间路段的运输量;

k——修正系数,与空间环境的地形特征有关;

a——公路对周边经济的直接影响范围,与道路等级、功能定位有关。

③公路网连通度最大。公路网连通度是指研究区域内公路网络节点间依靠公路相互连通的强度,能够体现公路网络中各节点的平均连通度。研究区域内道路连通度越大,说明各节点与公路网的连通越充分、各节点出行越便捷。公路网的连通度记为C,其计算方法如下:

$$C = \frac{L}{\sqrt{A \cdot N}} \cdot \xi \tag{5-34}$$

式中:L——区域公路总里程;

A——研究区域面积;

N——区域内节点数;

ξ——公路网变形系数,为实际线路里程与直线里程的比值。

(2)约束条件

①建设投资约束。公路建设资金规模每年均在一定预算范围,因此公路网布局方案优化的投入资金应保持在一定范围内。数学表达式为

$$I = \sum_{a} i_a \leq I_{\max} \tag{5-35}$$

式中:I——优化方案中新建和改建路段的总投入资金;

i_a——新建和改建路段a所需的建设成本;

$I_{\max}$——建设资金最大值。

②服务水平约束。规划年规划区域内的OD流量在公路网上进行分配时应满足一定的服务水平,v/c应在一定的范围内,即路段交通量应在一定范围内,过高会造成路段的拥挤,过低则造成资源的浪费。数学表达式为

$$r_{\min} \leq r_a \leq r_{\max} \tag{5-36}$$

式中:r_a——优化方案中路段a的v/c值;

r_{min}——限定的最低的路段 v/c 值;

r_{max}——限定的最高的路段 v/c 值。

③OD流量守恒约束。公路网的配流过程需要满足交通量守恒,即每个OD对间路径上的流量总和应等于公路运输需求起点 O 交通发生量,每个OD对间路径上的流量总和应等于公路运输需求终点 D 交通吸引量。数学表达式为:

$$\sum_{od} F^{od} = \sum Q_o = \sum Q_d \tag{5-37}$$

式中:F^{od}——OD对间路径上的流量总和;

Q_o——起点 O 的交通发生量;

Q_d——终点 D 的交通吸引量。

5.2.3 公路场站布局规划

5.2.3.1 公路客运场站布局规划

随着铁路、民航等对外运输方式的发展和辐射范围的扩大,以及提供客运资源共享、公路客运换乘等服务,大中城市的公路客运场站逐渐趋向与铁路车站、民航机场等一体化联合布局,共同构成综合客运枢纽;而对于缺乏铁路车站和民航机场的中小城市,公路客运场站则依然为传统的仅考虑公路运输系统的布局模式。考虑到前者对应的公路客运场站的布局取决于铁路车站、民航机场的布局选址,本书主要对后者进行介绍,具体内容包括场站规模确定和场站选址及布局两部分。

(1)场站规模确定

①场站布设数量确定。场站布设数量根据目标年(特征年)场站发送量等,采用定量计算与定性分析相结合的方法综合确定。在式(5-38)粗略推算的基础上,结合城市未来的形态和功能分区、干线公路网及城市主要对外交通通道的布局、不同类型场站的合理配置、不同类型场站的合理生产规模等影响因素综合确定。

$$N = \frac{Q \cdot \beta}{D} \tag{5-38}$$

式中:N——需要布设的客运场站数量,个;

Q——规划区域在规划年的公路整体客运量,万人/d;

β——发送系数;

D——客运场站的平均设计能力,万人/d。

②场站用地规模测算。根据各客运场站的发送量及功能,确定场站技术等级,测算用地规模。场站用地规模可按式(5-39)测算:

$$A = \sum \mu_i Q_i + C \tag{5-39}$$

式中:A——客运场站用地规模,m^2;

Q_i——目标年第 i 个功能区日均作业量,人次/d;

μ_i——第 i 个功能区单位生产能力所需面积,m^2/人;

C——发展预留用地参数,一般根据场站的长远发展规划预留确定。

式(5-39)中的单位生产能力所需面积值可以参照有关站级标准或国内外场站设计的有关

经验参数，考虑场站的未来发展变化趋势，并结合当地实际特点确定。

(2)场站选址及布局

常用的公路客运场站选址规划模型主要有连续型选址模型和离散型选址模型两类。其中，连续型选址模型是早期研究中提出的，不限于在特定的备选地点中进行选择，灵活性较强，模型相对简单，但实用性不强，典型的有重心法、启发式算法等。离散型选址模型中备选地点是有限的几个场所，最终方案只能从中选出，经典的有整数或混合整数规划法、运输规划模型、CFLP法、Baumol-Wolfe法、P-中值问题等。本书主要介绍混合整数规划法和由混合整数规划法简化得到的运输规划模型。

①混合整数规划法。设在一个供需平衡的系统中有m个发生点$A_i(i=1,2,\cdots,m)$，各点的发生量为a_i；有n个吸引点$B_j(j=1,2,\cdots,n)$，各点的需求量为b_j；有q个可能设置的备选场站地址$D_k(k=1,2,\cdots,q)$，发生点发生的客运量可以从设置的场站点中转，也可以直接到达吸引点，如图5-10所示。

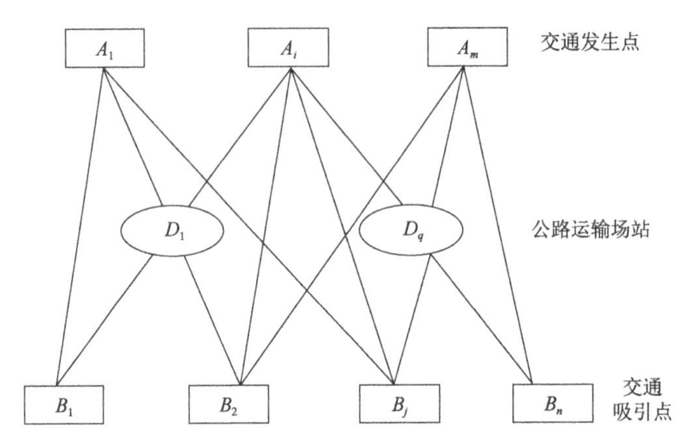

图5-10　多元场站布局模型

假定备选场站地址的基建投资、中转费用和运输费率均为已知，以总成本最低为目标确定场站布局的最佳方案。

数学模型如下：

$$\min F=\sum_{i=1}^{m}\sum_{k=1}^{q}C_{ik}X_{ik}+\sum_{k=1}^{q}\sum_{j=1}^{n}C_{kj}Y_{kj}+\sum_{i=1}^{m}\sum_{j=1}^{n}C_{ij}Z_{ij}+\sum_{k=1}^{q}\left(F_kW_k+C_k\sum_{i=1}^{m}X_{ik}\right) \tag{5-40}$$

约束条件：

$$\sum_{k=1}^{q}X_{ik}+\sum_{j=1}^{n}Z_{ij}\leqslant a_i \qquad (i=1,2,\cdots,m) \tag{5-41}$$

$$\sum_{k=1}^{q}Y_{kj}+\sum_{i=1}^{m}Z_{ij}\leqslant b_j \qquad (j=1,2,\cdots,n) \tag{5-42}$$

$$\sum_{i=1}^{m}X_{ik}=\sum_{j=1}^{n}Y_{kj} \qquad (k=1,2,\cdots,q) \tag{5-43}$$

$$\sum_{i=1}^{m}X_{ik}-MW_k\leqslant 0 \tag{5-44}$$

$$X_{ik}\geqslant 0,\ Y_{kj}\geqslant 0,\ Z_{ij}\geqslant 0 \tag{5-45}$$

式中：i——发生点，范围是1, 2, …, m；

j——吸引点，范围是1, 2, …, n；

k——备选场站地址，范围是1，2，…，q；

X_{ik}——从发生点i到备选场站地址k的客运量；

Y_{kj}——从备选场站地址k到吸引点j的客运量；

Z_{ij}——直接从发生点i到吸引点j的客运量；

W_k——备选场站地址k是否被选中的决策变量，$W_k=1$表示被选中，$W_k=0$表示被淘汰；

C_{ik}——从发生点i到备选场站地址k的单位费用；

C_{kj}——从备选场站地址k到吸引点j的单位费用；

C_{ij}——直接从发生点i到吸引点j的单位费用；

F_k——备选场站地址k被选中后的基建投资；

C_k——备选场站地址k中单位客运量的中转费用；

a_i——点i的发生量；

b_j——点j的需求量；

M——一个相当大的正数。

这种方法在理论上是非常完善的，但仍然是对实际问题的大大简化，没有考虑建设成本、运营费用的非线性变化等实际因素。另外，由于考虑了场站基建投资，出现了0-1型整数变量，模型的建立和求解依然很复杂，因此混合整数规划模型只能用于比较简单的交通网络中。

②运输规划模型。在进行长期规划、建设投资相对不重要的情况下，可以不考虑建设投资目标函数，这样复杂的混合整数规划模型就简化为如下线性规划模型，模型求解方法较为成熟。

目标函数：

$$\min F=\sum_{i=1}^{m}\sum_{k=1}^{q}(C_{ik}+C_k)X_{ik}+\sum_{k=1}^{q}\sum_{i=1}^{m}C_{kj}Y_{kj}+\sum_{i=1}^{m}\sum_{j=1}^{n}C_{ij}Z_{ij} \tag{5-46}$$

约束条件：

$$\sum_{k=1}^{q}X_{ik}+\sum_{j=1}^{n}Z_{ij}=a_i \quad (i=1,2,\cdots,m) \tag{5-47}$$

$$\sum_{k=1}^{q}Y_{kj}+\sum_{i=1}^{m}Z_{ij}=b_j \quad (j=1,2,\cdots,n) \tag{5-48}$$

$$\sum_{i=1}^{m}X_{ik}+X_k=d_k \quad (k=1,2,\cdots,q) \tag{5-49}$$

$$X_{ik}\geqslant 0,\ Y_{kj}\geqslant 0,\ Z_{ij}\geqslant 0 \tag{5-50}$$

式中：d_k——备选场站可能设置的最大规模；

X_k——备选场站地址k的富余能力。

5.2.3.2 公路货运场站布局规划

公路货运场站也称汽车货运站，是公路货运网络的重要节点，原本的核心任务是接收货物进入货运场站暂时保存、分拣装车并及时安全送达目的地，是实现“门到门”运输的场所。近年来，随着物流业的快速发展，货运物流化的趋势逐渐形成，为了形成规模效益，原有的公路货运场站逐步融入物流服务功能，向物流园区、物流中心和配送中心转化，现已基本成为现代物流体系的一部分。鉴于此，本书主要对区域内物流节点体系布局规划进行介绍。

1)规划要素

区域内物流节点体系布局规划属于中观层面选址规划，主要规划内容是在物流供需状况分析的基础上，确定物流节点的位置、数量、层级、用地规模等。

（1）物流节点位置

根据我国交通基础设施建设情况，目前大多城市均具备良好的交通条件，因此，物流需求分布成为影响物流节点选址的决定性因素。物流节点的位置应尽量临近工业园区、农业示范园、重点制造企业等前端物流需求点，或靠近专业市场、大型商超、居民聚集区等末端物流需求点。在物流网络中，物流节点的合理分布是提高物流效率，降低物流成本，提高物流服务质量的重要保证。

（2）物流节点数量

物流节点的数量受物流需求规模、分布以及物流节点作业能力和辐射范围的影响，节点数量以能够满足区域物流需求为宜，数量过少会造成物流供给能力不足，影响物流服务效率，阻碍物流业高质量发展；数量过多则会造成设施闲置和资源浪费。

（3）物流节点层级及用地规模

不同层级的物流节点具备不同的功能与定位，合理的层级划分有助于物流体系运行顺畅，发挥最大效益；用地规模则指物流节点实际建设面积，与节点处理的货运量规模有关。

2）布局方法

在区域各个物流供给点的供给量、物流需求点的需求量已知的情况下，假设物流节点的作业能力、覆盖范围，节点间距离和交通通达情况已知，则可建立以物流节点布局总费用最小为目标的混合整数规划模型。考虑到模型的复杂性，主要对单层物流节点规划布局进行介绍，物流节点布局示意如图5-11所示。

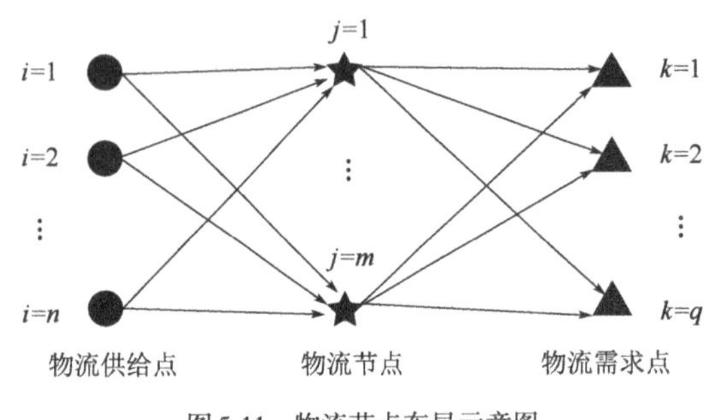

图5-11　物流节点布局示意图

（1）目标函数

总费用（F）由物流节点的建设费用（F_1）、物流运输费用（F_2）、物流节点作业费用（F_3）三部分组成。

$$\min F = F_1 + F_2 + F_3 \tag{5-51}$$

①物流节点的建设费用。物流节点的建设费用主要指修建费用，与建筑材料支出以及人工支出等有关。

$$F_1 = \sum_{j \in J} C_j Y_j \tag{5-52}$$

②物流运输费用。货物在从物流供给点i至物流需求点k的流通过程中，需通过物流节点j来进行集中处理并产生运输费用。运输费用为单位运输成本和货运量的乘积，计算公式为

$$F_2 = \sum_{i \in I} \sum_{j \in J} c_{ij} x_{ij} + \sum_{j \in J} \sum_{k \in K} c_{jk} y_{jk} \tag{5-53}$$

③物流节点作业费用。物流节点作业费用是货物因存储、装卸、搬运、加工等物流活动而产生的所有在库作业费用，包括租赁费用、装卸搬运费用、流通加工费用、管理费用等。计算公式为

$$F_3 = \sum_{i \in I} \sum_{j \in J} h x_{ij} \tag{5-54}$$

（2）约束条件

①对于任意物流节点j，进、出的货运量相等。

$$\sum_{i \in I} x_{ij} = \sum_{k \in K} y_{jk} \tag{5-55}$$

②物流供给点集合I的供给总量与物流需求点集合K的需求总量相等。

$$\sum_{j \in J} z_{ijk} = D_{ik} \tag{5-56}$$

③当在j点不建设物流节点时，经过j点的货运量为0，其中M为远大于货运量z_{ijk}的常数。

$$z_{ijk} \leqslant M \cdot Y_j \tag{5-57}$$

④决策变量约束：Y_j表示是否建立物流节点j，且各节点间的货运量均需满足非负约束。

$$Y_j \in \{0,\ 1\} \quad (j \in J) \tag{5-58}$$

$$x_{ij} \geqslant 0,\ y_{jk} \geqslant 0,\ z_{ijk} \geqslant 0 \tag{5-59}$$

式中：I——物流供给点的集合，$I = \{1, 2, \cdots, i, \cdots, n\}$，$i \in I$；

J——物流节点的集合，$J = \{1, 2, \cdots, j, \cdots, m\}$，$j \in J$；

K——物流需求点的集合，$K = \{1, 2, \cdots, k, \cdots, q\}$，$k \in K$；

C_j——物流节点j的建设成本；

Y_j——是否在j点建设物流节点；

c_{ij}——从物流供给点i至物流节点j的单位运输成本；

x_{ij}——从物流供给点i至物流节点j的货运量；

c_{jk}——从物流节点j至物流需求点k的单位运输成本；

y_{jk}——从物流节点j至物流需求点k的货运量；

h——单位运量货物在各物流节点的装卸、搬运、包装和仓储等平均操作成本，为常数；

D_{ik}——货物从物流供给点i运至物流需求点k的固定需求总量；

z_{ijk}——从物流供给点i出发，经过物流节点j，最终抵达物流需求点k的货运量；

M——一个相当大的正数。

物流节点混合整数规划模型可采用启发式算法或CPLEX、LINGO等求解器求解较大规模的复杂规划问题。此外，模型可进一步考虑多层级多类别物流节点、多货种OD分布、多式联运等因素对物流节点布局的影响。

5.3 水路运输系统规划

5.3.1 水路运输系统规划概述

水路运输系统规划是指综合考虑区域客货运需求分布情况和自然环境限制，所进行的航道资源优化配置和港口布局规划。作为综合交通运输系统的重要组成部分，水路运输系统的合理布局对于充分利用丰富的水系资源，发挥水路运输的大运能、低成本、低能耗、低污染等优势至关重要。

(1)规划内容

①航道网规划，指综合考虑自然条件和交通流量的双重制约，拟定区域航道网络优化方案的过程，包括需要新建和扩建的航道的空间布局优化、等级标准确定等。

②港口规划，指根据航道条件、集疏运条件和客货运需求情况，确定港口选址、港区功能分工、港口功能区布局等。

(2)规划特点

①航道与港口的规划建设受自然水系的极大制约。不同于其他的运输方式，水路运输系统的规划建设受到自然水系极大制约。所有的水路运输基础设施规划需要在自然环境的限制下进行，比如水系深度和宽度直接影响航道尺度，进而制约船舶吃水深度和长宽尺寸等；再比如港口水深条件、水域面积、水系地质条件对港口发展的限制等。可以说，天然水系条件是航道网和港口规划的决定性影响因素。

②港区的合理分工对于水路运输网络整体效率提升作用重大。对于水路运输之外的运输方式，不同层级的运输枢纽往往根据所处位置有一定的辐射范围，功能重叠对于网络效益发挥影响较小；而对水路运输而言，由于港口的辐射范围一般较广(为腹地城市)，腹地重叠情况相对其他运输方式更为严重。在此背景下，若港区功能重合将会导致激烈的同质化竞争，进而表现为大中型港区容量不足、小微型港区利用率低下。因此，港区合理分工对于水路运输系统形成错位发展良好格局、促进比较优势的发挥作用重大。

(3)规划影响因素

拟定航道网初步布局方案时需要考虑自然水系条件、航道现状及运输需求等基本因素。

①自然水系条件。航道网规划必须考虑航道的通行能力，而航道的自然水系条件是决定航道通行能力的主要因素之一，主要包括航道水深、航道宽度、航道弯曲半径、航道断面系数、跨河建筑物净空高度。

②航道现状。规划区域内航道现状包括：航道自然条件，即航道的地理位置、地形地貌、水文气象等；航道通航条件，即航道的尺度、困难河段状况、跨河建筑物、设备等；航道建设情况；等等。

③运输需求。航道网的规划需满足城市和产业的发展要求，方便产业发展的原材料运输和生产成品运输，降低运输成本。航道网与港口规划必须考虑现在沿河区域、直接腹地和间接腹地的产业布局，以及潜在的产业诱发。

5.3.2 航道网规划

在基础水系条件下，航道网络布局及优化主要是在满足水路运输需求的前提下，以航道网络优化方案的建设成本和运行成本之和最小为目标，所进行的航道网布局优化和网络中现有航道、新通航航道等级的确定。

常用的航道网规划方法为双层规划模型，模型假设及模型构建内容如下：

(1)模型假设

为简化航道网络优化问题，建立航道网络优化模型时假设：①内河航道网络中产生的货运量都能得到运输；②船舶在起讫点之间航行会选择广义通行时间最短的路径；③不同等级航道上的运输船舶均为在该航道通行的标准船舶；④船舶的航行速度v已知且恒定不变；⑤现有航道的等级不存在降低的可能。

(2)模型构建

双层规划模型的上层模型以航道网络优化方案的建设成本和运行成本之和最小为目标函数，下层模型采用用户均衡的航道网络配流模型。

①上层模型。

以成本最低为目标的模型：

$$\min C = \sum_{a \in A_1} L_a I_a(y_{a1}) + \sum_{a \in A_2} L_a I_a(y_{a2}) + \sum_{a \in A} [\rho(y_a) + \xi(y_a)] x_a L_a \tag{5-60}$$

式中： C——航道网络优化方案的建设成本和运行成本之和；

A_1——现已通航的航道集合；

A_2——新通航的航道集合；

A——航道网络中所有航道的集合；

y_{a1}——决策变量，现有航道 $a1$ 的优化等级；

y_{a2}——决策变量，新通航航道 $a2$ 的建设等级；

L_a——航道长度；

$I_a(y_{a1})$——提升现有航道等级的单位造价；

$I_a(y_{a2})$——新建航道的单位造价；

$\rho(y_a)$、$\xi(y_a)$——分别为等级为 y 的航道 a 上标准船舶单位运输油耗成本、折旧成本；

x_a——通过航道 a 的货运量。

其中，$\sum_{a \in A_1} L_a I_a(y_{a1})$ 为现有航道优化提升的建设成本；$\sum_{a \in A_2} L_a I_a(y_{a2})$ 为新通航航道的建设成本；$\sum_{a \in A} [(\rho(y_a) + \xi(y_a)] x_a L_a$ 为航道网络运行的总燃油费和总折旧费。

约束条件：

各航道货运量不超过其实际通行能力：

$$0 \leqslant x_a \leqslant Q_a \quad (a \in A) \tag{5-61}$$

现有航道优化后的等级不低于现有等级：

$$y_{a1} \in \{y_{a1,0}, y_{a1,0} - 1, y_{a1,0} - 2, \cdots, 1\} \tag{5-62}$$

新通航航道等级的取值范围：

$$y_{a2} \in \{1, 2, \cdots, 7\} \tag{5-63}$$

式中：Q_a——航道 a 的实际通行能力；

$y_{a1,0}$——现有航道的现有等级。

②下层模型。

以广义通行时间最短为目标的模型：

$$\min Z(x) = \sum_{a \in A} \int_0^{x_a} \left[\mu t_a(x_a) + (1 - \mu) \frac{P_a}{G} \right] \mathrm{d}x \tag{5-64}$$

式中：$Z(x)$——用户均衡下的目标函数；

μ——相对权重；

$t_a(x_a)$——航道 a 上交通量为 x_a 时的航行时间；

P_a——船舶在航道 a 上航行的通行费用，即船闸收费；

G——时间价值。

约束条件：

航行时间、船舶通行费：

$$t_a(x_a)=t_{a,0}\left[1+\alpha\left(\frac{x_a}{Q_a}\right)^{\beta}\right] \tag{5-65}$$

$$P_a=\gamma n_a D_{ya} \tag{5-66}$$

需求约束：

$$\sum_{k\in R_{(i,j)}} f_{(i,j),k}=q_{(i,j)} \quad (i,j\in N) \tag{5-67}$$

路径流量与航道流量之间的关系：

$$x_a=\sum_{i\in N}\sum_{j\in N}\sum_{k\in R_{(i,j)}} f_{(i,j),k}\sigma_{(i,j),a,k} \quad (a\in A) \tag{5-68}$$

非负约束：

$$f_{(i,j),k}\geqslant 0 \quad (k\in R_{(i,j)};\ i,\ j\in N) \tag{5-69}$$

航道a的交通量不超过其实际通行能力：

$$0\leqslant x_a\leqslant Q_a \tag{5-70}$$

式中：$t_{a,0}$——航道a上交通量为0时的航行时间；

α、β——待定参数；

γ——船闸收费标准；

n_a——航道a上船闸的数量；

D_{ya}——等级为y的航道a上标准船舶载重；

N——航道网络中所有节点的集合；

$R_{(i,j)}$——OD对(i,j)的所有路径集合；

$f_{(i,j),k}$——OD对(i,j)的第k条路径上的流量；

$q_{(i,j)}$——OD对(i,j)的货运需求；

$\sigma_{(i,j),a,k}$——路径与航道的关联关系，当航道a在连接OD对$(i$、$j)$的第k条路径上时取1，否则取0；

Q_a——航道a的实际通行能力。

5.3.3 港口规划

5.3.3.1 港口选址

港口建设投资大、周期长、关联问题多，港口地址的合理选择是一个港口良好发展的根本，直接影响到港口的建设投资、建设周期、建成后的营运效益和安全运行。常见的港口选址方法主要有三类：一是考虑自然条件、技术条件、所依托的城市条件和经济条件等影响因素的选址综合评价法，包括层次分析法、模糊评价法等，具有较强的可靠性和较好的实操性；二是以成本最低为目标建立模型的方法，模型简单、便于实操；三是结合碳排放等多个目标建立模型的方法。本书主要对考虑影响因素的选址综合评价法和以成本最低为目标建立模型的方法进行介绍。

(1)考虑影响因素的选址综合评价法

考虑影响因素的选址综合评价法是在港口选址初步确定的基础上，通过构建选址评价指标体系，基于层次分析法、熵权法等确定理想选址的方法。其中，评价指标主要从自然条件、技术条件、所依托的城市条件和经济条件等方面选择。常用的港口选址评价指标及说明见表5-12。

常用的港口选址评价指标及说明　　表5-12

类别	评价指标	说明
自然条件	水深	指船只对泊位水深的要求，现代大型集装箱船的吃水深度逐步增大
	水域面积	指港口水域面积的大小，港址须有必要的水域面积，才能为大型集装箱船舶提供进、出港口所需要的水深、潮差及航道条件
	陆域纵深	指连接港口的码头纵深的大小，码头须有宽广的陆域纵深，才能建设足够的堆场和仓库
	地质条件	指港址所在地方的地质状况，地质状况的好坏在一定程度上决定港口施工的难易程度
	气象条件	港址所在地方气象状况的反映，如风力及风向对码头安全作业的影响等
技术条件	土方工程	施工量大小的反映
	港池的回淤	指河流从上游带来的泥沙入海及海洋中储藏着的泥沙，在潮流作用下，在某些地区沉积下来，使港口航道淤浅。为保证航道有足够的水深，必须经常采用挖泥船作业，以保证航道通畅
	岸滩稳定性	指岸滩稳定程度，是港口建设的保障
城市条件	水电条件	指选址地区供水供电能力状况
	交通条件	指选址地区的交通状况
	可依托性	指港口对城市资源的依赖程度
	环境影响度	指港口建成后对城市环境的影响程度
	周边状况	指城市周边地区对该港口的依赖程度
经济条件	总投资	指港口建设全部费用的总和
	运营费用	指港口建成后每年保证正常营运所花费的费用
	对经济的促进	指港口建成后对区域经济的促进作用
	对生产力的促进	指港口建成后对生产力发展的促进作用

(2)以成本最低为目标建立模型的方法

在港口选址过程中，考虑建设港口的费用。选址方法不事先规定要选择的港口的数量，模型的目标为在所有OD对的需求都被满足的前提下使网络中的总成本最小，总成本包括运输成本和建设港口的成本。

目标函数：

$$\min \sum_{(i,\ j)\in R}\sum_{k\in H}\sum_{m\in H} w_{ij}c_{ikmj}X_{ikmj} + \sum_{k\in H} F_k Y_k \tag{5-71}$$

约束条件：

①从节点i到j有且仅有一条路径：

$$\sum_{k\in H}\sum_{m\in H}X_{ikmj}=1 \qquad ((i,\ j)\in R) \tag{5-72}$$

②只有当k和m同时被选为港口点时，X_{ikmj}才可能为1：

$$X_{ikmj}\leqslant Y_k \qquad ((i,j)\in R;\ k,\ m\in H) \tag{5-73}$$

$$X_{ikmj}\leqslant Y_m \qquad ((i,\ j)\in R;\ k,\ m\in H) \tag{5-74}$$

③变量取值范围约束：

$$Y_k\in\{0,\ 1\} \qquad (k\in H) \tag{5-75}$$

$$0\leqslant X_{ikmj}\leqslant 1 \qquad ((i,\ j)\in R;\ k,\ m\in H) \tag{5-76}$$

$$c_{ikmj}=c_{ik}+c_{mj}+\alpha c_{km} \tag{5-77}$$

式中：R——OD对集合；

H——港口点的集合；

w_{ij}——OD对(i、j)的需求量；

α——港口节点之间产生规模经济(成本/时间)效益的折扣因子；

c_{ikmj}——从节点i出发，依次经过港口点k和港口点m到达节点j的单位运输(时间)成本；

X_{ikmj}——从节点i出发，依次经过港口点k和港口点m到达节点j的流量占(i,j)总流量w_{ij}的比例；

F_k——在节点k处建立港口的固定建设成本；

c_{ik}、c_{km}、c_{mj}——分别为节点i、港口点k，港口点k、港口点m，港口点m、节点j间的单位运输(时间)成本；

Y_k——0-1变量，当节点k被选为港口点时取1，否则取0。

5.3.3.2 港区功能分工

随着经济社会的发展，地理位置临近且腹地相同的港口逐渐形成了地域港口组合。然而，由于腹地重合、货源有限等，港口间往往呈现较为严重的功能重合和同质化竞争，这一方面不利于各港口核心竞争力的培育和发展，另一方面也不利于港口资源的优化配置。在此背景下，整合港口资源，建设错位发展、功能互补的港口群成为发展趋势。

对于错位发展、功能互补的港口群内部的各个港区，由于其服务于同一经济腹地，势必产生竞争和冲突，合理分工就显得尤为重要。该分工对于协调港区之间的关系，促进港区的共同发展，促进腹地经济的健康发展，都有着重要意义。

考虑港城关系的相互作用，一般从城市和港区两个角度出发，通过分析影响功能定位的因素，确定与港区核心优势相匹配、彼此错位发展的功能分工。

(1)港区角度的影响因素

主要包括港区自然条件、港区地理区位和港区物流水平。其中，港区自然条件指港区泊位个数、岸线长度、航道水深、作业天数等；港区地理区位由港区与其他港区之间的相对空间关系、常用地理位置、与各港区的平均距离、与国际航线的距离、航班密度和条数等指标反映；港区物流水平则指货物吞吐量、外贸货物吞吐量、集装箱吞吐量等，反映港区的吞吐能力及经营的货物结构。

(2)城市角度的影响因素

主要包括城市的生产力水平、产业发展状况、外贸进出口水平、港口城市规模以及集疏系统等，常用城市生产总值、进出口总量、产业结构、人口规模等指标表示。

以周口港为例，其内部划分为中心港区、淮阳港区、扶沟港区、西华港区、商水港区、沈丘港区、郸城港区、太康港区、鹿邑港区、项城港区等10个港区。在充分考虑各港区基本条件和腹地情况的基础上，确定中心港区功能定位以散货、集装箱、件杂货等运输为主，兼有保税、仓储、物流、旅游客运功能，其他港区则因经济腹地产业发展的差别，分别承担煤炭运输、建材运输、粮食运输等功能。

5.3.3.3 港口功能区布局

1)功能区划分

港口功能分区是指根据港口的用途和功能对港口区域进行划分和规划的一种方式。根据港口的实际情况和需求，将港口分为不同的功能区域，一般分为集装箱处理区、仓储配送区、综合服务区等，港口功能区布局示例如图5-12所示。

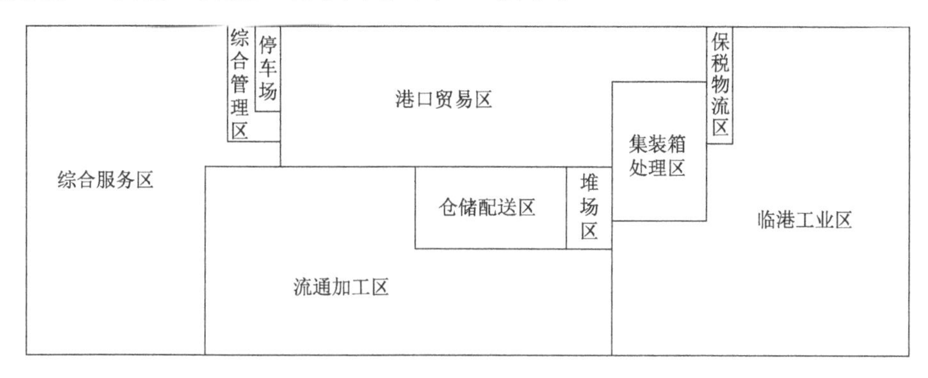

图5-12 港口功能区布局示例

2)功能区布局方法

常见的内河港口内部功能区布局方法有摆样法、图解法、数学模型法、系统布置设计(system layout planning，SLP)法等。其中SLP法可实现平面布置由定性到定量的转变，实操性强，是目前应用最广泛的布局方法之一。

(1)SLP法基本理论

港口功能区布局的最终目标是保证港口各流程的正常运作，同时提升整体效益。因此港口功能区布局的核心目标是实现港口综合效益最高，包括运输距离最短、运营成本最低以及运行效率最高等。

SLP法用综合物流关系这一指标作为港口综合效益的表征。通过分析各功能区之间的物流关系与非物流关系，来确定各功能区之间的综合物流关系，并按其综合物流关系强弱和权重大小进行相对位置的布置，再结合功能区面积等实际因素进一步修正优化，进而推动实现综合效益最大化。

①物流关系。物流关系分析从码头各功能区之间的实际作业过程入手，分析货物在运输过程中所经过的功能区顺序和每个区域的物流作业量，是进行平面布置的关键和前提，目的是使整个作业流程尽量避免迂回和交叉，实现物流路线最短、成本最低。港口作业流程如图5-13所示。

到货
物流保税
检测验收
装卸搬运
堆场
集装箱
流通加工
仓储
配送
展示交易

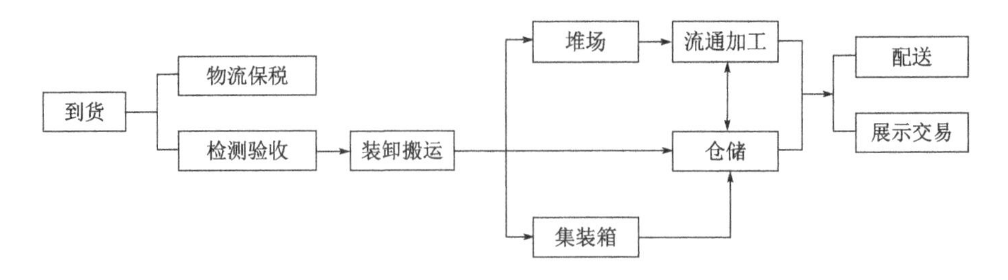

图5-13　港口作业流程图

将各功能区之间的物流关系强度分为五个等级，分别用A(超强物流强度)、E(特强物流强度)、I(较强物流强度)、O(一般物流强度)、U(无物流关系)表示。功能区物流关系等级如图5-14所示。

②非物流关系。非物流关系是指功能区除物流关系之外的其他相关关系，其影响因素包括区域作业性质相关性、区域设备共用情况和作业先后顺序等。一般划分为绝对重要(A)、特别重要(E)、重要(I)、一般重要(O)、不重要(U)、不能接近(X)六个等级，并分别赋予一定分值。功能区非物流关系等级如图5-15所示。

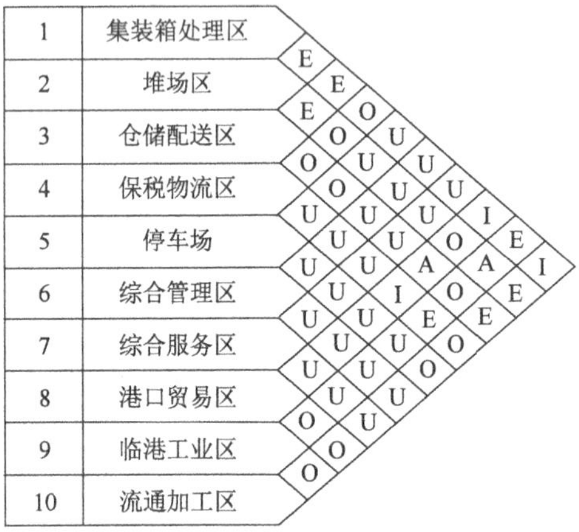

1 集装箱处理区
2 堆场区
3 仓储配送区
4 保税物流区
5 停车场
6 综合管理区
7 综合服务区
8 港口贸易区
9 临港工业区
10 流通加工区

图5-14　功能区物流关系等级图

1 集装箱处理区
2 堆场区
3 仓储配送区
4 保税物流区
5 停车场
6 综合管理区
7 综合服务区
8 港口贸易区
9 临港工业区
10 流通加工区

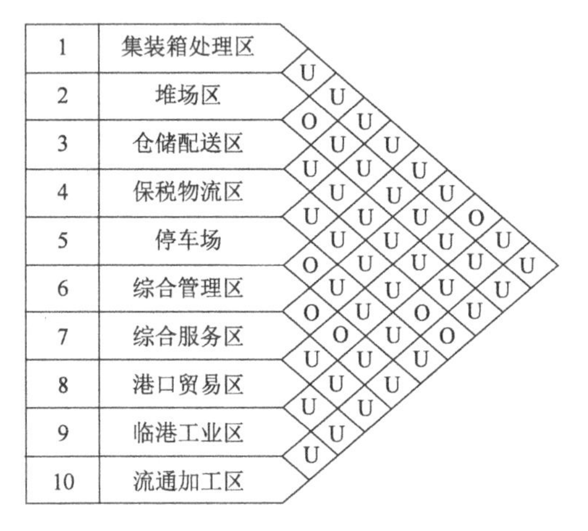

图5-15　功能区非物流关系等级图

③综合物流关系。综合物流关系是对物流关系和非物流关系的综合分析，构成综合物流关系表。通常用一定的权重将物流关系和非物流关系加权处理。功能区综合物流关系等级如图5-16所示。

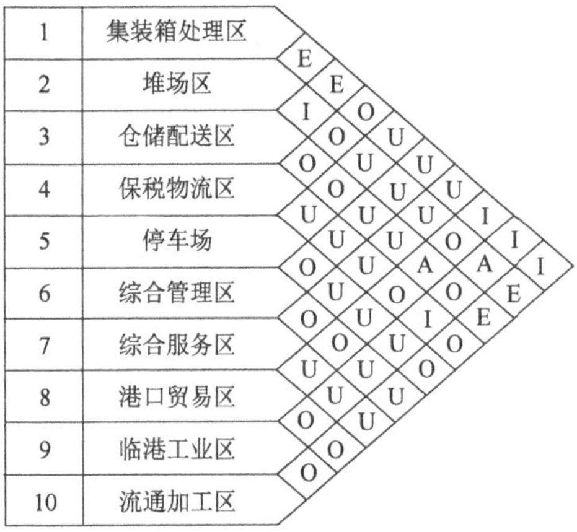

1 集装箱处理区
2 堆场区
3 仓储配送区
4 保税物流区
5 停车场
6 综合管理区
7 综合服务区
8 港口贸易区
9 临港工业区
10 流通加工区

图5-16　功能区综合物流关系等级图

(2)SLP法基本流程

①确立基本要素。从五个方面开展具体的布置设计工作，包括物流对象(P)、物流量(Q)、物流作业路线(R)、辅助服务部门(S)、物流作业技术水平(T)。

②分析物流作业流程。以物流作业流程图为依据划分物流作业，对每个阶段的货运量、作业量以及搬运次数进行统计，并针对不同物流作业划分功能区，从而得到各项物流作业物流量的大小和分布。再依据不同功能区内所包含的具体物流作业

项目对其能力进行预测。

③物流分析。物流分析是港口功能区布局的核心,主要分析物流中心的路线以及物流中心的物流量,达到运输距离最短、运营成本最低以及运行效率最高这三个目标。分析结果以物流强度等级和物流相关表展示,或者根据具体要求绘制功能区物流相关图。

④活动相关性分析。判断不同功能区之间的关联程度,还需要分析各作业单位之间的非物流关系,通过简单的加权,将物流关系和非物流关系表述为综合物流关系,列出综合物流关系表。

⑤计算功能区面积并绘制设计方案。功能区的面积同设备、辅助装置、人员以及通道等因素息息相关,计算功能区的面积并与可用面积相匹配。以综合物流关系表为依据得到功能区位置关系图,以功能区规划面积为依据,形成初步的功能区布局图。

⑥方案优化和修正。初步的布局方案需要根据其他相关因素进行优化和调整,包括产品的搬运方式、货物的储存周期等,同时还要考虑成本及人工等因素,对原始布局方案进行合理优化。

⑦选择与评价。对布局方案进行选择,并根据相关指标对其进行比较评价,确定最优布局方案。

SLP法布局规划流程如图5-17所示。

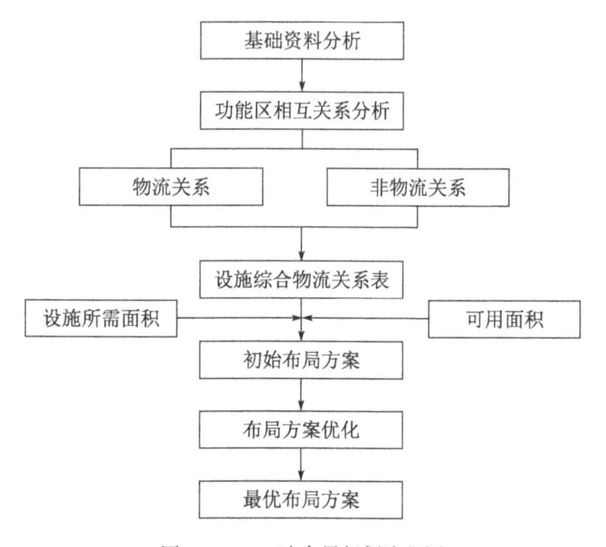

图5-17 SLP法布局规划流程图

5.4 航空运输系统规划

5.4.1 航空运输系统规划概述

航空运输系统规划是指综合考虑空域条件、地理条件、工程建设条件等限制性约束,在满足航空运输需求的基础上,确定机场选址和航线网络布局的过程,是对特定区域航空运输发展作出的全面、长远安排。航空运输系统作为综合交通运输系统中承担长距离、跨区域的高速运输的系统,其合理规划对于提高交通运输高质高效供给能力、促进我国深度融入国际发展格局具有重要作用。

(1)规划内容

①机场选址规划。机场选址规划是在综合限制性因素、风险性因素以及经济性因素的基础上,通过初选、预选、比选,确定机场建设地点的过程。规划内容主要为机场的选址布局。

②航线网络规划。航线网络规划是通过航线将枢纽节点、非枢纽节点连接起来,通过网络优化形成航线网络布局方案的过程。主要规划内容包括枢纽节点选择、航线连接方式确定、航线网络布局等。

(2)规划特点

①机场选址的限制条件繁多且严苛,选址规划需十分慎重。机场选址受空域情况、净空条件、气象条件、地形地貌、地理位置、区域交通情况、保障资源情况、工程经济情况、敏感条件等多方面复杂且严苛的因素限制,因此我国在进行机场选址时十分慎重。机场选址规划需要经过大量的调研与决策,经过初选、预选、比选各个阶段详细考虑之后才能确定。

②航线网络规划注重运输效率和效益,市场竞争激烈。航线网络是航空公司和机场开展航班计划制订、飞机排班、机组排班等工作的基础,合理的航线网络规划能够有效提高运输效率、降低运营成本,从而在激烈的市场竞争中抢占市场份额。因此,在航线网络规划的过程中,一方面需要提升航空运输提供高速、便捷的长距离运输服务的能力,合理地规划高速直达的航线;另一方面,需要考虑航线建设运营的高昂成本和直达航线需求不足的现状,充分发挥枢纽机场的高效中转功能,构建功能健全、相互协调、相互支撑的枢纽航线网络。

5.4.2 机场选址规划

5.4.2.1 选址的影响因素

根据机场选址的阶段性和影响因素的重要性,可将机场选址的诸多影响因素归纳为限制性因素、风险性因素、经济性因素三个维度,考虑限制性因素和风险性因素主要是为了保证机场选址的安全性,考虑经济性因素是为了在安全的前提下寻求经济效益最大化。

(1)限制性因素

机场选址的限制性因素是指限制机场选址的空域条件和自然地理条件。在选址阶段,需要逐一考虑各项限制性条件,获取符合所有限制性条件的初选址方案。

①空域条件。在机场选址时必须考虑周边其他机场划设的空域范围、现有航路航线、特殊空域、净空条件、气象条件等,即预选场址必须满足飞机所能运行的最低气象条件和净空条件,且机场周边的空域与其他空域无冲突或者冲突可解决。

②自然地理条件。在机场选址时必须考虑地形地貌条件、工程地质条件、水文地质条件等,以及地下管线、高压线、鸟类迁徙路线、居民区、自然保护区、历史文物保护区、自然灾害频发地段、高附加值矿藏区以及其他地面限制区域等制约机场建设的因素。

(2)风险性因素

机场选址的风险性因素是指可能对机场运行造成潜在安全风险的机场运行条件、机场保障条件等,风险性因素筛选的作用是获得潜在安全风险较小的选址方案集合。

①机场运行条件。在空域条件、净空条件、气象条件的限制区域之外,仍存在现有机场空域缓冲区、重要军事基地缓冲区、大型油库缓冲区、山脉缓冲区、自然灾害频发地段缓冲区等

风险缓冲区域。在选址时预选址与缓冲区的距离越远,则风险越低。

②机场保障条件。机场的保障条件包括供水、供电、供气、供油、通信以及地面交通的保障。机场对于水电油气等资源十分依赖,任何保障资源的供应出现中断和暂时短缺都会给机场的运营带来困难。因此,在机场选址时,必须充分考虑场址周围现有的水电油气等资源的供应情况,为机场的运营提供稳定、安全的保障。

(3)经济性因素

机场选址的经济性因素是指机场建成后所产生的经济社会效益,包括交通便利性和区域经济发展的协调性等。

①交通条件。相关的因素包括机场与城市主城区的距离,机场与公路干线、铁路干线的距离,新建机场与其他机场的距离等。在机场选址时,应考虑交通条件对机场运营的影响,从而增加机场未来的旅客量及收益。

②区域发展条件。机场与城市协调发展关系整个城市的未来,合理的空间结构关系是二者协调发展的基础。在机场选址时,应考虑城市经济发展空间格局现状和未来发展规划对机场运行的影响,选择合适的距离,为双方的发展留足空间。

5.4.2.2 选址的基本思路和主要方法

机场选址工作是涉及多个领域的复杂系统工程,涉及面广、选址周期长,这种特性导致选址工作无法通过分析或计算直接获得最优方案,绝大部分机场选址工作需要经历初选、预选、比选等多个阶段。涉及的方法包括GIS空间分析、P-中值模型等运筹学模型等。机场选址的基本思路如图5-18所示。

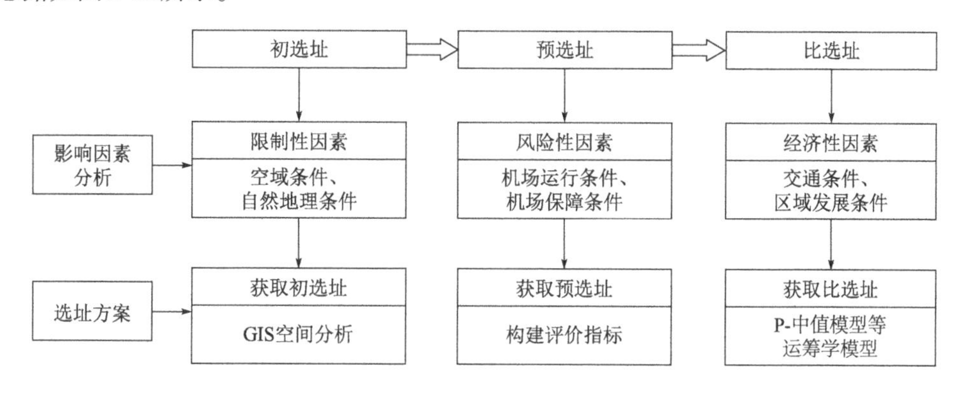

图5-18 机场选址的基本思路

(1)机场初选址

基于机场选址的限制性因素,从规划区域的行政规划图上删除空中禁飞区、危险区、限制区、山脉、河流、城区、自然保护区等严禁修建机场的限制性区域,绘制研究区域的可用空地图,获取满足所有限制性条件的区域集合,作为机场初选址方案。

(2)机场预选址

在初选址的基础上,基于机场选址的风险性因素,量化分析初选区域的风险程度,基于评价模型从初选址区域集合中筛选出N个更优的潜在风险较小的初选址方案,作为预选址方案。

预选址的关键在于评价指标的确定,该过程与机场选址的风险性因素息息相关。围绕机场运行条件和机场保障条件两大子因素，可采用能见度、云量、与风险区域的距离等量化指标对初选址的气象稳定性、风险发生可能性进行运行风险评价；采用可达性、供应条件等对初选址的交通保障稳定性、后勤保障稳定性进行保障风险评价，评价指标可参考表5-13。

机场预选址评价指标 表5-13

影响因素		相关评价指标
机场运行条件	气象稳定性	能见度不良天数、4级以上大风天数；总云量、中低云云量比例
	风险发生可能性	与邻近机场的距离、与主城区的距离、与邻近山脉的距离、周边人口密度
机场保障条件	交通保障稳定性	综合交通可达性
	后勤保障稳定性	供水条件、供油条件、供电条件、供气条件

(3)机场比选址

在筛选出N个条件较好的预选址方案的基础上，可进一步对预选址方案进行经济性分析，各预选址区域与各需求中心之间要有良好的运输距离，以节省各预选址区域与各需求中心之间地面运输时间，充分发挥航空运输的高时效性。预选址方案布局优化通常采用的方法包括多目标规划模型、P-中值模型等运筹学模型。这里主要介绍P-中值模型。

P-中值模型假设：①以市/县的行政中心来表示不同的需求中心；②各预选址区域到各需求中心的距离用欧氏距离来表示；③每个需求中心有一个预选址为其提供服务；④各需求中心与各预选址间都是可达的。该模型以使P个预选址区域到各需求中心的加权出行总距离最短为目标函数，从而在N个预选址方案中选择P个方案作为最终的选址结果。其目标函数和约束条件如下：

目标函数：预选址区域到各需求中心的加权出行总距离最短。

$$\min Q = \sum_{u \in U}\sum_{v \in V} \omega_v l_{uv} f_{uv} \tag{5-78}$$

约束条件：

①建立机场的个数：

$$\sum_{v=1}^{V} f_v = p \qquad (v \in V) \tag{5-79}$$

②每个需求中心只由一个机场提供服务：

$$\sum_{v=1}^{V} f_{uv} = 1 \qquad (u \in U,\ v \in V) \tag{5-80}$$

③只有机场被选中时，才能为需求中心u提供服务：

$$\sum_{u=1}^{U} f_{uv} \leqslant f_v \qquad (u \in U,\ v \in V) \tag{5-81}$$

④约束条件的0-1决策变量：

$$f_{uv},\ f_v \in \{0,\ 1\} \qquad (u \in U,\ v \in V) \tag{5-82}$$

式中：U——需求中心的集合，$u \in U$；

V——预选址的集合，$v \in V$；

$\omega_v l_{uv}$——从预选址v到各需求中心u的加权距离；

f_v——0-1变量，若选择在v处建机场，则值为1，否则为0；

f_{uv}——0-1变量，若机场v为需求中心u提供服务，则值为1，否则为0。

5.4.3 航线网络规划

5.4.3.1 网络布局形式

航线网络是以机场为节点，以机场和机场之间的连线为边，按照一定方式连接而成的网络形式。根据机场与机场之间的不同连接方式可以将航线网络分为城市对航线网络、甩鞭子式航线网络、枢纽航线网络。

(1)城市对航线网络

城市对航线网络也称PP航线网络，是指OD之间通过直飞方式完成旅客运输，不存在中转情况的航线网络，如图5-19所示。一般在航空公司成立初期、通航点较少的情况下采用。PP航线网络的旅客在途时间最少，可以实现旅客的快速运输，但可能会出现OD两地的旅客需求不足从而导致航空公司降低航班频率，影响旅客出行便捷性。

(2)甩鞭子式航线网络

甩鞭子式航线网络是指OD之间存在一个或多个经停点的网络结构，如图5-20所示。在PP航线网络的基础上，航空公司通过增设经停点的方式提高航班客座率，由此衍生出甩鞭子式航线网络。该类型的网络增加了OD旅客的在途时间，但是在航空公司运力一定的情况下，通过经停过站的方式方便了中间小城市的旅客出行。

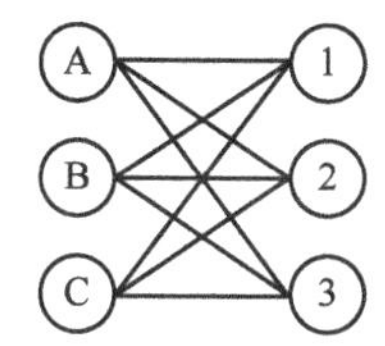

图5-19 城市对航线网络布局形式

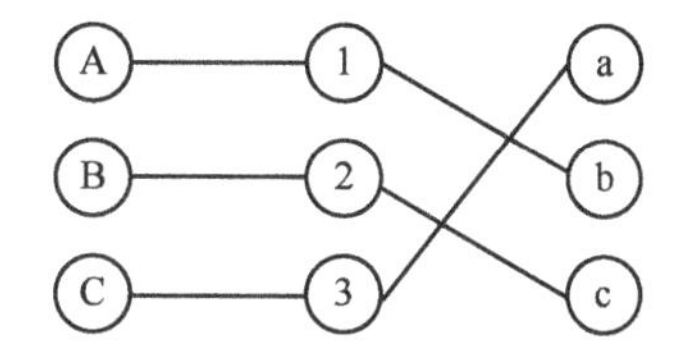

图5-20 甩鞭子式航线网络布局形式

(3)枢纽航线网络

枢纽航线网络是指把非枢纽节点的客流汇集到枢纽节点，在枢纽节点之间进行中转，再由枢纽节点将客流分散到各个非枢纽节点的一种网络连接模式。由于网络节点由枢纽节点和非枢纽节点共同构成，因此根据不同节点的连接方式，枢纽航线网络有多种形态的连接方式，也对应不同的网络规划问题。

根据非枢纽节点之间的连接方式，枢纽航线网络可划分为严格枢纽航线网络和非严格枢纽航线网络，如图5-21a)和图5-21b)所示。所谓严格枢纽航线网络，是指非枢纽节点只能通过枢纽节点进行中转，而非枢纽节点之间不可以直达运输；非严格枢纽航线网络是指非枢纽节点既能通过枢纽节点进行中转，也能与其他非枢纽节点直达运输。

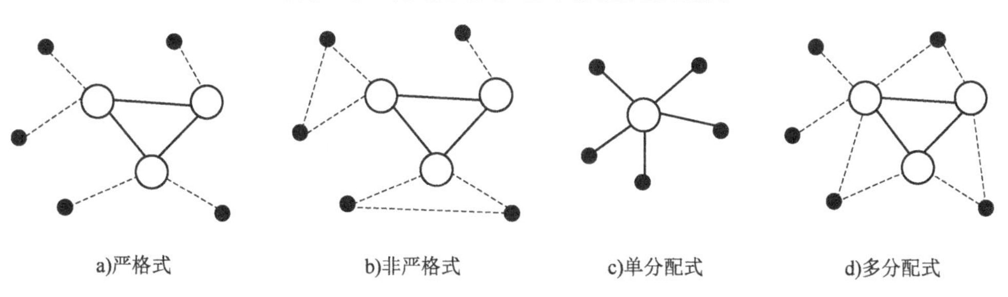

图5-21 枢纽航线网络布局形式

根据非枢纽节点和枢纽节点连接方式的不同,枢纽航线网络可划分为单分配枢纽航线网络和多分配枢纽航线网络。所谓单分配枢纽航线网络,是指一个非枢纽节点只能和唯一的一个枢纽节点相连接,如图5-21c)所示;所谓多分配枢纽航线网络,是指一个非枢纽节点可以和多个枢纽节点直接相互连接,如图5-21d)所示。

在航空业发展过程中,枢纽航线网络渐渐形成,并以其卓越的经济性及高效的资源配置能力成为航空运输航线网络规划采用的主流布局形式。在相同数量节点和枢纽的情况下,非严格、多分配的枢纽航线网络所能提供的航空运输服务更加丰富。鉴于对航线网络的运输性能和实用性的考虑,航线网络的规划问题主要集中于非严格、多分配的枢纽航线网络的规划。

5.4.3.2 基本思路

航线网络规划涉及航空公司、机场、区域政府管理者三方利益主体,三者对于航线网络规划在网络结构和规划目标上存在一定差异。其中,单一主体的航线网络规划通常以主体自身的运输成本最小为目标,构建以枢纽机场为核心的航线网络。对于区域多机场航线网络规划而言,区域政府管理者侧重于以区域多个机场的流量均衡或区域整体运输成本最低为目标,倾向于构建以所辖区域内枢纽机场为核心、沟通区域内外的航线网络。

尽管不同利益主体的航线网络结构和规划目标不尽相同,但在航线网络规划步骤上具有一定共性,主要步骤可归纳为候选枢纽节点选择和航线网络规划两大步骤,如图5-22所示。

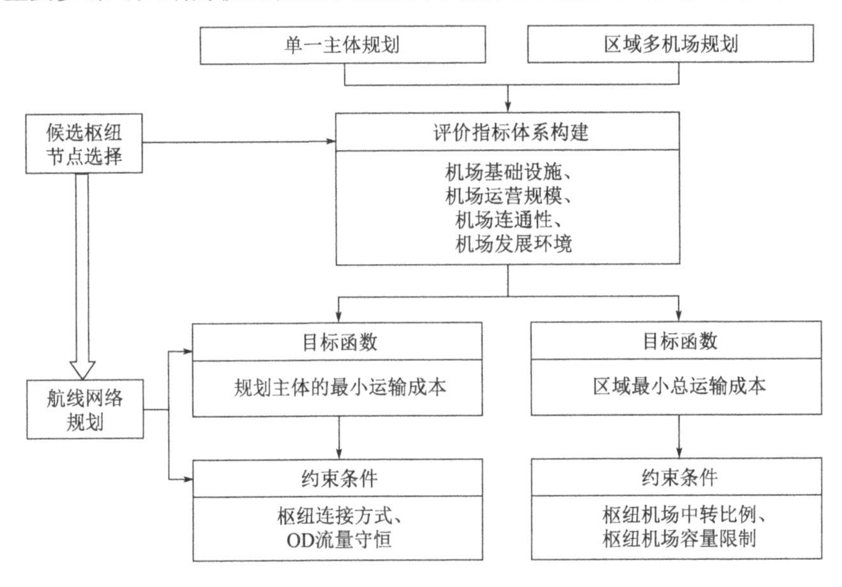

图5-22 航线网络规划框架

(1)候选枢纽节点选择

基于评价模型从备选机场中筛选出在基础设施完善性、运营规模、连通性、发展环境等方面具有竞争力的机场,作为枢纽节点的候选方案。

(2)航线网络规划

基于航空公司、机场、区域政府管理者的不同立场,确定具体枢纽节点、航线的连接方式及航线的具体走向,构建服务于不同决策者的航线网络。通常采用的规划方法包括P-枢纽中位模型、双层规划模型、随机规划等网络设计方法。

5.4.3.3 候选枢纽节点选择

航空网络规划问题涉及枢纽节点的选择、航线连接方式的选择和航线走向的规划，该问题的模型约束较多、求解过程相对复杂，因此在进行航线网络规划之前，通常需要对各个通航机场的重要性进行量化评估，选择较有竞争力的机场作为候选枢纽机场。

枢纽机场选择的关键在于评价指标体系的构建，枢纽机场评价指标体系通常从机场基础设施、机场运营规模、连通性、发展环境四个评价维度展开，根据评价维度进一步拓展评价指标，具体评价指标可参考表5-14。在实际应用中，可视客货服务类型、区域范围大小等对评价指标进行增删。

枢纽机场评价指标 表5-14

评价维度	相关评价指标
机场基础设施	航站楼面积
	机位数量
	跑道数
机场运营规模	年旅客吞吐量
	年货物吞吐量
	年起降架次
连通性	国内通航城市数
	国际及地区通航城市数
发展环境	城市人均生产总值
	城市总人口

5.4.3.4 航线网络规划分类

(1)单一主体的航线网络规划

单一主体的航线网络规划是指以单一航空公司为主体或以单一机场为主体，对枢纽节点的选择、航线连接方式的选择(直达或中转)、具体航线的走向的规划过程。对单一航空公司或机场而言，其更加关注自身的经济效益最大化，降低运输网络的总运输成本是航线网络规划的核心需求。

单一主体的航线网络规划通常采用P-枢纽中位模型及其改进模型。该模型的基本假设为：①假设网络中有N个节点，包括始发地、目的地和候选枢纽点；②一个非枢纽节点可以连接多个枢纽节点；③非枢纽节点之间既能中转运输也能直达运输；④为了易于建模，假设任意两个非枢纽节点之间最多实现两次枢纽中转；⑤枢纽节点只能从节点集合中选取。

基于上述假设，构建枢纽个数确定的、多分配的、有容量限制的以及非严格的单一主体航线网络模型如下：

目标函数：单一航空公司或机场的运输成本最小。

运输成本由起终点之间的直接运输成本和通过枢纽运输的成本组成。

$$Z=\min\left(\sum_i\sum_j W_{ij}\cdot C_{ij}\cdot X_{ij}+\sum_i\sum_j\sum_k\sum_m W_{ij}\cdot C_{ikmj}\cdot X_{ikmj}\right) \tag{5-83}$$

约束条件:

①枢纽节点的个数:

$$\sum_k y_k=P \qquad (k\in Q) \tag{5-84}$$

②非枢纽节点到另外一个节点(可以是枢纽节点,也可以是非枢纽节点)的组织方式,且两者中只能选择一个:

$$\sum_k\sum_m X_{ikmj}+X_{ij}=1 \tag{5-85}$$

③只能在枢纽节点中转:

$$\sum_m X_{ikmj}\leqslant y_k \tag{5-86}$$

$$\sum_k X_{ikmj}\leqslant y_m \tag{5-87}$$

④OD应遵循流量守恒:

$$\sum_k\sum_m X_{ikmj}=O_{ij} \tag{5-88}$$

式中:i、j——节点;

k、m——枢纽节点;

Q——候选枢纽节点集合,$Q\subseteq N$;

N——由n个节点构成的集合;

W_{ij}——从节点i到节点j的流量;

C_{ij}——从节点i到节点j的单位运输成本;

C_{ikmj}——从节点i经过枢纽节点k和枢纽节点m到达节点j的运输成本;

P——枢纽节点的个数;

y_k——0-1变量,当城市k为枢纽时,$y_k=1$,否则$y_k=0$,$y_k\in\{0,1\}$,$k=1,2,\cdots,n$;

X_{ikmj}——起点和终点之间的流量是否通过枢纽节点k或m运输,通过枢纽节点运输时$X_{ikmj}=1$,否则$X_{ikmj}=0$;

X_{ij}——起点和终点之间的流量是否是直接运输,如果非枢纽节点间存在直连,则有$X_{ij}=1$,否则$X_{ij}=0$;

O_{ij}——起点为i和终点为j的流量总和。

需要说明的是,上述模型可以进一步考虑枢纽拥堵、枢纽机场容量限制、航线网络鲁棒性、航线需求不确定性、市场竞争、航线补贴等限制性条件,对目标函数和约束条件作进一步的增删,以满足不同运营情况的单一主体航线网络规划需求。

(2)区域多机场航线网络规划

区域多机场系统也称机场群,是以协同运行和差异化发展为主要特征的多机场体系。事实上,我国各地区各机场的发展极其不均衡,存在机场资源利用失衡、航线网络布局不合理等现象。因此,政府管理者为避免所辖区域内多机场的同质化竞争,致力于引导多机场协同发展,开展区域多机场航线网络规划。

区域多机场航线网络规划模型的特点在于:首先,此模型强调机场群系统内外之间有关联,即节点和枢纽节点均进一步区分为机场群内部节点和外部节点;其次,节点的内外区分要求航线不仅需要连接系统内外的节点，还要实现区域内节点间的连接；最后，规划的目标不仅在于降低总运输费用，也在于尽可能减轻枢纽机场的负荷。

该模型的基本假设与枢纽个数确定的、多分配的、有容量限制的以及非严格的单一主体航线网络规划模型一致，此处不再赘述。基于模型特点确定的P-枢纽中位模型的目标函数和约束条件如下：

目标函数：

为了降低整个区域的旅客通过航空出行的总成本，区域多机场航线网络规划模型的目标函数为区域航线网络系统内外的直飞与中转出行的总成本最低：

$$\min Z = F_1 + F_2 + F_3 \tag{5-89}$$

①通过系统内枢纽机场中转的总出行成本：

$$F_1 = c \cdot \beta \cdot \sum_{i=1}^{M} \sum_{j=1}^{N} \sum_{m=1}^{P_1} x_{ij}^m w_{ij} (l_{im} + l_{mj}) \tag{5-90}$$

②通过系统外枢纽机场中转的总出行成本：

$$F_2 = c \cdot \beta \cdot \sum_{i=1}^{M} \sum_{j=1}^{N} \sum_{n=1}^{P_2} x_{ij}^n w_{ij} (l_{in} + l_{nj}) \tag{5-91}$$

③通过系统内外枢纽机场直飞的总出行成本：

$$F_3 = c \cdot \sum_{i=1,\ i \neq m}^{M} \sum_{j=1,\ j \neq n}^{N} x_{ij} w_{ij} l_{ij} \tag{5-92}$$

约束条件：

在满足基本假设的基础上，通过增设枢纽容量限制和中转比例约束条件，尽可能减轻枢纽机场的负担，实现区域内各机场的流量配置均衡化。

①任意系统内机场i和系统外机场j之间仅能通过一个枢纽机场中转或是直飞：

$$\sum_{m=1}^{P_1} x_{ij}^m + \sum_{n=1}^{P_2} x_{ij}^n + x_{ij} = 1 \tag{5-93}$$

②仅能在枢纽机场中转：

$$x_{ij}^m \leqslant y_m \tag{5-94}$$

$$x_{ij}^n \leqslant y_n \tag{5-95}$$

③系统内部枢纽机场i的总流量应不大于该机场的标准容量：

$$\sum_{i=1,\ i \neq m}^{M} \sum_{j=1}^{N} x_{ij}^m w_{ij} + O_m \leqslant A_m \tag{5-96}$$

④系统外部枢纽机场j的总流量应不大于该机场的标准容量：

$$\sum_{i=1}^{M} \sum_{j=1,\ j \neq n}^{N} x_{ij}^n w_{ij} + O_n \leqslant A_n \tag{5-97}$$

⑤系统内部有P_1个枢纽机场：

$$\sum_{m=1}^{M} y_m = P_1 \tag{5-98}$$

⑥系统外部有P_2个枢纽机场：

$$\sum_{n=1}^{N} y_n = P_2 \tag{5-99}$$

⑦两个节点间的距离不小于200km时才可以安排航线：

$$l_{ij} \geqslant 200 \tag{5-100}$$

⑧通过枢纽机场中转或直飞的流量比例不小于0：

$$\sum_{i,j} x_{ij}^{m} \geqslant 0; \sum_{i,j} x_{ij}^{n} \geqslant 0; x_{ij} \geqslant 0; i, m \in \{1, 2, \cdots, M\}; j, n \in \{1, 2, \cdots, N\} \tag{5-101}$$

⑨y_m、y_n是0-1变量：

$$y_m, y_n \in \{0, 1\}; m \in \{1, 2, \cdots, M\}; n \in \{1, 2, \cdots, N\} \tag{5-102}$$

式中：i——系统内机场；

M——系统内机场总数；

j——系统外机场；

N——系统外机场总数；

m——内部枢纽机场；

n——外部枢纽机场；

c——任意两个非枢纽机场之间的单位运输成本；

β——单位运输成本的折扣，若航线中存在枢纽机场，则享有折扣，$0 \leqslant \beta \leqslant 1$；

w_{ij}——系统内部机场i与外部机场j之间的总流量即OD流量需求，为便于计算，一般假设$w_{ij} = w_{ji}$；

x_{ij}——系统内机场i与系统外机场j之间直飞的流量的比例；

x_{ij}^{m}——从系统内机场i经过内部枢纽机场m中转飞往系统外机场j的流量比例；

x_{ij}^{n}——从系统内机场i经过外部枢纽机场n中转飞往系统外机场j的流量比例；

l_{ij}——城市i、j之间的距离；

l_{im}——城市i与内部枢纽机场m之间的距离；

l_{mj}——内部枢纽机场m与城市j之间的距离；

l_{in}——城市i与外部枢纽机场n之间的距离；

l_{nj}——外部枢纽机场n与城市j之间的距离；

O_m——内部枢纽机场m本地的流量；

O_n——外部枢纽机场n本地的流量。

5.5 管道运输系统规划

5.5.1 管道运输系统规划概述

管道运输系统规划是一个涉及面较广的复杂工程，是指在考虑资源勘探、地理、气候、经济、风险评估、技术、环境及法规等多方面因素的基础上，对管道和输油气站等基础设施进行的系统综合规划。管道运输是现代综合交通运输体系的一部分，需要与铁路、公路、水路等多种运输方式进行有效衔接和融合，以确保管道运输及综合交通运输系统高效、安全、经济。

(1)规划内容

基于管道系统的构成，管道运输系统规划内容主要包括长输管道、集输管道的线网布局规划，以及管道站点规划。其中长输管道线网布局规划包括长输管道的总体布局、管道线路选择和走向优化;集输管道线网布局规划包括集输管道线网的连接方式选择、集输管道线网优化;管道站点规划则指输油气站的站场选址。

(2)规划特点

①管道布局要与输送货物要求相协调。管道的运输对象极为单一,主要为石油、石油制品、天然气等大批量的流体,油气的生产、运输及消费需求是管道运输系统规划的基础。管道的发展和布局要适应石油开采、石油化工、天然气生产的发展和布局,以及炼油厂的布局。

②管道线网规划要求单一,约束条件较少。相较于公路、铁路等而言,油气长输管道是较为简单的工程构筑物,管道通道的宽度与长度的比值小,更接近于线形,单位长度工程量小,且除站点外管道多埋于地下。因此,管道规划设计过程中的约束条件相对较少,对于线形的要求相对较低,主要为平面线形的规划问题。

③基础设施布设对安全性要求极高。管道运输的货物多为易燃易爆或具有一定毒性的化学品,因此其基础设施布设对安全性要求极高。除一般的交通行业规则外,必须严格遵循《石油天然气工程设计防火规范》(GB 50183—2015)等油气行业规则规范。与铁路、公路等服务日常客货运输的方式不同,管道选线除必须避开重要军事设施、易燃易爆仓库、文物重点保护单位,以及生态环境保护区、环境敏感区等地外,也应避免对日常生产生活产生影响,应尽量绕开城区、村庄、厂区等地。

(3)影响因素

①资源与市场分布。资源与市场分布是影响管道线网布局的决定性因素。由于能源生产基地与消费市场逆向分布,管道线网应基于资源与市场分布和运输需求进行布局。

②经济性与技术可行性。在经济性方面,管道线网布局应考虑建设成本、运营成本、土地获取成本和相关配套设施的费用,以及管道的大运量、连续性、安全性和可靠性等特点;在技术可行性方面,需评估不同路径的技术可行性,包括管道的口径、运距、运输物资种类等。

③自然条件。包括地形、地貌、地质、水文、气象等,这些因素直接影响工程建设的难易程度、投资大小以及投产后的运行安全性。

④土地占用。管道线路较长、设施固定,虽单位长度占地面积较小,但管道线路总体土地占用规模仍然可观,并会对土地造成分隔。在投资合理、满足市场和地方规划等要求的前提下,管道线路的布局应尽量考虑土地利用的集约性。

⑤安全和环保要求。管道线路应尽量避开自然保护区和环境敏感区,以减少对自然生态环境的破坏,避开滑坡、崩塌、泥石流等地质灾害地段,防止水土流失。

5.5.2 长输管道线网布局规划

5.5.2.1 总体布局

油气长输管道作为长距离的线形构筑物,其线路的总体布局可抽象为平面的线形规划问题。同时其作为流体货物运输载体,线路布设需具有连续性。常用最小生成树法作为总体布局方法,过程形象直观、快速高效。

油气管道布局的目标实际上是多元的,同时受到约束条件的限制,但考虑到制定方案时,所选择的目标值要符合易计算、实用性较强等特点,因此尽可能地选择单一化的目标值,即必须在满足约束条件限制下实现成本最低,或路线最短,或消耗最小等目标。

以约束条件为满足所有用户的油气需求、目标函数为所投入成本最低为例，油气管道布局的最优化即选取需连通的城市作为节点，以管道为边、布局成本为权，形成一个带权无向完全图模型，管道布局即转化为在此图模型中寻找权值最小的生成树。优化步骤如图5-23所示。

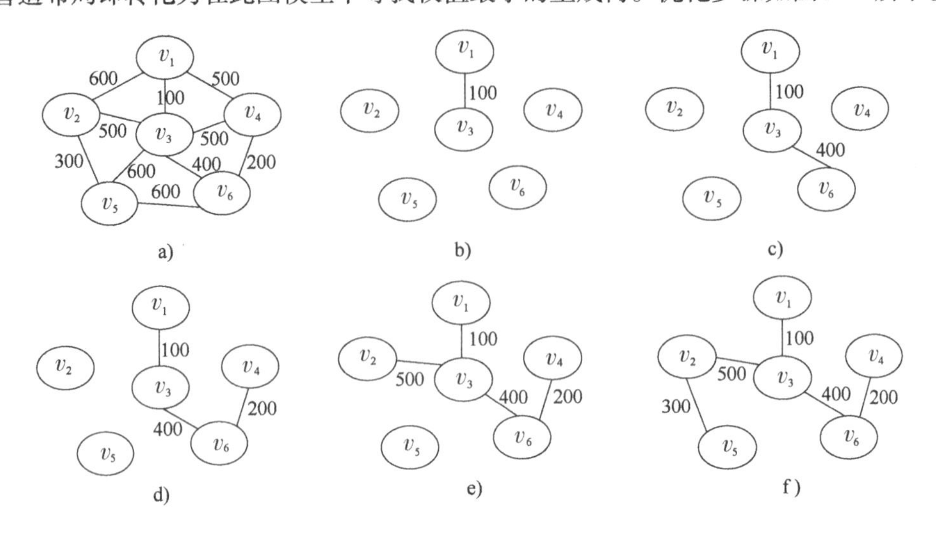

图5-23　最小生成树法过程示意图

图5-23中，顶点（城市节点）为v_i，V为所有城市节点集合，U为已连通的城市节点集合，初始状态$U=\{v_1\}$，在$V-U$[图5-23a)]中与v_1相邻的各边中找到一个权值最小的边(v_1, v_3)作为生成树上的边[图5-23b)]，同时将v_3添加到集合U中，随后，在$V-U$中寻找与v_3相邻的各边中权值最小的边(v_3, v_6)作为生成树上的边[图5-23c)]，以此类推，当$U=V$时停止，得出铺设管道的最合理路线是$v_1 \to v_3 \to v_6 \to v_4$，$v_3 \to v_2 \to v_5$。

5.5.2.2　线路选择

(1)常用方法

长输管道的总体布局方法是将问题简化为平面的路径最优问题，在高效解决问题的同时，忽略了众多实际因素。因此后续的线路选择需要在线网总体布局确定的基础上，进一步考虑风险、建设成本、自然条件等影响因素，采用一定线路优化方法，附加选线约束条件进行。

鉴于所运输货物易燃易爆及具有一定毒性的特点，管道选线规划中需要将风险作为重点分析的影响因素。因此油气管道选线过程可看作综合考虑控制事故风险、建设成本等的多目标决策过程。常采用双目标规划方法作为选线方法，对选线成本和风险进行统一的量化分析。

(2)管道分段

油气长输管道距离长、范围广，沿线地形情况、人员分布情况、气象条件差异较大，整条管道各段风险程度各异，给风险定量计算带来较大困难。因此必须对管道进行合理的分段，获取各段管道准确的风险全貌，将每段管道作为风险计算的单元。

管道分段的依据是，每一分段上的各种影响因素尽可能接近。当某点管段内外部条件发生较大变化时，应在该点插入分段点，并将分段点之后的分段视为新的分段，如图5-24所示。

油气长输管道分段的影响因素主要包括自然环境因素、社会环境因素和管道工程自身相关因素等，具体见表5-15。在管道选线过程中，可视实际情况选取几种主要因素作为划分依据。

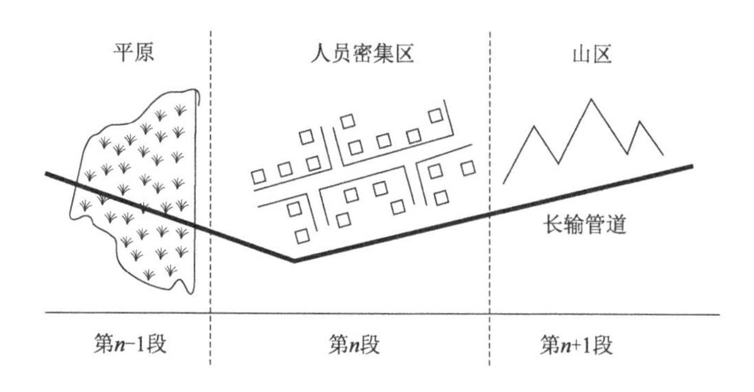

图5-24 管道分段示意图

油气长输管道分段的主要影响因素 表5-15

因素类型	主要内容
自然环境因素	土壤性质、地震烈度、气候条件、脆弱性目标分布情况等
社会环境因素	沿线人口密度、经济发达程度、人员素质情况、风险认知度、第三方破坏情况等
管道工程自身相关因素	工程设计合理性、工程建设质量、管理水平等

(3)线路选择模型

①模型构建。

采用双目标优化模型,该模型两个优化目标分别为潜在死亡人数(PLL)最小化和建设成本(CC)最小化。假设管道共被划分成T个管段,模型如下:

目标函数:

$$\min \mathrm{PLL} = \sum_{t=1}^{T} \mathrm{PLL}_t \tag{5-103}$$

$$\min \mathrm{CC} = \sum_{t=1}^{T} \mathrm{CC}_t \tag{5-104}$$

约束条件要求个人风险必须符合一定的风险容许标准,同时也将优化方案中可能涉及的村庄或建(构)筑物搬迁情况作为约束条件。

约束条件:

$$R \leqslant R_s \tag{5-105}$$

式中:PLL——一种管道路由的潜在死亡人数;

PLL_t——一种管道路由的第t个管段的潜在死亡人数;

CC——一种管道路由的建设成本;

CC_t——一种管道路由的第t个管段的建设成本;

T——一种管道路由所包含的管段数量;

R——个人风险的计算值;

R_s——个人风险容许标准。

②目标计算方法。

a. 潜在死亡人数计算。

假设某段油气长输管道A被划分为若干小段,每小段内又被划分成若干网格(假设有n个网格,由于每小段管道长度不一定相同,网格数会存在差异),则每一小段油气长输管道的潜在死亡人数PLL_t计算方法如下:

$$\mathrm{PLL}_t = \sum_{n=1}^{N} \mathrm{IR}_n \cdot D_n \cdot S_n \tag{5-106}$$

式中：PLL_t——管段t潜在死亡人数；

IR_n——第n个网格处的个人风险；

D_n——第n个网格的人口密度；

S_n——第n个网格的面积；

N——网格数量。

b. 建设成本计算。

建设成本根据管道所经过不同地形地貌地段的长度进行概算，包括管道、管沟土石方工程、管沟敷设工程等全部造价，涵盖普通敷设工程、穿越工程和跨越工程，以及建设过程中可能涉及的村庄和建(构)筑物搬迁费用。计算方法如下：

$$\mathrm{CC}_t = \sum_{m=1}^{M} C_m \cdot L_m \tag{5-107}$$

式中：CC_t——管段t的建设成本；

C_m——管段t中经过第m种地形地貌条件类型的单位建设成本；

L_m——管段t中经过第m种地形地貌条件类型的管道长度；

M——地形地貌条件类型的种数。

5.5.3 集输管道线网布局规划

油气集输管道线网是将油气田井口的产出液收集、处理、输送至中央处理站的输送系统。受地形条件、生产工艺以及油气田规模的影响，集输管道线网系统通常庞大且复杂，并在油气田地面建设投资中占很大比例。因此，集输管道线网优化是油气田开发的关键问题之一，将直接影响投资费用、输送能耗甚至生产安全。

5.5.3.1 集输管道线网连接方式

针对不同的建设环境以及成本需求，集输管道线网采用不同的布局方式。目前，油气集输管道的连接方式主要分为星状管道线网、树状管道线网、环状管道线网以及各种混合连接方式，不同方式特点见表5-16。

集输管道线网连接方式 表5-16

线网类型	图示	特点
星状管道线网	油气井 一级站点 二级站点 三级站点	油气井通过管线直接与计量站相连；具有良好的层次性和可扩展性

续上表

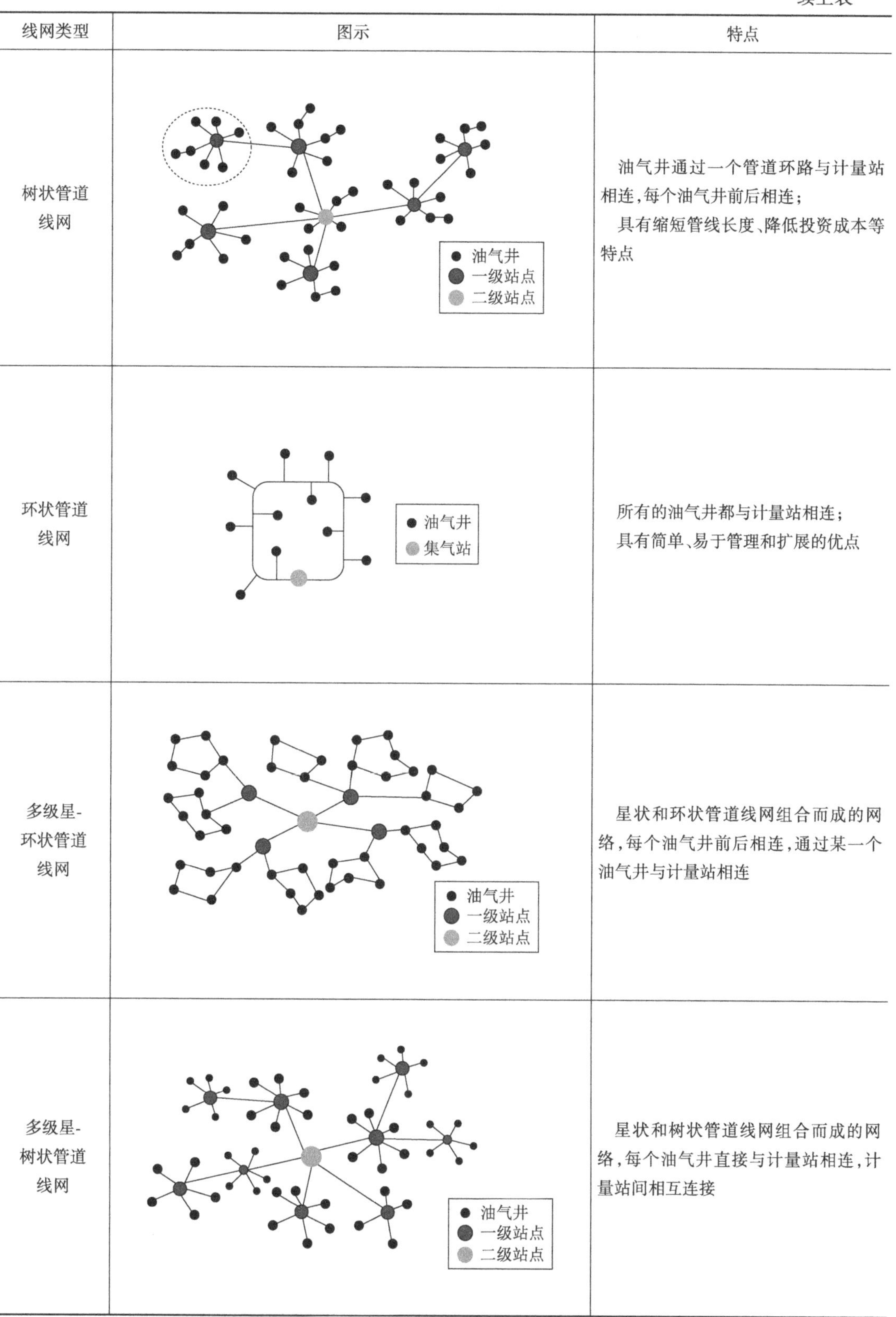

线网类型	图示	特点
树状管道线网	油气井 一级站点 二级站点	油气井通过一个管道环路与计量站相连，每个油气井前后相连； 具有缩短管线长度、降低投资成本等特点
环状管道线网	油气井 集气站	所有的油气井都与计量站相连； 具有简单、易于管理和扩展的优点
多级星-环状管道线网	油气井 一级站点 二级站点	星状和环状管道线网组合而成的网络，每个油气井前后相连，通过某一个油气井与计量站相连
多级星-树状管道线网	油气井 一级站点 二级站点	星状和树状管道线网组合而成的网络，每个油气井直接与计量站相连，计量站间相互连接

5.5.3.2 集输管道线网优化方法

不同连接方式的管道线网优化方法有所区别，其中星状管道线网是最常见的连接方式。针对多级星状集输管道线网的结构特点，以管道线网总长度最短为目标函数，以系统中节点连接关系和站点位置为优化变量，建立整体优化模型。

(1)目标函数

集输管道线网总长度f最小，即

$$f = \min \sum_{k=1}^{M} \sum_{j=1}^{m_k} \sum_{i=1}^{m_{k-1}} A_{kji} L_{kji} \tag{5-108}$$

式中：M——布站级数；

m_k——第k级站点的数量；

A_{kji}——第k级j站点与第$k-1$级i站点间的连接关系决策变量，节点连接时取值为1，不连接时取值为0；

L_{kji}——第k级j站点与第$k-1$级i站点之间管线长度。

(2)约束条件

①隶属关系约束。每个低级别站点能且只能与一个高一级别的站点具有连接关系，即

$$\sum_{j=1}^{m_k} A_{kji} = 1 \quad (i = 1, 2, \cdots, m_{k-1}; k = 1, 2, \cdots, M) \tag{5-109}$$

②处理量约束。为了保证产量分配平衡，多级星状集输管道线网的各集气站处理量在一定范围之内，即

$$Q_{kj}^{l} \leqslant \sum_{i=1}^{m_{k-1}} A_{kji} q_i \leqslant Q_{kj}^{h} \quad (j = 1, 2, \cdots, m_k; k = 1, 2, \cdots, M) \tag{5-110}$$

式中：Q_{kj}^{l}、Q_{kj}^{h}——分别为第k级j站点气体处理量的最小值、最大值；

q_i——井场i的产量。

③井式约束。多级星状集输管道线网的各集气站下辖井位在一定范围之内，即

$$N_{kj}^{l} \leqslant \sum_{i=1}^{m_{k-1}} A_{kji} \leqslant N_{kj}^{h} \quad (j = 1, 2, \cdots, m_k; k = 1, 2, \cdots, M) \tag{5-111}$$

式中：N_{kj}^{l}、N_{kj}^{h}——分别为第k级j站点下辖低级别站点数量的最小值、最大值。

④集气半径约束。多级星状集输管道线网的各级站点间距离不能超过最大集输半径，即

$$A_{kji} L_{kji} \leqslant R_k \quad (j = 1, 2, \cdots, m_k; k = 1, 2, \cdots, M) \tag{5-112}$$

式中：R_k——第k级站点的集输半径。

5.5.4 输油气站选址

5.5.4.1 输油气站间距

输油气站是管道运输的重要组成设备和环节。在管道运输过程中，通过输油气站对被输送物资进行加压等处理，克服运输过程中的摩擦阻力，使其能通过管道由始发地运到目的地。

输油气站的设置首先要协调好生产和需求的关系。输油气管道处于从生产到用户的中间环节，尤其是天然气，需要处理好均衡生产和不均衡使用之间的矛盾，主要通过管道设计压

力、输油气站间距和数量等控制。管道站间距的确定是管道工艺设计中非常重要的环节。输气管道和输油管道站间距的影响因素和计算方法有所不同。

(1)输油站间距计算方法

输油泵站间距主要由进站余压、泵站摩阻损失和站间高程差等决定。根据《石油地面工程设计手册(第四册)原油长输管道工程设计》,站间距L_p按下式计算:

$$L_p = \frac{H - (h_1 + h_2 - \Delta Z)}{i} \tag{5-113}$$

式中:H——输油泵站的扬程;

h_1——泵站内的全部摩阻损失;

h_2——进站余压;

ΔZ——两站间高程差;

i——管道的摩擦系数。

泵站内全部摩阻损失h_1包括了站内管网、加热炉、阀组等设备的摩阻损失,一般在计算中,加热炉取15~35m,管网和阀组取10~15m。进站余压是为了保证正常吸入(不发生汽蚀)或克服油罐液面高度所需要的压力。

(2)输气站间距计算方法

根据《输气管道工程设计规范》(GB 50251—2015),输气管道站间距可按下式计算:

$$L = \frac{1051^2 (p_Q^2 - p_Z^2) d^5}{q^2 \lambda Z \Delta T} \tag{5-114}$$

式中:L——站间距;

p_Q、p_Z——输气管道计算段起点、终点绝对压力;

T——输气管道内气体的平均温度;

λ——水力摩阻系数;

Δ——气体相对密度;

d——管内径;

q——输气管道设计输量;

Z——气体压缩因子。

5.5.4.2 选址基本原则

(1)满足油气运输需求

根据《长输油气管道站场布置规范》(SH/T 3169—2022),为满足原油、成品油及天然气等的输送需求,站址选择适宜位置见表5-17。

站址选择适宜位置 表5-17

类型		主要内容
原油输送	首站	宜与集中处理站、矿场油库、油库等联合选址,宜毗邻布置,其位置应根据原油管网和外输方向等因素合理确定
	末站	宜与炼油厂原油库、铁路转运库、港口原油库等联合选址,且宜毗邻布置

续上表

类型		主要内容
成品油输送	首站	应与炼油厂、港口仓储区等供应源的油库相结合，且宜毗邻布置
	末站、分输站	宜与商业油库、港口仓储区、铁路转运站等联合选址，且宜毗邻布置
天然气输送	首站	宜与液化天然气气化站、天然气净化厂等联合选址，且宜毗邻布置
	末站	宜与用户的门站联合选址，且宜毗邻布置
	分输站	宜与门站、直接用户等联合选址，且宜毗邻布置

(2)提供站场基本条件保障

为了最大限度地保障分输站场的稳定性与安全性，站址应尽量选择有利的地形及工程地质条件。站址周围道路交通尽可能可靠顺畅，通信、供电、给排水等基础设施尽可能齐全，从而确保分输站场投入使用后正常稳定运行。

(3)减少日常生产生活影响

因天然气火灾、泄漏等都可能会对周边居民造成极大的影响，所以，天然气管道分输站场一般设置在人员较少的郊区环境，而对于土地利用率比较高的区域，要采取相应技术措施，确保站场的安全运行。

(4)严格遵循规范要求

油气具有可燃性，存在一定风险。因此一定要严格按照《长输油气管道站场布置规范》(SH/T 3169—2022)、《石油天然气工程设计防火规范》(GB 50183—2015)、《石油天然气管道系统治安风险等级和安全防范要求》(GA 1166—2014)等相关规范要求合理确定分输站场位置。根据《长输油气管道站场布置规范》(SH/T 3169—2022)，站址选择需避开的区域见表5-18。

站址选择需避开的区域 表5-18

类型	主要内容
易发生自然灾害的地区	不应选在地震断层和设防烈度高于九度的地震区； 不应选在有山洪、泥石流、滑坡、流沙、溶洞等直接危害的地段
安全隐患易发生的地区	不应选在采矿陷落(错动)区界限内； 不应选在爆炸危险范围内； 不应选在尾矿和弃渣等堆场的下游
自然建设条件不良的地区	不宜选在Ⅳ级自重湿陷性黄土、新近堆积黄土、Ⅲ级膨胀土等工程地质恶劣地区； 不宜选在低洼地、沼泽和江河的泄洪区等易受洪水和内涝威胁的地带
国家生态保护区	不应选在国家法律法规划定的保护区域内

复习思考题

1. 简述铁路线网布局规划的基本思路和布局方法。
2. 简述铁路客运、货运枢纽布局的常见方法。

3. 简述公路网布局方案优化的目标函数和约束条件。
4. 简述航道网优化的主要目标、影响因素和主要模型。
5. 简述港口内部功能区布局方法。
6. 简述区域多机场航线网络规划与单一主体航线网络规划方法。
7. 简述长输管道线路选择主要影响因素和基本思路。

第6章

综合交通运输系统规划

学习目标

- 了解综合交通运输系统规划的内容和基本思路。
- 理解综合交通运输通道、综合交通运输网络、综合交通运输枢纽规划的一般流程。
- 掌握综合交通运输通道、综合交通运输网络、综合交通运输枢纽规划的常用方法。

6.1 综合交通运输系统规划概述

6.1.1 规划内容

综合交通运输系统是在社会化的运输范围内和统一的运输过程中，按照各种运输方式的技术经济特征，形成的分工协作、有机结合、布局合理、联结贯通的交通运输综合体。按照组成要素，综合交通运输系统规划内容一般包括综合交通运输通道规划、综合交通运输网络规划和综合交通运输枢纽规划三部分。

(1)综合交通运输通道规划

综合交通运输通道是区域内客货运输相对集中、流向相对一致的带状地域空间，作为综合交通运输系统的主骨架和交通资源的集中发展带,承担着区域内大运量、长距离的旅客和货物运输,由多种运输方式的骨干线路共同组成。综合交通运输通道规划是指在规划区域内,根据生产力布局、自然资源分布情况和客货运需求情况,确定通道的合理走向及资源配置,以保证有效连通主要经济中心、城市密集带和资源富集地,发挥好其对沿线经济社会的带动作用。主要内容包括综合交通运输通道布局规划和综合交通运输通道资源配置。

(2)综合交通运输网络规划

综合交通运输网络是以综合交通运输通道为主骨架、由各种运输方式的网络有机衔接配合构成的、为旅客和货物提供多种运输方式服务的网络系统。综合交通运输网络规划是指根据区域空间结构形态和客货流需求特征,结合区域经济社会发展的需要,对区域内主要的客货流集散点、客货流分布、重点的对外辐射方向及线网结构形态所进行的分层次、分方式研究,主要内容包括初步网络布局方案制定和网络布局方案优化。

(3)综合交通运输枢纽规划

综合交通运输枢纽是在多种运输方式、多条干线交会处形成的,具有多种运输方式协同作业功能的综合性设施。作为综合交通运输系统各种运输方式子网络交会和转换衔接的关键性节点,综合交通运输枢纽是实现客运“零换乘”、货运“无缝衔接”的核心,对综合交通运输网络的高效运转具有重要作用。综合交通运输枢纽规划是以各种运输方式有机衔接、保证最方便快捷的换装和换乘为目标所进行的综合交通运输枢纽布局、选址和功能区设计。主要规划内容包括综合交通运输枢纽城市布局规划、场站布局规划和场站内部功能区布局优化。

6.1.2 规划基本思路

在综合交通运输系统三大组成要素中,综合交通运输通道是综合交通运输网络的主骨架,体现了综合交通运输网络中运量集聚的方向,是综合交通运输网络运输能力的集中体现;综合交通运输枢纽作为多种运输方式和线路的交会点,必须依托于区域综合交通运输网络而存在。因此,对于综合交通运输系统规划,一般按照“综合交通运输通道规划—综合交通运输网络规划—综合交通运输枢纽规划”的思路进行,具体如图6-1所示。

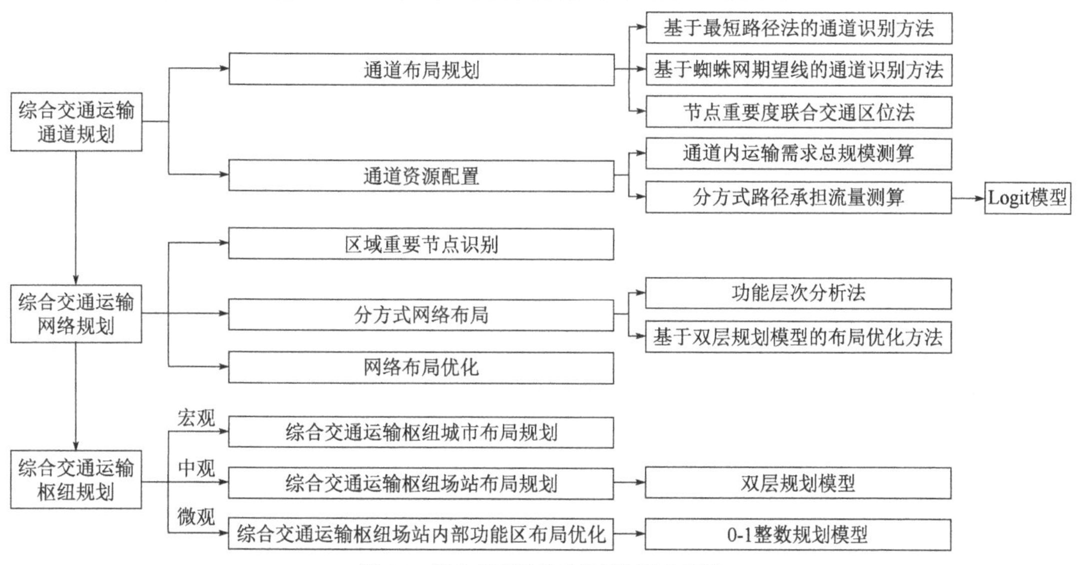

图6-1 综合交通运输系统规划基本思路

(1)综合交通运输通道规划

综合交通运输通道规划是综合交通运输系统规划的首要步骤,通过综合交通运输通道规划形成综合交通运输网络主骨架系统。综合交通运输通道规划的关键是通道整体布局和内部资源优化配置两个层面的问题,即通道如何布局及布局形成之后的内部资源如何配置问题。常用的规划方法主要包括基于最短路径法和蜘蛛网期望线的通道识别方法、节点重要度联合交通区位法和基于Logit模型的通道资源配置方法等。

(2)综合交通运输网络规划

在构建综合交通运输网络主骨架系统之后,综合交通运输网络规划的目标是进一步优化网络布局结构,实现综合交通运输网络整体的结构优化。常用的布局方法主要包括功能层次分析法、基于双层规划模型的布局优化方法等。

(3)综合交通运输枢纽规划

综合交通运输枢纽规划是在综合交通运输网络规划的基础上形成的,根据研究层次,综合交通运输枢纽规划可分为宏观、中观、微观三个层面。其中,宏观层面主要研究综合交通运输枢纽城市布局规划,中观层面侧重于综合交通运输枢纽场站布局规划,微观层面则为综合交通运输枢纽场站内部功能区布局优化。常用的布局方法主要包括双层规划模型、0-1整数规划模型。

6.2 综合交通运输通道规划

6.2.1 综合交通运输通道概述

(1)综合交通运输通道的概念

综合交通运输通道(以下简称综合运输通道)是指在区域中客货运输相对集中、流向相对一致的带状地域空间,由两种以上运输方式/线路组成的交通运输基础设施的密集带。它具有方向性,有一定的规模和能力,并且具有特定的结构类型。对于综合运输通道的概念,可以从以下几方面理解:

①综合运输通道是一个运输地带,并非一条运输线路,它担负着重要且大量的客货运输任务;

②综合运输通道是连接客货流发源地与目的地的客货流密集地带,具有较强的吸引力;

③综合运输通道一般由平行的多种运输方式的运输线路相互补充,共同提供强大的交通运输服务能力;

④综合运输通道是一个高度集成化的运输系统,由内部构成要素和外部环境要素两部分组成。其中,内部构成要素包括交通节点、运输线路、运输方式、客货流,外部环境要素包括社会、经济、自然、地理、地质等条件。

(2)综合运输通道的特征

作为"运输集中廊道",综合运输通道以30%的线网规模承担了我国70%的运输周转量,其特征主要包括以下四点:

①功能强度的客货流集聚特征。综合运输通道作为综合交通运输网络的主骨架,线路集

中且覆盖区域内经济社会重要节点,客货流高度集中,通道内的平均客货流密度往往高出综合交通运输网络的平均客货流密度数倍。

②空间形态的线性集合特征。综合运输通道内的两种及以上运输方式涉及多条线路,具有空间线性一致性结构,起讫点、连通覆盖节点和走向基本一致。

③空间布局与沿线开发格局一致性特征。综合运输通道作为交通基础设施的集中带,一般覆盖经济社会和交通运输重要节点,其布局往往与沿线的经济社会和国土空间开发格局高度一致。

④内外部系统的多维度耦合关系复杂性特征。就内部而言,综合运输通道内部方式径路复杂,各运输方式、径路间竞合关系复杂,通道内点、线设施之间的协调关系复杂;就内外而言,通道内点、线设施与城镇、产业、国土空间之间的互动关系复杂,在不同技术装备和经济社会环境下,综合运输通道的发展要求往往呈现出较大差异。

(3)综合运输通道的类型

根据不同的参考体系,综合运输通道可分为不同的类型。

①按照起讫点的层级划分。根据起讫点的层级,综合运输通道可分为国际(跨国家)、国家(跨省)、省级(跨市)、市级(市内跨城区或组团)四类,不同起讫点层级的综合运输通道的特征、主要功能和实例见表6-1。

不同起讫点层级的综合运输通道类型 表6-1

层次	起讫点层级	特征/功能作用	实例
国际	国家	包含海上、陆上、空中和陆海等多种方式的国际综合运输通道,是跨国要素流动的核心载体,国际交流的基础	中巴陆路国际运输通道
国家	省区	服务于国家层面远距离跨区域的客货流和交通流,建立全国范围内各主要经济区或城市群的高效快速联系	京津冀至长三角主轴
省级	城市	省内经济联系和主要客货流运输的运输通道,促进省内更为紧密的分工与协作	穗莞深通道
市级	城区/组团	城市大动脉,建立城市内主城与组团以及组团之间的高效快速联系	深圳沿海通道

②按照集聚客货流的主要类型划分。按照集聚客货流的主要类型,综合运输通道分为客运通道、货运通道、客货兼顾通道,其中货运通道又可细分为集装箱、煤炭、矿石、油品、粮食等重点物资运输通道。一般来说,综合运输通道客货兼顾,只是对于不同类别的综合运输通道,客运或货运功能中的其一可能更为突出。例如,京津通道、沪杭通道的客运功能较为突出,西部陆海新通道则是以集装箱多式联运为重点的物流大通道。

③按照运输方式的构成划分。按照运输方式的构成,综合运输通道可分为综合型运输通道和单一方式的运输通道。其中,综合型运输通道由多种运输方式组成,各种运输方式需要在通道内合理分工和协作。单一方式的运输通道则由单一的运输方式组成,但该运输方式在通道内有时会有两条或两条以上的运输线路,该情况一般在综合运输通道发展初期或受限于地理条件等因素时出现。

(4)综合运输通道的线路结构

综合运输通道由多种运输方式的多条线路组成,线路结构是指各运输方式交通线路在空间上的组合形态和基本连接方式。依据基本的连接方式,可将综合运输通道的线路结构划分为串联结构、混联结构和并联结构。

①串联结构。各线路首尾相连,将通道内的节点逐个顺次连接起来,线路无分岔和平行,如图6-2所示。串联结构多形成于综合运输通道的发展初期,通道起讫点之间的运输量不大,主要为单一交通方式运输,因此该种结构的运输通道可靠性较低。

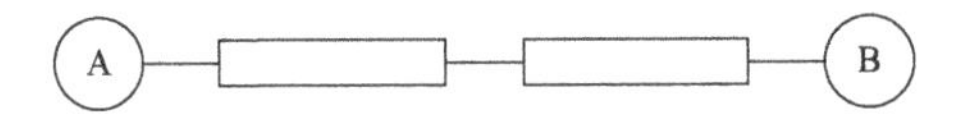

图6-2 串联结构的运输通道

②混联结构。混联结构是串联结构和并联结构的混合,由两种结构在通道内的节点相连而形成,如图6-3所示。混联结构是介于串联结构和并联结构之间的中间状态,形成于综合运输通道发展的中级阶段。随着通道起讫点之间客货运输量的增加,单一线路和单一交通方式难以满足运输需求,通道内客货运输量相对较大、发展程度相对成熟的部分节点之间逐渐促成了平行线路和多种运输方式的产生,此时串联结构和并联结构在运输通道内并存,从而形成混联结构。

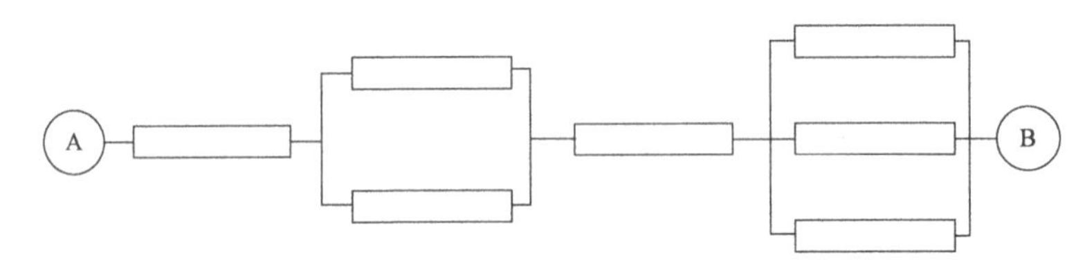

图6-3 混联结构的运输通道

③并联结构。各条线路分别直接连接通道内的节点,线路之间呈并列关系,如图6-4所示。并联结构是在混联结构的基础上发展起来的,在综合运输通道发展的成熟阶段,综合运输开始引进,多种运输线路逐渐形成,通道起讫点之间的交通运输量是由相互并行的、多种运输方式构成的交通线路承担的,同时平行线路之间也有联系。其主要特点是含有多种运输方式,线路间彼此平行,并可以组合完成运输。

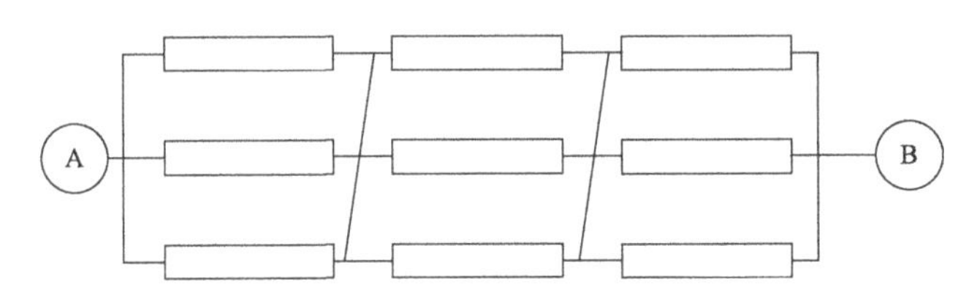

图6-4 并联结构的运输通道

(5)综合运输通道的形成机理

综合运输通道是区域综合交通运输系统与所在地域实体相互作用的产物,其形成和发展是"与区域经济社会环境耦合协调发展"的外部发展机制与"综合运输通道内各运输方式竞争与协作"的内部发展机制复合作用的结果。

①综合运输通道与外部环境的作用机理。区域综合交通运输系统与经济社会环境的耦合关系是区域综合运输通道发展的基础。从区域综合交通运输系统与经济社会环境的发展关系来看,综合运输通道与经济社会发展环境密切相关。一方面,综合运输通道是区域经济社会快速发展的重要支撑动力,也是联系各城市协同发展的纽带,不但可以缩短城市间的时

空距离、产生同城效应、加快区域一体化进程,还可以优化区域产业结构,整合稀缺资源,增强沿线区域在经济产业领域的凝聚力、竞争力、影响力。另一方面,经济社会环境对综合运输通道的发展具有十分重要的促进作用。经济水平的提高和要素频繁流动,不仅相应增加了客货运输需求,提出了更高的通道运输质量要求,还提供了通道建设资金投入的保障,通道能力由此得到进一步的提升与加强。

②综合运输通道与内部要素的作用机理。综合运输通道内各运输方式之间的竞争与合作是区域综合运输通道发展的主要内因。区域综合运输通道由多种运输方式构成,各种运输方式之间既有竞争又有合作。竞争机制源于运输市场的趋同性,能够促使各运输方式不断提高自身的运输质量及与环境的协调性,加快自身的发展与进步;而合作机制源于运输方式的多样性,能够满足不同运输需求,保障运输市场的多样化,实现功能互补,有助于构筑多模式的综合运输通道。综合运输通道内各运输方式间竞争与合作的相互作用关系是区域综合运输通道的内部发展动力,促进着综合运输通道的发展和演变。

(6)综合运输通道的外延功能

综合运输通道不仅具备交通、客货流集聚与辐射、引导生产要素流动、国防等基本功能,还在满足和促进地域系统发展的同时,衍生出一系列的外延功能。

①基础设施发展。为满足各类运输工具的畅通运行,区域综合运输通道内布设有多种运输方式的大致平行的呈线性分布的交通基础设施。同时,为满足通道本身及沿线区域经济需求,通道内还布设有大量的电力、通信等基础设施。这些基础设施激发和推动着“带状经济”的发展,其线路走向决定了“带状经济”的空间分布范围和形态;其支撑能力和联系能力决定了“带状经济”内部及对外联系的能力、强度;其空间组合状况决定了“带状经济”的空间结构和组织结构。

②城镇化发展轴线。运输通道在城市带(群)的形成过程中起到了极其重要的作用。由于运输通道周围具有较强的区位优势,生产要素也逐渐聚集到通道周围。随着走廊及其附近城市实力的不断增强,运输通道辐射及吸引范围不断扩展,运输通道会逐渐扩展自己的支线,支线又扩展次级支线,将上级经济中心与次级优势点连接起来。经过发展,原有支线成为通道,其他线路逐级发展,形成区域城镇群。

③产业-经济走廊。由于交通线的吸引力特性,干线与支线相交时,支线上距离干线越近的点具有越高的工业区位。人口、资金、技术、资源等各类生产要素向干线上的点聚集,形成新的经济增长点;干线沿线其他待开发地区将逐渐成为新的经济增长点,向周围地区梯度扩展、由点及片。等发展到一定程度,干线周围地区内部差异逐渐缩小,经济状态趋于稳定,经济规模和发展水平明显高于周边地区,此类地区称为产业-经济走廊。

(7)综合运输通道的发展趋势

改革开放以来,我国综合运输通道逐步形成和发展,在支撑引领产业布局、国土城镇开发、外向型经济发展等方面发挥了重要作用,基本形成了“6轴7廊8通道”的国家综合运输通道格局。随着经济社会进入新发展阶段,综合运输通道呈现以下发展趋势:

①通道体系趋于网络化、集约化,其骨干作用将更加显著。随着经济社会和区域一体化的发展,综合运输通道加速区域间人流和物流流动、促进城市功能演变的作用将更加明显,在综合交通运输系统中的骨干作用将更加显著,综合运输通道体系由原先的走廊状向网络化、层次化方向发展。同时,面临着交通网络规模边际效益递减、设施建设投资成本大幅攀升、资

源集约利用和低碳环保要求更高、与城镇体系融合联动更紧密等要求和挑战，综合运输通道集约化趋势将越发明显。

②通道内部结构趋于复杂化，运输能力趋于大型化。随着区域间高速铁路、城际铁路、高速公路等干线交通设施的建设和完善，综合运输通道内的主干线路类型将逐渐增多，通道结构将变得更加复杂。同时，多层次轨道交通网和多车道高速公路的建设，将使通道的运输能力大大提高。

③通道路径趋于直线化。两点之间直线距离最短，当运输线路是直线时，才能使运输成本最小、运输时间最少。随着技术发展，自然地理等通道建设屏障的制约作用将不断减弱，综合运输通道路径将向直线化方向演变。

④通道建设向复合利用和协调管控方向发展。随着综合交通运输系统由能力驱动向效率、品质驱动转变，综合运输通道将由规模优先向质的有效提升和量的合理增长方向发展。一方面，对于繁忙的综合运输通道，将通过探索采用高架+地面复合断面结构，开展不同方式、不同路径、不同速度和功能的线路通道断面优化，促进通道能力提升；另一方面，将推进通道内多方式、多路径的协同管控建设，通过构建统一的交通基础设施规划基础信息系统，推进综合运输通道统筹融合、高质量发展。

6.2.2 综合交通运输通道布局规划

综合运输通道是综合运输网络的主骨架和运输大动脉，在资源有限的前提下，合理布局综合运输通道对于保障区域交通运输资源最大化利用，推动既定交通运输功能实现，支撑经济社会快速发展至关重要。常用的综合运输通道识别方法主要有定量识别和定性识别两大类，前者主要是通过分析区域内各节点城市间的运输量，找出运输量集中的走廊作为综合运输通道；后者则是通过综合区域内的节点重要度和可行的交通区位线，共同确定综合运输通道布局。本书主要对基于最短路径法和蜘蛛网期望线的定量识别方法，以及基于节点重要度联合交通区位法的定性识别方法进行介绍。

(1)基于最短路径法的综合运输通道识别方法

在区域内综合运输需求分布已知的情况下，区域内各节点城市间运输量集中的路段是最为可能构成综合运输通道的路段。因此，综合运输通道的识别可以看成区域综合运输需求在路网中的运输量分配问题，可通过最短路径法等分配方法进行识别。

最短路径法分配模型的基本假设是：一对OD间的所有运输量全部被分配到连接两个交通小区的最短路径上，其他道路不分配交通量，对各交通小区均按此原则进行两两分配，最后累计得出各路段的总交通量。

基于最短路径法的综合运输通道识别步骤如下：

①根据规划年预测的区域内各节点城市间的客货运输需求，整理形成OD运输需求矩阵；

②以运输距离或运输时间为路权，将规划年区域OD运输需求矩阵，采用最短路径法分配至规划年路网上，得到路网流量分配图；

③集计综合运输需求集中的路段，将其所在的走廊选取为综合运输通道。

(2)基于蜘蛛网期望线的综合运输通道识别方法

期望线是连接节点城市(交通小区)重心的直线，反映人们期望的各节点城市(交通小区)间的最短距离，它的宽度表示运输量的多少。但出行期望线数量巨大且杂乱无章，不直观，给分析带来一定困难。在此背景下，蜘蛛网期望线法将各节点城市（交通小区）以虚拟空间网络连接，通过将各节点城市（交通小区）间的运输需求分配至虚拟出行路径上，可以较为直观地反映运输主需求流向。

不同于基于最短路径法的综合运输通道识别方法是将运输需求分配至真实的运输线路上，蜘蛛网期望线法不受运输线路的约束，是将运输需求分配到连接各节点城市的虚拟空间网络（即蜘蛛网）上。对于由多种运输线路构成、不需要完全沿道路布设的综合运输通道而言，该方法更能综合反映综合运输需求分布格局，实现综合运输通道的便捷识别。

（3）基于节点重要度联合交通区位法的综合运输通道布局方法

区域综合运输通道依托于一定的地域实体，位于经济发达、人口密集、城市分布集中的经济走廊，能够实现客货流高效移动，其布局规划应首先考虑区域经济社会发展现状，确定需要优先保证通道连通的运输需求节点。该过程常用的方法为节点重要度法。

同时，区域综合运输通道布局规划是一种长期规划，布局过程中不仅需要考虑区域经济社会发展等促进因素，也需要考虑区域内可能存在的约束类因素，如山脉、水系等。该过程常用的方法为交通区位法。

因此，基于节点重要度联合交通区位法的综合运输通道布局方法综合了节点重要度法和交通区位法，其布局的基本思路如下：

①节点选择及分层。对研究区域内重要的运输集散点进行分析，选择区域内交通节点作为备选节点；根据综合运输通道布局目标，选取密切相关的评价指标，采用组合熵权法，计算交通节点的重要度；通过主成分分析法、动态聚类法等方法，对所有交通节点进行层次划分。

②交通区位线分析。从交通区位的角度出发，进行城市带分析、产业带分析、地形分析等，找出区域内主要的交通区位线。

③区位线重要度计算。根据节点分层和重要度评价值，综合计算备选交通区位线重要度，对区位线进行充分的分析、论证和比较，对于相近或者功能相似的区位线进一步分析，找出更优的区位线方案。

④备选方案调整优化。结合区域的政策、战略、交通规划等，对已经形成的备选方案进行调整和优化，使得最终的综合运输通道布局方案符合区域发展战略及实际情况。

基于节点重要度联合交通区位法的综合运输通道布局具体思路如图6-5所示。

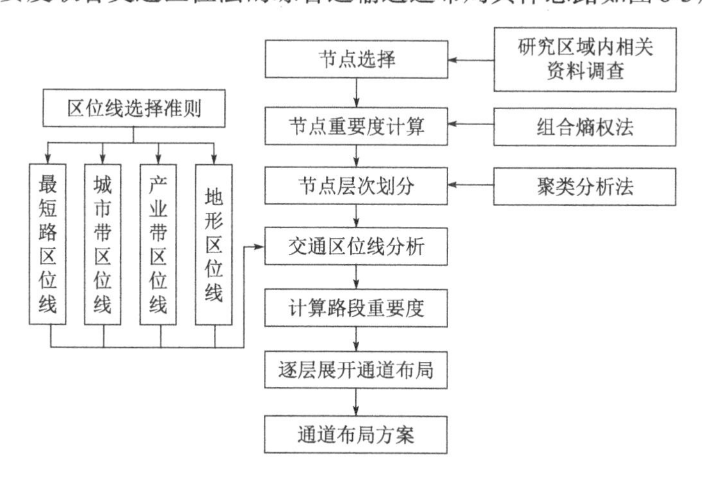

图6-5　基于节点重要度联合交通区位法的综合运输通道布局思路

6.2.3 综合交通运输通道资源配置

综合运输通道资源配置是指在对现有资源进行合理利用的前提下，综合考虑通道沿线交通需求和产业发展情况，合理配置通道内运输方式和技术标准，使得通道资源得以优化利用。常用的通道资源配置方法分为系统优化和系统规划两大类。

其中，系统优化方法以通道整体经济社会效益的最大化为目标函数，以通道通过能力和资金预算等为约束条件，建立多目标优化模型，解决不同运输需求OD对间的运输方式协调与优化问题。该方法以通道运输需求为基础，直接求出最优布置方案，易于理解，但需要各运输方式的完整运输需求，优化目标复杂、约束众多，往往难以实现。而系统规划方法则是根据通道运输需求与结构特征，考虑不同的侧重点形成多种可行的通道资源配置备选方案集。相对于系统优化方法，系统规划方法是对配置方案进行优化，更容易求出相对最优解。因此，本书主要对综合运输通道资源配置系统规划方法进行介绍。

综合运输通道资源配置系统规划方法的基本思路如下：

（1）通道内运输需求总规模测算

根据对沿线经济社会及交通发展趋势的分析，对通道内运输总需求进行预测，以此作为资源配置的基础。常用方法包括趋势分析、经验法和调查法。其中，趋势分析是通过对沿线经济社会及交通发展趋势的观察和分析，预测未来通道内运输总需求；经验法是基于历史数据和经验知识，通过对通道内历史运输需求的分析，推断未来需求趋势；调查法则是通过实地调查和问卷调查等方式，直接获取通道内运输需求的相关数据。

（2）各方式、路径承担流量测算

选用Logit模型或其改进形式的各种模型，通过技术经济比较基础上的综合分析，分别测算通道内公路、铁路、航空、水路等运输方式，以及各运输路径的合理分担比例和运输量，具体方法如下：

①调查数据分析。通过调查旅客/货物运输选择和意愿/需求，获取客运、货运对于各运输方式/运输路径的选择数据。

②效用函数建模。在考虑不同运输方式的技术经济特征的基础上，将客运出行者的性别、年龄等个人因素，货运物品的品类、性质、价值等特性因素，以及运输方式的时间、费用等客观因素作为特性变量，构建每种运输方式或组合出行方式的效用函数。考虑到客货运需求特征的不同，客运和货运效用函数的表达方式一般不同。

对于旅客i而言，多方式出行方案的效用函数可以用如下形式表示：

$$V_i = \theta_1 + \theta_2 X_{i1} + \theta_3 X_{i2} + \theta_4 X_{i3} \tag{6-1}$$

式中：V_i——旅客i选择的多方式出行方案的效用；

X_{i1}——旅客i选择某种出行方式或组合出行方式的票价及换乘衔接费用；

X_{i2}——旅客i选择某种出行方式或组合出行方式的在途时间和换乘时间；

X_{i3}——旅客i选择某种出行方式或组合出行方式的舒适性等其他属性；

$\theta_1 \sim \theta_4$——待标定的参数。

对于货物j而言，单一方式或多方式联合运输方案的效用函数可以用如下形式表示：

$$V_j = \theta_5 + \theta_6 X_{j1} + \theta_7 X_{j2} + \theta_8 X_{j3} \tag{6-2}$$

式中：V_j——货物j选择单一方式或多方式联合运输方案的效用；

X_{j1}——货物j选择单一方式或联合运输方式的运价及中转费用；

X_{j2}——货物j选择单一方式或联合运输方式的在途时间和中转时间；

X_{j3}——货物j选择单一方式或联合运输方式的安全性、损耗风险等其他属性；

$\theta_5 \sim \theta_8$——待标定的参数。

③模型参数标定和统计检验。对相关参数进行标定，并通过模型选取的特性变量重要性、优度比以及模型命中率三个指标检验模型的有效性。

④运输通道方式划分预测。基于现状通道内客货运输特征分析和建模，对未来年通道特征进行基本假设的前提下，根据模型标定的每种出行方式的效用，采用多元Logit模型对运输通道进行划分，得到每种方式的分担比例。在得到预测结果后，根据通道内运输需求总量，确定分方式、分路径的流量，形成初步的综合运输通道资源配置方案。

6.3 综合交通运输网络规划

6.3.1 综合交通运输网络概述

(1)综合交通运输网络的概念

综合交通运输网络(以下简称综合运输网络)是以综合运输通道为主骨架，由各种运输方式有机衔接配合构成的，为乘客和货物提供多种运输服务的网络系统。它具有一定的组合结构与等级层次，是交通运输生产力在地域上组合的具体体现。

对于综合运输网络的概念，可以从以下几方面理解：

①综合运输网络的节点是两条或两条以上线路的连接点、交会点或一条线路的端点，如火车站、汽车站、机场、港口等，作为运输的起点、中转点或终点，供旅客乘降和货物装卸。

②综合运输网络的边是交通运输网络中各种交通运输方式相邻节点之间连接的运输通道，包括有形的铁路、公路、航道、管道或无形的航路等，供载运工具在其上运行。

③综合运输网络通常涉及公路运输、铁路运输、水路运输、航空运输等多种运输方式的综合利用，能够提高运输效率和资源利用率。

④综合运输网络并不仅仅是各种运输方式网络的简单叠加，而应该是各方式网络的综合优化利用，包括网络空间布局、网络层次结构和网络相互协调的优化等。

(2)综合运输网络的特征

①网络等级具有空间层次性。综合运输网络可分为全国、城市群及省市等多种层次地域空间下的网络。它们的区别不仅表现在各自所覆盖的地域范围的大小，而且反映在设施规模、结构特点和技术装备水平等方面的明显差别，并以此来适应不同层次地域经济体系的发展对交通运输所提出的种种需要。

②网络结构与区域发展相协调。综合运输网络作为区域对外和内部各地间经济社会联动协作的重要支撑，其分布格局大体与其所在区域的对外运输联系及区域内各地间运输联系的总格局相似，并能够促进形成以核心城市为中心、辐射周边地区、带动沿线发展的空间布局模式。

③具有优化资源配置的功效。综合运输网络通过立足全局视角，将不同地区和城市以高运输效率、低运输成本的方式连接起来，能够促进人才、资源等要素的有序流动，实现不同节点、通

道、运输方式的运输资源配置优化,对于提高资源配置效率、加速市场整合等具有重要意义。

(3)综合运输网络的类型

根据不同的参考体系,综合运输网络可分为不同的类型。

①按照综合运输网络的空间层次划分。根据空间层次,综合运输网络可分为国际综合运输网络、国家综合运输网络、城市群综合运输网络和区域综合运输网络,各层次综合运输网络的连接节点及连接方式见表6-2。

综合运输网络按不同空间层次划分　表6-2

基本分类	连接节点	连接方式
国际综合运输网络	不同国家和地区	国际公路运输、铁路联运、跨国水路运输、国际航空运输等
国家综合运输网络	国家各大经济区	国家级公路运输、铁路运输、内河水路运输、航空运输等
城市群综合运输网络	城市群内主要城市	城际铁路运输、高速公路运输、普速铁路运输等
区域综合运输网络	区域内主要城市	快速铁路运输、高速公路运输、一般干线公路运输等

②按照综合运输网络的运输方式构成划分。由于受到地区自然地理条件的制约,不同区域会选择不同的运输方式为主导,使得不同地区的内部和地区间的运输联系布局及运输方式发展存在较大差异。例如内陆地区运输主要依靠铁路、公路等陆上运输方式;沿江沿海地区则可以形成铁路、公路陆上运输和海运、河运等兼具的运输网络。因此,我国各地区综合运输网络按运输方式构成可分为:铁路运输占主导地位的运输网络、水路运输具有突出地位的运输网络和以公路运输为主体的运输网络。

铁路运输占主导地位的运输网络集中分布于我国东北和华北一带,该区域的铁路线密度约为全国平均值的2~9倍。该区域水路运输不发达地区,则形成以铁路运输为主、公路运输为辅的“铁路-公路”组合;该区域水路运输条件较好地区,则形成“铁路-水路-公路”组合。

水路运输具有突出地位的运输网络集中分布于我国东南沿海和长江中下游一带,该区域内河航道密度为全国平均值的3~40倍。该运输网络所在区域通常具备优越的水路运输发展条件,主要通过水路干线和铁路干线共同形成沟通区域内外的重要通道。具体可细分为“水路-铁路-公路”组合和“水路-公路-铁路”组合。

以公路运输为主体的运输网络集中分布于我国广大西北和西南地区以及海南省。该运输网络所在区域通常因为铁路、水路运输网络尚未建设或欠发达,公路运输处于绝对的主导地位。具体可细分为“公路-水路(铁路)-铁路(水路)”“公路-铁路”和“公路”三个小类。

(4)综合运输网络的发展趋势

随着综合运输网络基础设施的不断完善、各类先进技术在交通运输领域的推广应用,综合运输网络的未来发展趋势整体呈现智能化、集约化、分工协同化、布局协调化等。

①智能化和数字化发展。随着物联网、大数据分析、人工智能等技术的应用,运输设施和运输工具能够实时收集、传输和分析数据,海量运输数据能够帮助预测交通流量、优化网络布局、进行智能运输调度等,实现综合运输网络的高效管控。

②绿色化和集约化发展。普及和使用新能源运输工具,降低交通运输对化石燃料的依赖程度已是大势所趋;此外,多式联运与共享经济等高效运输模式,将大大提高综合运输网络资源的集约程度,推动运输网络向可持续的方向发展。

③运输方式分工协同化。随着各种运输方式的快速发展和旅客、货物对运输服务水平要

求的不断提升,各种运输方式的分工协作既具备基础设施的可行性又具备发展需求的必要性,需要以合理的功能分工和完善的一体衔接,发挥各种运输方式的比较优势,共同构建网络层次清晰、功能定位合理、衔接一体高效的综合运输网络体系。

④运输网络布局协调化。在加强干线网络建设的同时,更加注重支线、次干线网络的建设,实现干支协调和区域协调的网络布局,以形成层次合理的网络系统,满足各类地区的发展需求,促进社会公平、均衡发展。

6.3.2 综合交通运输网络布局规划

6.3.2.1 规划内容

综合运输网络规划是指从区域发展战略出发,综合考虑区域、城市等多层次地域空间的发展规划,分层次、分方式地构建一体化协调发展的综合运输网络的过程。合理的综合运输网络布局是实现综合交通运输体系真正优化的基础性、先决性、关键性条件。规划的主要内容包括节点选择及分层,分层次、分方式网络布局和综合运输网络布局优化。

(1)节点选择及分层

节点是线路走向的控制性因素,直接决定了区域综合运输网络的覆盖范围和形态,因此节点数量不宜过少或过多。过少会导致运输网络的覆盖范围不足;过多易造成运输网络规划工作量大,且规划层次不清晰。对于区域综合运输网络而言,一般以区域内的中心城市,火车站、汽车站、港口和机场等枢纽场站,以及重要资源点、产业园区等为控制节点。在此基础上,从经济社会指标和交通运输指标等方面,计算节点重要度,划分节点层级。

(2)分层次、分方式网络布局

根据不同运输方式的功能定位和技术经济特征,综合运输网络可分为快速网、干线网、基础网三大层次,各层次路网的连接节点、主要运输方式不同。在网络布局时,应根据节点层次划分结果,按照路网的功能层次,依次进行快速网、干线网、基础网布局;根据各种运输方式承担该层次运输需求的比例,考虑相互之间的协调关系,进行各种运输方式的单独布局规划。各层次综合运输网络的特点见表6-3。

各层次综合运输网络的特点 表6-3

网络层次	主要服务层次	主要运输方式	主要特点
快速网	区域层面:城市群、省份等区域间; 城市层面:城市群内部,都市圈、城市之间	高速铁路运输、高速公路运输、民用航空运输	服务品质高、运行速度快
干线网	城市层面:城市群内部、都市圈及城市之间; 区县层面:城市内部区县、主要枢纽、重大景区、重大产业园区等	普速铁路运输、普通国省道运输、航道运输、油气管道运输	运行效率高、服务能力强
基础网	乡镇层面:镇村、交通场站、一般景区等内部节点	农村公路运输、支线铁路运输、支线航道运输、通用航空运输	覆盖空间大、通达程度深、惠及面广

(3)综合运输网络布局优化

综合运输网络布局优化指在初步布局方案形成之后,以综合运输网络整体运行效率最高或运输成本最低为目标所进行的网络布局优化的过程。常用的布局优化方法为双层规划模型。

6.3.2.2 规划方法

(1)功能层次布局法

功能层次布局法指根据节点选择和分层结果,考虑不同功能层次综合运输网络的服务对象、所承担的运输需求,所进行的分功能层次综合运输网络布局。一般来说,综合运输网络分为通道层、集散层、基础层进行布局,与前述快速网、干线网和基础网相对应。

其中,通道层是综合运输网络的骨架,连通核心节点,主要承担对外交通和过境交通等中长途运输需求,是区域实现对外辐射的主要载体;集散层是综合运输网络的主体,连通次要节点,主要承担次要节点与核心节点,以及次要节点之间的快速联系;基础层则服务于区域内基本的运输需求发生源,实现对区域内一般节点的广泛覆盖。

综合运输网络各功能层次连通的节点以及相互之间的关系如图6-6所示。

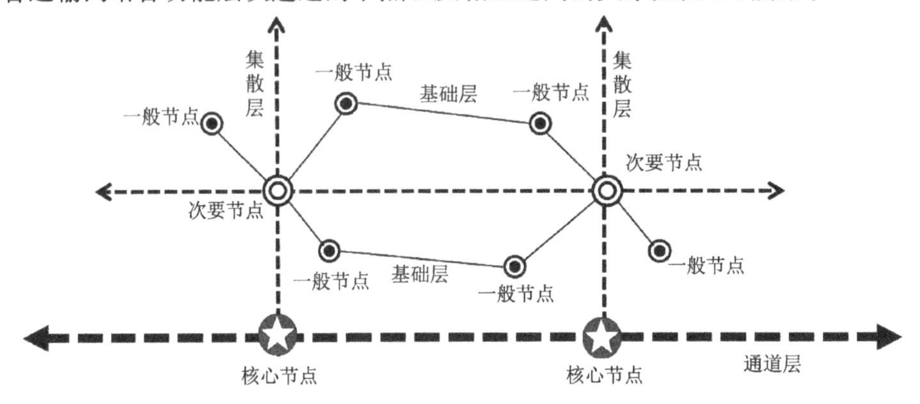

图6-6 综合运输网络功能层次布局法

①通道层网络布局规划。综合运输网络通道层规划是在分析规划区域在国家层面、城市群层面的交通区位的基础上,以快速融入国家、城市群一体化发展格局为目标,综合考虑规划区域核心节点与国家运输通道、省级运输通道的衔接关系,所进行的通道层网络布局规划。一般而言,通道层网络布局规划包含高速铁路网布局规划、高速公路网布局规划和民用航空网布局规划。

②集散层网络布局规划。综合运输网络集散层规划是在通道层网络布局的基础上,综合分析区域内城镇、产业园区、港口、景区等重要节点与通道层的联系需求,以及通道层核心节点的集疏需求,所进行的集散层网络布局规划。集散层网络是通道层网络主骨架的延伸。一般而言,集散层网络布局规划包含普速铁路网布局规划、普通国省道网布局规划、航道网规划和油气管网规划。

③基础层网络布局规划。综合运输网络基础层规划是以连接区域内的所有一般节点,实现"门到门"的出入通达功能为目标,所进行的广覆盖运输网络布局规划。一般而言,基础层网络布局规划包含农村公路网、支线铁路网、支线航道网和通用航空网布局规划。

通道层、集散层和基础层的层次划分及网络布局不是一成不变的,会随着规划区域的层级和范围不同而不同。

(2)综合运输网络布局模型

综合运输网络布局优化涉及多方面因素和各层次决策,通常选取双层或多层规划模型,采用遗传算法、蚁群算法等生成区域综合运输网络。

以双层规划模型为例，上层模型以客货总运输成本C_1最小为目标，构建上层模型的目标函数为

$$\min C_1 = \sum_m \sum_r \sum_s Q_{rs}^m P_{rs}^m \quad (m \in M; r, s \in Z) \tag{6-3}$$

式中：Q_{rs}^m——利用第m种交通方式的节点r、s间的客货流量，由下层模型求出；

P_{rs}^m——利用第m种交通方式的节点r、s间的综合运输成本；

M——全交通方式的集合；

Z——所有出行节点的集合。

模型下层规划则是用户从自身角度出发对出行方式、路径和路段等进行选择。在上层规划确定布局方案后，出行者或货主会根据自身的目标选择交通方式和路径，由下层规划根据效用最大或广义费用最小的目标，确定各方式的分担率、路径选择和交通分配情况。

假定节点r与s之间由若干个路段$a \in A$构成，路段a在起点为r、终点为s的路径k的弧段上，以广义费用C_2最小为目标的目标函数可表示为

$$\min C_2 = \sum_A \int_0^{x_a^m} V_a^m(\omega)\mathrm{d}\omega \tag{6-4}$$

约束条件：

$$\sum_r \sum_s f_{rs}^m = Q_{rs}^m \quad (m \in M) \tag{6-5}$$

$$x_a^m = \sum_r \sum_s f_{rs}^{m,l} \delta_{rs,a}^k \quad (m \in M, k \in K, a \in A) \tag{6-6}$$

$$f_{rs}^m \geqslant 0 \quad (m \in M) \tag{6-7}$$

$$Q_{rs}^m \geqslant 0 \quad (m \in M) \tag{6-8}$$

式中：V_a^m——第m种交通方式在路段a的费用函数，可综合考虑出行费用及时间要素；

l——经过路段a的路径流量的累加；

k——路网中的第k条路径；

f_{rs}^m——节点r与s之间经由第m种交通方式的交通量；

x_a^m、$f_{rs}^{m,l}$——分别为路段、路径的交通量；

$\delta_{rs,a}^k$——0-1变量，表示路段a和路径k的关联系数，若路径k经过分别以r、s为起、终点的路段a，则$\delta_{rs,a}^k = 1$，否则$\delta_{rs,a}^k = 0$；

M、K、A——路网中全交通方式、全出行路径、全路径的集合。

总体上，由于综合运输网络布局的复杂性，其涉及诸多因素，不存在一般意义上的最优解，也不存在唯一的最优解。因此，在得到综合运输网络布局优化方案后，还需要对其进行评价选优，评价指标通常从网络布局、需求满足、方式衔接等层面选取，常用的指标包括网络连通度、可达性、网络密度、线路饱和性、负荷均匀性、枢纽可达性等。

6.4 综合交通运输枢纽规划

6.4.1 综合交通运输枢纽概述

(1)综合交通运输枢纽的概念和特征

综合交通运输枢纽(以下简称综合运输枢纽)是多种运输方式交通干线的交会与衔接处，

是办理旅客与货物的发送、中转、到达所需要的多种运输设施及辅助功能的有机综合体。其表现出的特征可从以下三个方面概述：

①在地理位置上，综合运输枢纽地处两种或者两种以上的运输方式衔接地，是客货流的重要集散地，具有更多的产业、社会、经济等功能，对其所依托的城市的发展也有着巨大的带动作用。

②在综合运输网络上，综合运输枢纽是综合运输网络的重要组成部分，是综合运输网络上多条运输干线通过或连接的交会点，对连接不同方向上的客货流和综合运输网络的畅通起着重要作用。

③在运输组织上，综合运输枢纽承担着各种运输方式的客货到发、同种运输方式的客货中转及不同运输方式的客货联运等运输作业，是运输生产、中转集散的重要平台，综合运输枢纽的发展对增强综合交通运输系统整体运输能力、提高运输效率和服务水平具有重要影响。

(2)综合运输枢纽的类型

综合运输枢纽有着与城市共生的特性，因此综合运输枢纽有宏观综合运输枢纽和实体综合运输枢纽之分。宏观综合运输枢纽是指运输干线的连接或交会点所在的枢纽城市，而实体综合运输枢纽是指具体承担客货流集散和中转作业的运输场站；实体综合运输枢纽依托宏观综合运输枢纽而存在，宏观综合运输枢纽包含着一个或多个实体综合运输枢纽，两者的含义有很大区别。

①宏观综合运输枢纽。宏观综合运输枢纽根据其在国民经济和综合运输网络中所起的作用和服务范围的不同，分为国际性/全国性、区域性和地区性综合运输枢纽，具体见表6-4。

宏观综合运输枢纽分类 表6-4

分类	在综合运输网络中的位置	依托的城市类型	功能
国际性/全国性综合运输枢纽	位于综合运输网络的运输大通道重要交会区	省级经济、文化和政治中心；在全国经济和国际贸易中地位和功能突出的重要港口、大型机场等所在城市	满足跨区域人员和国家战略物资的集散、中转需求，有广大的吸引和辐射范围
区域性综合运输枢纽	位于综合运输网络的主要交会处	省内重要城市；在区域经济和贸易中起主要作用的沿海港口、干线机场等所在城市	在综合运输网络格局中具有承上启下的重要作用，对区域交通布局产生重大影响和发挥重要作用
地区性综合运输枢纽	位于综合运输网络的一般交会处	地区中型城市，以及港口、机场所在城市	在综合运输网络中具有基础性作用，对地区交通有较大影响和较大作用

②实体综合运输枢纽。实体综合运输枢纽是各种运输方式、运输设备集中布局的场站，是旅客和货物换乘、换装的具体场所。实体综合运输枢纽可按枢纽主导或衔接的运输方式、运输干线与场站空间分布形态、枢纽所处位置等进行划分，具体见表6-5。

实体综合运输枢纽分类 表6-5

划分依据	类别	
枢纽主导或衔接的运输方式	综合客运枢纽	航空主导型综合客运枢纽、铁路主导型综合客运枢纽、市域铁路主导型综合客运枢纽、公路主导型综合客运枢纽、水路主导型综合客运枢纽等
	综合货运枢纽	公铁联运型综合货运枢纽、铁水联运型综合货运枢纽、公水联运型综合货运枢纽、空陆联运型综合货运枢纽、公铁水联运型综合货运枢纽等

续上表

划分依据	类别
运输干线 与场站空间分布形态	终端式枢纽、伸长式枢纽、辐射式枢纽、辐射环形枢纽、辐射半环形枢纽等
枢纽所处位置	中心区枢纽、边缘地区枢纽、市郊枢纽等
枢纽重要度和承担功能	核心枢纽、主要枢纽、一般枢纽等

③融合宏观和实体综合运输枢纽。伴随着综合运输枢纽朝多层级、一体化发展,以及枢纽与城市格局、产业发展深度融合,综合运输枢纽体系趋向于将宏观和实体综合运输枢纽合并考虑,归类为综合运输枢纽集群、枢纽城市、枢纽港站三类,并推动其"三位一体"发展。

a. 综合运输枢纽集群。一般依托城市群,由多层级的综合运输枢纽城市、枢纽港站组成。不同层级枢纽间功能互补、设施连通、协同运行,形成合力。目前全国规划有京津冀枢纽集群、长三角枢纽集群、粤港澳大湾区枢纽集群、成渝地区双城经济圈枢纽集群四大国际性综合运输枢纽集群。

b. 综合运输枢纽城市。主要包括国际性综合运输枢纽城市、全国性综合运输枢纽城市、地区性综合运输枢纽城市等。

c. 综合运输枢纽港站。根据其重要度分为国际性枢纽港站、全国性枢纽港站等;根据其主导方式和承担功能可分为铁路枢纽和场站、枢纽海港、航空(货运)枢纽、邮政快递处理中心等。

(3)综合运输枢纽的功能

①为区域内和区域外的人员及物资交流提供集散和中转服务,带动和支撑区域经济的发展。综合运输枢纽一般地处区域主要中心城市,为所在地区或城市的经济发展和居民生活提供客货运输服务,是城市对外联系的桥梁和纽带。

②实现不同方向和不同运输方式间客货运输的连续性,完成运输服务的全过程。以信息化、网络化为基础,改进运输组织方式,实现各种运输方式一体化管理,完成运输服务全过程,是提高运输效率、降低运输成本、节约资源、实现交通可持续发展的有效途径,而综合运输枢纽正是实现这一目标的关键。

③为运输网络吸引和疏散客货流,促进交通运输业的发展。交通运输业发展的基础是日益增长的运输需求,在经济高度发达、需求日趋多样化的现代社会,交通运输业正向综合集成和一体化运输的方向发展,以满足客货运输多样化需求。综合运输枢纽作为运输网络上的节点,集各种运输方式信息、设备和组织管理于一体,吸引着大量的客货流,是交通运输业发展的重要支撑。

(4)综合运输枢纽的发展趋势

①加强一体化建设,实现客运"零距离换乘"和货运"无缝衔接"。综合运输枢纽是多种运输方式客货流中转的重要节点,新时期背景下,面对运输方式统筹融合和高质量发展的要求,综合运输枢纽一体化建设成为发展重点,要求推动综合运输枢纽各种运输方式、交通配套设施集中布局,促进各种运输方式在枢纽内部良好衔接和有效协同,为实现客运"零距离换乘"和货运"无缝衔接"提供坚实支撑。

②培育枢纽经济,形成新的经济发展增长极。枢纽经济是依托交通区位条件和产业环境而发展的规模经济,随着综合运输枢纽集聚辐射能力不断增强和完善,依托综合运输枢纽发展枢纽经济具有现实可行性。具体建设思路是以综合运输枢纽为核心载体,利用枢纽的设施条件和业务基础,吸引技术、市场、资金、土地等各类要素在综合运输枢纽周边聚集,并通过要素整合及优化配置,引导区域内枢纽偏好型、关联型产业在枢纽周边集中布局,从而形成以综合运输枢纽为核心的枢纽经济区,促进区域经济高质量发展。

③推进站城一体,建设枢纽和城市融合新模式。近年来,随着城市高密度发展和综合运输枢纽建设不断完善,利用综合运输枢纽空间实现城市用地开发成为城市可持续发展的重要途径。站城一体是将以公共交通为导向的开发(transit-oriented development,TOD)理论与高密度城市开发特征相结合的一种开发理念,本质是综合运输枢纽与城市一体化开发相互融合并实现客流共享、共同发展的开发模式。

综合运输枢纽与城市"站城一体"的有机融合在功能布局方面主要是通过枢纽区域土地的多功能开发,如配置商务办公功能和公共服务设施等,实现综合运输枢纽与城市功能的紧密结合;在交通组织方面,主要是通过多形式、立体化的枢纽与城市交通衔接、换乘组织设计,建设地上、地下多维换乘空间,实现立体公共交通与城市综合体的无缝衔接。

6.4.2 综合交通运输枢纽布局规划

按照规划层次,综合运输枢纽布局规划可分为宏观层面的综合运输枢纽城市布局规划、中观层面的综合运输枢纽场站布局规划,以及微观层面的综合运输枢纽场站内部功能区布局优化三部分。

6.4.2.1 综合运输枢纽城市布局规划

综合运输枢纽城市是对传统意义的运输枢纽(场站)的继承和发展。继承主要体现在综合运输枢纽城市在本质上仍然是一个运输枢纽,在综合交通运输系统中发挥客货运输的集散、中转、换乘、换装和过境等功能;发展则是指由原来的一个点,即一个具体枢纽场站,扩展到一个面,即一个城市,从具体的基础设施上升为抽象、宏观的概念。

综合运输枢纽城市布局规划的主要思路为:根据综合运输网络布局方案和综合运输需求预测结果,通过节点流量法分配运输需求,根据各城市节点的运输量大小确定初步枢纽城市布局方案;依据区域经济社会发展规划,分析各城市节点功能定位,应用熵评估模型等方法确定枢纽城市布局方案。

(1)通过节点流量法确定初步枢纽城市布局方案

在区域综合运输枢纽城市布局规划中,第一阶段的枢纽城市选择通常采用节点流量法进行。节点流量法指的是通过在交通网络中分配交通量,根据各节点(城市)的交通流量大小确定是否设其为枢纽,从而确定枢纽城市。具体步骤如下:

①根据枢纽所在区域国土空间规划、综合运输网络的总体布局规划和实际的交通需求,初步确定规划区运输网络与交通小区。

②将规划年区域OD运输需求矩阵分配到规划运输网络中,得到各城市间路段的流量q_{ij}。

③计算各节点(城市)的交通流量:

$$W_i = \sum_{j=1}^{n} q_{ij} \tag{6-9}$$

④将各节点(城市)按照交通流量大小排序,取前m个节点为枢纽城市,m为规划区域内枢纽初定个数,可根据具体需求进行调整。

经节点流量法确定的枢纽城市布局方案仅为初步方案,还需根据枢纽城市在区域综合交通运输系统中的功能定位等具体调整。

(2)应用熵评估模型确定枢纽城市布局方案

综合运输枢纽城市熵评估模型的思路是:对于采用节点流量法选出的初步枢纽城市布局方案,调查分析备选城市的经济、交通线路、交通设施等相关数据;建立枢纽城市选择的评价指标,通过熵值法确定指标权重,量化计算各备选节点在综合交通运输网络上的重要程度;根据备选枢纽城市各项指标的综合得分值的大小,选择层次合理的枢纽城市。常用的综合运输枢纽城市熵评估指标通常从以下几方面选取:

①地理区位。地理区位是指该城市在区域中的位置,是在沿海、内陆地区,还是在边境地区。地理区位决定了枢纽城市在区域运输中集聚、中转的经济性和过境运输的可能性与必然性。

②城市规模。城市规模是指城市的人口规模、经济规模以及经贸发展水平。城市规模决定了以该城市为起止点的客货运输流吸引量、发生量,这些客货运输同时为集散、中转运输的经济性提供了基础条件。

③实体枢纽的到发量和中转量。对于一个城市来说,除了机场一般为一个以外,其他交通枢纽一般为多个,分布在城市的不同地点,它们之间存在着竞争与合作的关系,由此产生了不同实体枢纽的到发量和中转量运输结构,该运输结构一定程度上代表该城市在综合交通运输系统中的功能定位,如城市A机场中转量远高于到发量,则城市A在区域综合交通运输系统中承担长距离客流中转的功能。

④对外交通运输发展水平。对外交通运输发展水平直接关系一个城市或地区获取发展所需资源、要素的能力,决定该城市能否成为枢纽城市。

6.4.2.2 综合运输枢纽场站布局规划

综合运输枢纽场站布局规划是在综合交通运输量预测的基础上,根据规划范围内客货流量、城市发展规划及各分区的功能、城市对外通道的分布等,确定枢纽城市内部场站的空间分布、服务范围和规模,然后对所形成的方案进行优化的过程。常用的综合运输枢纽场站布局规划方法是双层规划模型,该方法既能保证综合运输需求网络系统整体费用最低,又能最大限度地满足用户的利益需求。

(1)上层规划模型

定义综合运输需求网络结构:$A = \{i|i = 1, 2, \cdots, m\}$为综合运输需求网络交通发生点集,$B = \{j|j = 1, 2, \cdots, n\}$为交通吸引点集,$D_1 = \{q|q = 1, 2, \cdots, s\}$为已存在的综合运输枢纽节点集,$D_2 = \{q|q = s+1, s+2, \cdots, s+k\}$为新增候选综合运输枢纽节点集,$D = D_1 \cup D_2$为所有备选综合运输枢纽节点集。上层规划模型以系统总成本最低为目标函数,考虑节点及系统的建设投资成本,并对总交通发生吸引量进行总量控制约束。具体模型如下:

$$\min Z = \sum_{i \in A} \sum_{j \in B} \sum_{q \in D} C_{ijq} x_{ijq} + \sum_{q \in D_2} f_q Y_q \tag{6-10}$$

$$\text{s. t.} \begin{cases} \sum_{q \in D} x_{iq} \leqslant a_i \\ \sum_{q \in D} x_{jq} \leqslant b_j \\ \sum_{i \in A} x_{iq} = \sum_{j \in B} x_{jq} \\ x_{iq}, x_{jq} \geqslant 0 \\ Y_q \in [0,\ 1] \end{cases} \tag{6-11}$$

式中：C_{ijq}、x_{ijq}——各发生点和吸引点间的运费函数（含枢纽内方式换乘成本）与流量配置；

f_q——备选综合运输枢纽节点的投资成本；

Y_q——0-1决策变量，表示该综合运输枢纽节点是否被选为最终决策节点，$Y_q = 1$表示节点被选取，$Y_q = 0$表示节点未被选取；

a_i、b_j——网络整体交通发生量与吸引量。

（2）下层规划模型

在双层规划模型中，下层规划模型描述的是最终用户交通吸引量在不同交通枢纽备选节点间的分配模式，要解决的问题是如何使得各用户费用最低。因此，构建的模型如下：

$$\min Z = \sum_{i \in A} \sum_{j \in B} \sum_{q \in D} \int_0^{x_{ijq}} D(u) \mathrm{d}u \tag{6-12}$$

$$\text{s. t.} \begin{cases} \sum_{q \in D} x_{iq} \leqslant a_i \\ \sum_{q \in D} x_{jq} \leqslant b_j \\ \sum_{i \in A} x_{iq} \leqslant v_q \\ \sum_{j \in B} x_{jq} \leqslant w_q \\ x_{jq} \leqslant M \cdot Y_q \end{cases} \tag{6-13}$$

式中：$D(u)$——节点间最低费用函数；

v_q、w_q——备选综合运输枢纽节点流量接收与发送能力；

M——辅助决策变量，看作任意大正数；

其他符号意义同前。

6.4.2.3 综合运输枢纽场站内部功能区布局优化

不同的枢纽内部布局方案将直接影响整个枢纽的运作效率和效益，因此大型综合运输枢纽布局，还体现在枢纽内部功能区布局设计上。

1）综合客运枢纽功能区布局优化

（1）综合客运枢纽功能区要素

综合客运枢纽的功能区包括站房、换乘、交通、服务和商业娱乐五类。

①站房功能区。站房功能区是综合客运枢纽内部最基本的功能区，该功能区主要为综合客运枢纽内的旅客提供售票、广播等站务服务，同时兼具为综合客运枢纽内的工作人员提供

办公和休息的空间。

站房功能区内部要素众多，包括候车厅、重点旅客候车室、售票厅、出站厅、站务员室、驾乘休息室、调度室、治安室、广播室、行政办公室、司乘公寓等。各要素之间存在旅客、工作人员动线关系，在进行站房功能区空间内部设计时，应考虑各要素之间的关系，合理安排，统筹布设。站房功能区要素空间构成如图6-7所示。

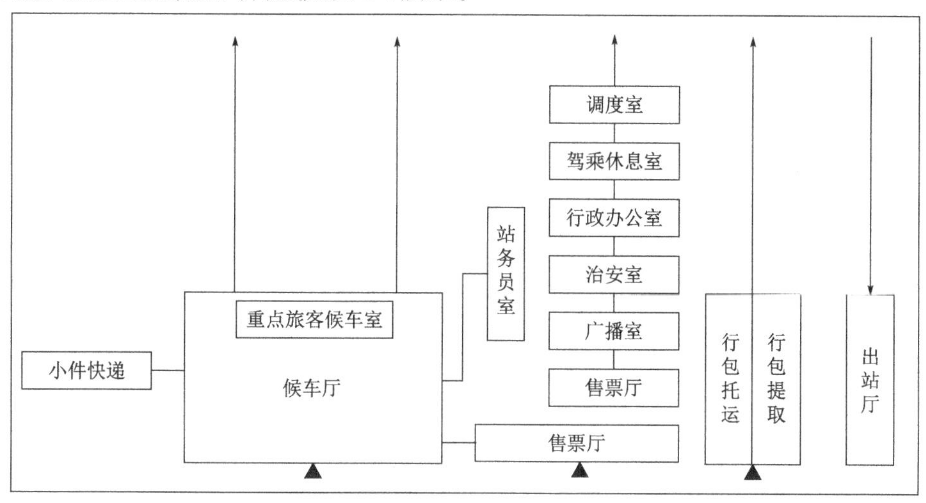

图6-7 站房功能区要素空间构成示意图

②换乘功能区。换乘功能是综合客运枢纽不同于单一运输方式场站的重要功能特征，也是综合客运枢纽的核心功能之一。从类型上进行区分，综合客运枢纽内部换乘方式包括：对外运输方式（铁路、公路、水路）之间的换乘；对外运输方式（铁路、公路、水路、航空）与城市内部运输方式（地铁、公交等）之间的换乘；城市内部公共运输之间的换乘；城市内部公共运输与私人运输方式之间的换乘。

③交通功能区。交通功能是综合客运枢纽的基本功能之一。交通功能区主要是为各类交通工具提供行驶和停放的设施或场地，同时还可以为各种交通工具提供检修、清洗等服务。交通功能区是由各运输方式的乘降平台、停放区域和生产辅助区组成的。其要素包括站台（含上、下客位）、停车场、生产辅助用房等，其中，生产辅助用房包括汽车安全检验台、汽车尾气测试室、车辆清洗台。

④服务功能区。服务功能区专门为旅客提供咨询、行包托运寄存、医疗等服务。它与旅客出行没有必然联系，主要为上述站房、换乘、交通功能区提供辅助服务。因此，服务功能区一般不单独存在，常依附于站房功能区和换乘功能区，可采用集中式、分散式或夹层式布设，如图6-8所示。

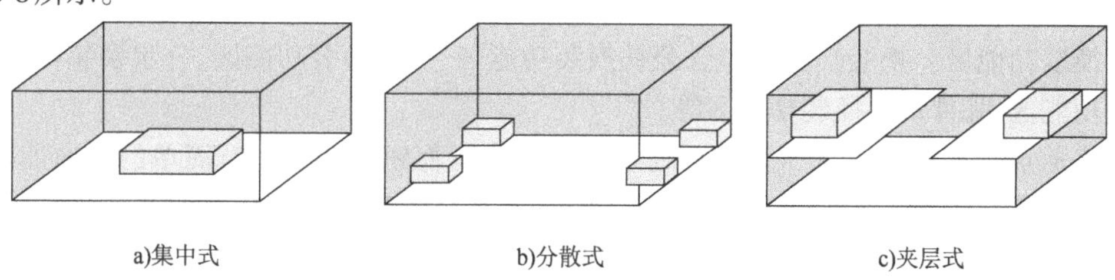

图6-8 服务功能区布设方式示意图

服务功能区要素较多,包括行包托运处、行包提取、小件快递、综合服务处(问询处)、失物招领室、医疗救护室、盥洗饮水室、厕所等。其中,行包托运处含托运厅、受理作业室、行包库房等要素。

⑤商业娱乐功能区。商业娱乐功能区为旅客提供餐饮、休闲娱乐等服务,它与服务功能区类似,也为站房、换乘、交通功能区提供辅助服务。合理布设商业娱乐功能区,能够改善旅客候车情绪,并有效提高枢纽的效益和品质,实现运输、经济的有机融合。

(2)综合客运枢纽功能区空间布局优化方法

综合客运枢纽功能区空间布局优化目标为旅客总换乘成本最低、换乘距离最短或换乘效率最高等,常采用运筹学模型如非线性0-1整数规划模型等解决功能区空间布局优化问题。

以换乘成本最低为例,目标函数主要考虑综合客运枢纽内所有运输方式之间的平均换乘成本$\bar{C}$最小,平均换乘成本$\bar{C}$计算公式如下:

$$\overline{C} = \frac{C}{N} = \frac{C_{主} + C_{辅}}{N} \tag{6-14}$$

式中:$C_{主}$——主导运输方式与各种辅助运输方式之间的换乘成本,即主导运输方式与所有辅助运输方式间的双向旅客换乘量与单位换乘成本的乘积。其中,单位换乘成本包括换乘时间和换乘方便性、舒适性、安全性等因素的影响值;

$C_{辅}$——各种辅助运输方式之间的换乘成本,即各种辅助运输方式间的双向旅客换乘量与单位换乘成本的乘积;

N——总换乘量,是所有运输方式的双向旅客换乘量,即主导运输方式与所有辅助运输方式间的双向旅客换乘量和各种辅助运输方式间的双向旅客换乘量之和。

2)综合货运枢纽功能区布局优化

(1)综合货运枢纽功能区要素

目前,综合货运枢纽功能区设置常用方法为SLP法,其基于物流配送对象P(product)、物流量Q(quantity)、生产/配送作业路线R(routing)、辅助服务部分S(service)、作业时间T(timing)等基本要素,明确综合货运枢纽各功能区的相互关系。基于SLP法,综合货运枢纽功能区可分为实体功能区与虚拟功能区,其中,虚拟功能区指影响综合货运枢纽布局的关键因素,如邻近的货运场站、干线公路等。实体功能区又划分为综合物流区、换装功能区、流通加工区和辅助功能区,可依据具体情况、要求进行相应调整。

①综合物流区。综合物流区设城际物流区、仓储配送区、保税物流区、多式联运区等,基于综合物流区可进一步建设相应仓储设施、城市配送中心等。其要素包括普通仓库、零担转运中心、大型停车场、集装箱功能区、散堆场、理货区、集货区等,承担货物仓储、货运配载、货物分拨等功能。

②换装功能区。换装功能区包含公铁换装功能区、铁水换装功能区、公水换装功能区、空陆换装功能区、邮件快件换装功能区等。

③流通加工区。流通加工区主要通过对综合货运枢纽内产品进行简单的流通加工来提供相应增值服务,建设标准厂房和定制厂房,满足不同类型企业流通加工需求,承担货物加工、货物包装等功能。

④辅助功能区。辅助功能区设服务中心、司机之家等,含供电区、维修间、搬运设备停放

区、办公区、厂区、休闲广场、检测线、汽修站等要素，与综合货运枢纽各功能区有业务上的关联，承担行政办公、员工休息、机械维修保养等功能。

(2)综合货运枢纽功能区空间布局优化方法

综合货运枢纽功能区空间布局优化模型类似于综合客运枢纽功能区空间布局优化模型，从各种货运方式出发，考虑各货运方式之间的中转量以及中转成本，最终目标是使枢纽内所有货运方式的平均中转成本最小。

依据货运中转的性质和需求，货运中转成本需要考虑货物运输距离、运输模式，货物类型与包装，中转设施的位置、容量和效率，人工成本等。

类似地，平均中转成本$\bar{C}'$计算公式如下：

$$\overline{C}' = \frac{C'}{N'} = \frac{C'_{主} + C'_{辅}}{N'} \tag{6-15}$$

式中：$C'_{主}$——主导货运方式与辅助货运方式之间的中转成本；

$C'_{辅}$——各辅助货运方式之间的中转成本；

N'——总中转量。

通过求解上述模型，即可对综合货运枢纽功能区空间布局进行优化。

复习思考题

1. 简述综合交通运输系统规划的主要内容和主要思路。
2. 简述综合运输通道的概念、主要特征及基本类型。
3. 简述综合运输通道线路结构。
4. 简述综合运输通道资源配置方法。
5. 简述综合运输网络的概念及主要特征。
6. 简述综合运输网络布局规划的主要内容和主要方法。
7. 简述综合运输枢纽的定义、特征和功能。
8. 简述综合运输枢纽布局规划的三个层面、侧重点及主要方法。

第7章

综合交通运输发展趋势

学习目标

- 了解近年来发布的综合交通运输发展重要文件要点。
- 掌握综合交通运输统筹融合发展的重点方向及要点。
- 了解综合交通运输高质量发展的目标及框架思路。

7.1 综合交通运输发展重要文件解读

《交通强国建设纲要》(简称《建设纲要》)与《国家综合立体交通网规划纲要》(简称《规划纲要》)共同构成了新时代我国交通运输发展的顶层设计,其中《建设纲要》是交通强国建设的"总战略",明确我国交通运输发展的宏伟蓝图;《规划纲要》是我国综合交通基础设施的"总规划",是推进交通强国建设的关键抓手。

7.1.1 《交通强国建设纲要》

《交通强国建设纲要》于2019年9月印发,作为我国交通强国建设的顶层设计和纲领性文件,明确提出要推动交通运输行业的"三个转变",即由追求速度规模向更加注重质量效益转变，由各种交通方式相对独立发展向一体化融合发展转变，由依靠传统要素驱动向更加注重创新驱动转变；以构建安全、便捷、高效、绿色、经济的现代化综合交通体系为价值取向，以打造一流设施、一流技术、一流管理、一流服务为发展路径，未来建成“人民满意、保障有力、世界前列”的交通强国。

具体地，对交通强国建设，《建设纲要》提出了两个阶段性发展目标：

第一个阶段性发展目标，到2035年，基本建成交通强国。基本形成现代化综合交通体系，形成“三张交通网”和“两个交通圈”，智能、平安、绿色、共享交通发展水平明显提高，无障碍出行服务体系基本完善，交通科技创新体系基本建成，基本实现交通治理体系和治理能力现代化，交通国际竞争力和影响力显著提升。

第二个阶段性发展目标，到21世纪中叶，全面建成交通强国。基础设施规模质量、技术装备、科技创新能力、智能化与绿色化水平位居世界前列，交通安全水平、治理能力、文明程度、国际竞争力及影响力达国际先进水平，全面服务和保障社会主义现代化强国建设，人民享有美好交通服务。

《建设纲要》提出了交通强国建设分两步走的战略目标，结合国家战略需求和新时代我国交通发展实际及主要特点，提出拥有“三张交通网”和形成“两个交通圈”的建设要求，并进一步明确了交通强国建设的九大任务，为未来30年的交通强国建设提供了指导性文件。

(1)“三张交通网”和“两个交通圈”

“三张交通网”是根据不同运输方式的功能定位和技术经济特征，所构建的综合交通“三张网”。

一是发达的快速网，主要由高速铁路、高速公路、民航组成，重点突出高品质、速度快等特点。

二是完善的干线网，主要由普速铁路、普通国道、航道，还有油气管线组成，具有运行效率高、服务能力强等特点，实现人流、货流、物流快速有效输送。

三是广泛的基础网，主要由普通的省道、农村公路、支线铁路、支线航道、通用航空组成，覆盖空间大、通达程度深、惠及面比较广。

“两个交通圈”是指围绕国内出行和全球的快货物流建立起来的快速服务体系。

一是“全国123出行交通圈”，力争实现都市区一小时通勤，城市群两小时通达，全国主要城市三小时覆盖。

二是“全球123快货物流圈”，力争货物国内一天送达，周边国家两天送达，全球主要城市三天送达。

(2)九大重点任务

为实现交通强国建设目标，《建设纲要》确定了九大重点任务，分别从交通网络、交通装备、物流效率及模式、科技创新、保障体系、绿色交通、全球互联互通、人才队伍建设、治理体系等方面提出了具体的建设内容和发展要求。

基础设施布局完善、立体互联。建设现代化高质量综合立体交通网络；构建便捷顺畅的城市(群)交通网；形成广覆盖的农村交通基础设施网；构筑多层级、一体化的综合交通枢纽体系。

交通装备先进适用、完备可控。加强新型载运工具研发；加强特种装备研发；推进装备技术升级。

运输服务便捷舒适、经济高效。推进出行服务快速化、便捷化；打造绿色高效的现代物流系统；加快新业态新模式发展。

科技创新富有活力、智慧引领。强化前沿关键科技研发；大力发展智慧交通；完善科技创新机制。

安全保障完善可靠、反应快速。提升本质安全水平；完善交通安全生产体系；强化交通应急救援能力。

绿色发展节约集约、低碳环保。促进资源节约集约利用；强化节能减排和污染防治；强化交通生态环境保护修复。

开放合作面向全球、互利共赢。构建互联互通、面向全球的交通网络；加大对外开放力度；深化交通国际合作。

人才队伍精良专业、创新奉献。培育高水平交通科技人才；打造素质优良的交通劳动者大军；建设高素质专业化交通干部队伍。

完善治理体系，提升治理能力。深化行业改革；优化营商环境；扩大社会参与；培育交通文明。

7.1.2 《国家综合立体交通网规划纲要》

《国家综合立体交通网规划纲要》于2021年2月印发，是我国首个跨度达30年的综合立体交通网中长期规划纲要，为当前和今后一段时期加快建设交通强国提供了行动指南。

《规划纲要》细化了《建设纲要》提出的发展目标，提出到2035年，基本建成便捷顺畅、经济高效、绿色集约、智能先进、安全可靠的现代化高质量国家综合立体交通网，实现“两个交通圈”；到21世纪中叶，全面建成现代化高质量国家综合立体交通网，拥有世界一流的交通基础设施体系，实现“人享其行、物优其流”，全面建成交通强国。

具体地，《规划纲要》从优化国家综合立体交通布局、推进综合交通统筹融合发展、推进综合交通高质量发展三方面展开，并明确了其主要任务。

(1)优化国家综合立体交通布局

构建完善的国家综合立体交通网。通过铁路、公路、水路、民航及邮政快递等交通运输方式，连接全国所有县级及以上行政区、边境口岸、国防设施、主要景区等，到2035年，将构建70万km的实体交通网线。

加快建设高效率国家综合立体交通网主骨架。按照交通运输需求量级，将3类重点区域划分为4“极”、8“组群”及9“组团”，并在此基础上，在“极”与“极”间建设6条主轴，“极”与“组群”“组团”间建设7条走廊，“组群”与“组团”“组团”与“组团”间建设8条通道，由此构建“6轴、7廊、8通道”的综合立体交通网主骨架。国家综合立体交通网主骨架详细情况见表7-1。

国家综合立体交通网主骨架详细情况表　　表7-1

主骨架		详细情况
3类重点区域	极	京津冀、长三角、粤港澳大湾区和成渝地区双城经济圈
	组群	长江中游、山东半岛、海峡西岸、中原地区、哈长、辽中南、北部湾和关中平原
	组团	呼包鄂榆、黔中、滇中、山西中部、天山北坡、兰西、宁夏沿黄、拉萨和喀什

续上表

主骨架	详细情况
6条主轴	京津冀—长三角、京津冀—粤港澳、京津冀—成渝、长三角—粤港澳、长三角—成渝、粤港澳—成渝
7条走廊	京哈、京藏、大陆桥、西部陆海、沪昆、成渝昆、广昆
8条通道	绥满、京延、沿边、福银、二湛、川藏、湘桂、厦蓉

建设多层级一体化国家综合交通枢纽系统。建设京津冀、长三角、粤港澳大湾区、成渝地区双城经济圈4大国际性综合交通枢纽集群;加快建设20个国际性和80个全国性综合交通枢纽城市;推进一批国际性、全国性枢纽港站建设。基于以上综合交通枢纽集群、枢纽城市及枢纽港站,建设"三位一体"的国家综合交通枢纽系统。

完善面向全球的运输网络。围绕陆海内外联动、东西双向互济的开放格局,着力形成功能完备、立体互联、陆海空统筹的运输网络。具体地,发展多元化国际运输通道,重点打造7条陆路国际运输通道;发展以中欧班列为重点的国际货运班列;强化国际航运中心辐射能力,完善4条海上国际运输通道;构建四通八达、覆盖全球的空中客货运输网络;建设覆盖五洲、联通全球、互利共赢、协同高效的国际干线邮路网。

(2)推进综合交通统筹融合发展

统筹融合是构建现代化高质量国家综合立体交通网的本质要求。近年来,我国综合交通运输体系不断完善,但各种运输方式间以及区域间、城乡间交通发展不协调问题仍然突出。在此背景下,规划提出坚持系统观念,突出一体化发展和衔接协同,推动综合交通跨方式、跨领域、跨区域、跨产业的融合,提高综合交通整体效能。

跨方式融合发展,指推进各种运输方式统筹融合发展,重点是统筹综合交通通道规划建设、推进综合交通枢纽一体化规划建设和推动城市内外交通有效衔接。

跨领域融合发展,指推进交通基础设施网与运输服务网、信息网、能源网融合发展。

跨区域融合发展,指推进区域交通运输协调发展,重点推进京津冀、长三角、粤港澳、成渝等重点区域交通运输统筹发展,推进东中西部和东北地区交通运输协调发展,推进城市群内部、都市圈、城乡交通运输一体化发展。

跨产业融合发展,指推进交通运输与旅游业、装备制造业、邮政快递业、现代物流业的融合发展。

(3)推进综合交通高质量发展

推进综合交通高质量发展是加快建设交通强国的根本要求。我国交通运输在设施、技术、管理、服务等方面取得重大成就,但质量和效益还不高,创新能力还不强。在此背景下,规划提出要打造综合交通高质量发展"四个一流",推动交通发展由追求速度规模向更加注重质量效益转变,不断增强发展动能。

推进智慧交通发展,提升智慧发展水平,加快既有设施智能化,利用新技术赋能交通基础设施发展。

推进绿色交通发展和人文建设,推动交通基础设施绿色低碳发展,加强交通运输人文建设,满足不同群体出行多样化、个性化要求。

推进安全交通发展,提升安全保障能力,提高基础设施安全水平,完善交通运输应急保障体系。

提升交通体系治理能力，深化交通运输行业改革，加强交通运输法治建设，加强人才队伍建设。

7.1.3 发展趋势总结

对《建设纲要》及《规划纲要》的系统解读显示，在交通网络构建及优化布局的基础上，交通运输的统筹融合发展和高质量发展始终是相关规划重点提及和建设的两大主题，是我国交通运输发展的主要趋势。近年来，我国在交通运输统筹融合发展及交通运输高质量发展方面进行了大量的相关研究，并形成了一定的理论基础。本章将基于相关理论研究及实践成果，进一步阐述我国交通运输发展新趋势，把握关键技术，绘就宏伟蓝图。

(1)交通运输统筹融合发展

我国综合交通运输体系不断完善，但各种运输方式间及区域间、城乡间交通发展不协调问题仍然突出，随着人民群众多层次、多样化、个性化的出行需求和小批量、高价值、分散化、快速化的货运需求特征日益明显，交通网络建设面临的资源环境要素供给日趋紧张。在此背景下，统筹融合发展是构建国家综合立体交通网的本质要求。统筹融合，就是要坚持系统观念，整体性推进，一体化发展，从跨方式、跨领域、跨区域、跨产业四个维度，发展建设便捷、高效、经济、包容、韧性的可持续交通体系，以实现“人享其行、物畅其流”的美好愿景。

结合相关文件战略要求，具体地，可以从以下四方面推进交通运输统筹融合发展：网络集约发展，提升综合交通网络承载力与韧性，针对城市群与都市圈统筹融合交通网络、完善多制式组织；枢纽协同运行，推进跨区域、多主体、多方式枢纽协同运行机制建设，完善枢纽运力协同调度与出行服务关键技术，建设综合管理平台；客运联程服务，以综合交通旅客联运效率、可靠性和韧性为目标，推进“MaaS”等一体化服务平台建设；货物多式联运，以货物多式联运资源配置优化、运输经济高效为目标，推进多式联运资源智能匹配，提高多式联运一体化组织水平，依托港口、大型陆港等联运节点促进货物快速转运。

(2)交通运输高质量发展

为深入落实《建设纲要》与《规划纲要》部署，推动交通运输实现质的有效提升和量的合理增长，实现从交通大国到交通强国的历史跨越，必须坚持创新驱动发展，建设更加智慧、绿色、平安的可持续交通运输体系，以交通运输高质量发展支撑中国式现代化。

具体地，在智慧交通运输体系方面，推动互联网、大数据、人工智能、区块链等新技术与交通行业的深度融合，推进我国基础设施智能化升级，应用先进交通装备，创新运营管理模式，夯实创新发展基础，增强综合交通运输发展新功能；在绿色交通运输体系方面，坚持生态优先，全面推动交通运输规划、设计、建设、运营、养护全生命周期绿色低碳转型，让交通更加环保、出行更加低碳；在平安交通运输体系方面，将安全发展贯穿于综合交通运输各领域、各环节，提高交通网络抗风险能力，维护设施设备本质安全，加强安全生产管理，强化安全应急保障。

7.2 综合交通运输统筹融合发展

《建设纲要》《规划纲要》强调跨方式、跨领域、跨区域及跨产业的融合及协调发展，然而，长期以来，我国公路、铁路、水路、航空等各种交通运输方式相对独立发展，缺乏有效协同，区域间、城乡间交通发展不协调问题仍然突出，统筹融合发展是适应我国新发展阶段的客观要求。面向多网融合深度需求，基于相关研究及探讨，目前我国综合交通运输统筹融合发展的重点方向主要概括为网络集约发展、枢纽协同运行、客运联程服务和货物多式联运四点。

7.2.1 网络集约发展

综合交通运输集约发展以服务综合立体交通资源集约利用为目标，针对城市群、都市圈、跨区域等场景，从综合交通网络融合发展、交通系统韧性建设与提升、多制式交通运输组织协同等多方面进行。

7.2.1.1 综合交通网络融合发展

综合交通网络融合发展需以提升时间、服务和效益等方面的竞争力为目标，以一体化顶层设计为支撑，统筹规划建设不同类型综合交通运输方式，并建立统一且有兼容性的技术标准。综合交通网络融合发展包括不同运输方式及制式一体化融合、功能融合（如轨道交通“四网融合”）、交通网络与产业融合、交通网络与空间规划融合等方面。

（1）增加综合交通网络覆盖面与可达性，全面提升国际互联互通水平

目前，全球范围内综合交通网络发展迅速，依托“一带一路”倡议等，我国跨境交通可达性有了明显改善，在此基础上，应及时更新综合交通网络建设，合理加大公铁网络密度、优化空港海港布局、健全交通信息交流网络，形成全方位、广覆盖的综合交通网络，为全面提升我国综合交通网络的国际互联互通水平提供扎实底层框架。

①加强区域市场统筹协调，推进沿海港口发展。聚焦我国沿海港口功能定位相对单一、同质化竞争严重等较突出问题，综合运用行政和市场手段，加快推动区域港口整合，实现统筹协同、高质量发展。

②打通国际交通运输通道，促进跨境交通发展与经济合作。以六大国际经济合作走廊为重点方向，有序推进国内交通运输通道与国际交通运输通道互联互通，加强国际通道与国内通道有机衔接，推进轨道交通多制式运输组织、“公转水”和“公转铁”等多式联运组织建设，依托口岸城市，进一步加强产能合作与交通互联。

③完善国际枢纽机场体系，大力发展临空经济。进一步加快建设国际枢纽机场体系、完善国际航线网络，通过航空产业园、临空示范区建设等，打造特色产业集群，带动产业结构转型升级。

（2）综合软性、硬性互联互通优势，促进国内立体互联互通交通网络稳步健康发展

①硬连通网络方面，优化综合运输通道布局，推进不同运输方式、相关产业等一体化融合，加快提升综合交通网络质量。适应未来交通运输需求总体格局，构建与国土空间开发格局高度契合的“纵横联通、轴辐放射、沿边环绕”综合运输通道体系；以多中心、网络化为主形态，完善多层次网络布局，优化资源配置，由各种交通方式相对独立发展向更注重一体化融合发展转变。此外，结合《规划纲要》中交通与相关产业融合发展要求，挖掘低空空域交通运输潜力，发展“低空经济”，针对个人用户出行特点，以直升机、无人机等载运工具实现点对点的城市空中交通运输。

②开展软连通网络建设，推动不同区域、不同交通方式的运营主体和机制建设及衔接。

为满足综合交通网络高质量发展的新要求，还需在硬连通网络的融合基础上开展软连通网络建设融合；建立清晰明确的跨区域规章制度平台，推动各交通方式之间的运营主体和机制衔接，打造全方位的综合交通网络。

(3)持续提升枢纽衔接水平，实现枢纽网络互联互通

①明确交通枢纽功能，持续提升枢纽衔接水平。结合所处区域区位及交通条件、立体交通网络布局，构建布局合理、功能融合、衔接一体、便捷高效的多层级交通枢纽分级体系，明确各层级枢纽功能定位；从基础设施建设角度，推进交通枢纽的“零换乘、无缝衔接”建设，完善枢纽周边集疏运设施网络，系统规划布局相关设施融合。

②以信息化、制度化创新实现枢纽互联互通与开放共享，达到物理和数字层面的相互连接、无缝对接。通过轨道交通、快速专线、城际公交等方式，实现现有交通枢纽在物理空间上的融合与相互连接，打破交通方式与行政区域的隔阂；通过统一收费、一体化单证平台的建设，以信息化手段实现区域内各枢纽、枢纽间流程、标准的一体化，达到数字层面的无缝对接。

7.2.1.2 交通系统韧性建设与提升

韧性又称弹性，指系统受到扰动后能恢复到“最初状态”。在交通领域，它指系统抵抗、减少和吸收扰动的影响，保持可接受的服务水平，并在合理时间和成本内恢复正常和平衡运行的能力，还指系统适应和减少影响并避免灾难性局部后果或整个系统发生故障的能力。简而言之，即交通运输系统抵抗或吸收外界扰动的能力，以及从受损的服务功能中恢复的能力。交通系统韧性指标反映交通运输系统的稳定性与可靠性，主要体现综合运输通道、客货枢纽、关键路段工程、重要港口航道等交通基础设施在重大突发事件下的可替代、易修复、抗毁坏能力等。

现阶段，我国已基本建立了高效可靠的交通基础设施系统，形成了应对自然灾害、社会安全和事故灾难等突发事件的基本能力。但是，在地震、特大暴雨等重大自然灾害考验下，也暴露出部分地区交通运输网络冗余度不高、应急预案应对不足、运输装备应对突发事件能力欠缺等问题，迫切需要从基础设施、运载装备、运输组织与管理等方面全面提升系统韧性。充分运用风险管控理论，增强交通基础设施风险防控的整体性和协同性，提升交通运输系统韧性，对于推进我国交通运输安全、可靠发展有着重要意义。

①完善综合立体交通网络，增强韧性。建设现代化高质量综合立体交通网络，实现立体互联，增强系统弹性；尤其是要加快推进重要口岸、自然灾害多发地区多通道、多方式、多路径建设，提升交通网络系统韧性和安全性，实现《规划纲要》提出的重点区域多路径连接比率为95%以上的战略目标。

②提升安全保障能力，完善防控体系。交通运输作为中国式现代化的开路先锋，增强其韧性和安全性是推进实施《规划纲要》和《建设纲要》、加快建设交通强国的迫切要求。要提升安全保障能力，加强交通运输安全风险预警、防控机制和能力机制建设；有效防控系统性风险，建立自然灾害交通防治体系，提高交通防灾抗灾能力。

③开展安全风险评估，构建韧性理论方法体系。面向交通基础设施网络，统筹交通运输韧性评估工作，构建具有系统性、创新性和普适性的理论方法体系，为推进完善综合立体交通网的安全风险分级管控和隐患排查治理双重预防机制提供坚实理论基础。

7.2.1.3 多制式交通运输组织协同

采取适宜的运输组织协同模式是提升区域交通运输系统总体效能和服务质量的重要保障。综合交通运输系统的多制式指对同一通道内两种制式交通功能的兼顾,主要指城市轨道交通、市域铁路、高铁、普铁、城际铁路等轨道交通功能间的衔接,其核心在于轨道交通系统的多制式组织协同,通过站点衔接或共轨运营等方式,各制式子系统功能互补,构成互联互通的复合轨道网络系统。

目前,我国已经进入以城市群、都市圈为主体推进新型城镇化的新阶段,在此背景与相关政策引领下,2019年2月印发的《国家发展改革委关于培育发展现代化都市圈的指导意见》首次提出要“推动干线铁路、城际铁路、市域(郊)铁路、城市轨道交通‘四网融合’”。近年来,我国区域间资源配置和人员流动的时空范围日益扩大,居民高频出行的尺度由城市内部扩大至市域乃至跨城范围,日益增长的城际出行人群对时效性、可靠性、便利性提出了新要求,“区域交通城市化”成为现实需要,多层次轨道交通的“四网融合”体系就是要缝合从城市到区域的界限,打通跨条块、跨部门的壁垒,真正实现轨道交通连接区域、城市群和都市圈,同时促进区域交通低碳发展。新时期发展“四网融合”、构建多层次轨道交通体系,是保障区域交通高质量发展的重要手段。

(1)“四网融合”概述

①“四网融合”内涵。

国家层面发文提出的“四网融合”指的是推动干线铁路、城际铁路、市域(郊)铁路融合建设,并做好与城市轨道交通衔接协调,构建运营管理和服务“一张网”,实现设施互联、票制互通、安检互认、信息共享、支付兼容。“四网融合”以集约利用轨道资源、持续服务乘客出行为目标,促进都市圈各制式轨道交通协同发展,其示意图如图7-1所示。

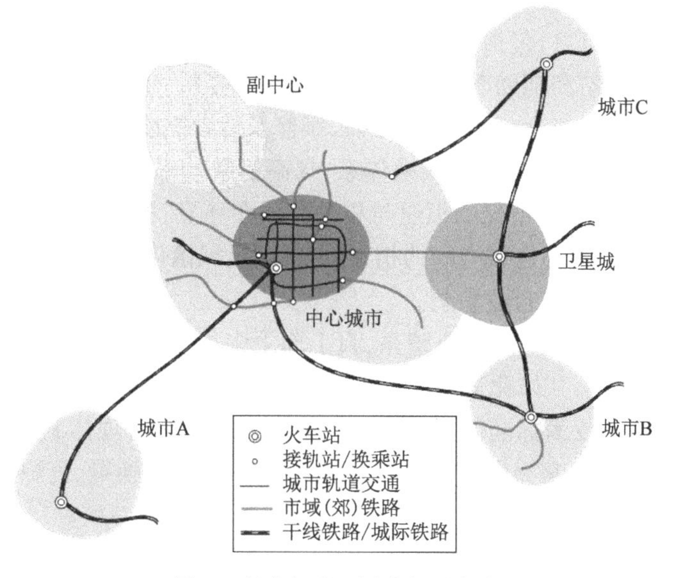

图7-1 轨道交通“四网融合”示意图

轨道交通“四网融合”是在“空间”要素和“需求”要素分析的基础上,基于合理的功能级配结构体系,实现多层次网络“功能互补、服务兼顾、互联互通、资源共享”,具体表现为网络融合、通道融合、枢纽融合、建设运营管理融合。其中,“网络融合”的核心在于多层次轨道交通网络层次清晰、各层次轨道交通网络布局合理、多层次轨道交通间互联互通;“通道融合”的核心在于通道内不同轨道交通方式的资源合理配置和线路集约敷设;“枢纽融合”的核心在于宏观层面构建“主辅清晰”的枢纽体系和微观层面实现枢纽内不同交通方式间高效衔接;“建设运营管理融合”的核心在于资源共享、互运互维、逐步打破体制机制的壁垒等。“四网融合”应该发挥整合优势,聚焦城际出行全过程,以城际出行者的多元化需求为核心导向,而绝不是简单的网络叠加。

②“四网融合”目标及任务。

本质上轨道交通“四网”属于多制式复合网络,“四网融合”的核心目标是打造“门到门”的通勤服务,首要任务是解决不同制式轨道交通互联互通问题,即将两条不同种类的轨道交通线路直接连通,旅客可以从一条线路直接进入另一条线路。互联互通的衔接方式可以分散换乘节点的压力,乘坐跨线列车的旅客不必下车即可从一条线路转换至另一条线路。不同制式的轨道交通实现互联互通需具备三个基本条件:线路制式兼容、票制兼容和线路通过能力满足要求。

(2)“四网融合”发展趋势

①统筹规划,促进轨道交通“四网”良好衔接。

明确各层级轨道交通功能定位、对象、主要技术标准,不同层次的轨道交通系统在承担其主要功能的同时,还需根据城市群、都市圈及区域发展需求兼顾其他功能,需提前明确其各层级功能圈层;统筹轨道交通网络布局,提前谋划,分析不同系统的功能定位、服务对象、线路走向、建设时序等问题,规划资源共享方案,如车辆基地资源、综合检修资源、调度控制资源、供电设施资源等的共享方案。

②枢纽融合,实现便捷换乘与资源共享。

建立枢纽三级衔接节点,包括承担区级交通功能的大型铁路客站、枢纽机场等,承担城际交通功能的大型铁路客站和辅助客站,以及地级市铁路客站、中心城市公交枢纽等基础节点;完善枢纽衔接功能及承载能力,适应列车停靠、维修及运营需求,推动多层次轨道交通系统间互联互通和无缝衔接,构建便捷枢纽换乘体系,提高换乘效率;推进站城融合,建立轨道交通与区域发展互动机制,提高轨道交通枢纽与相关区域在环境、功能、资源等方面的统一性与协调性,实现轨道交通“四网”与区域空间的相互融合,满足城镇化发展与经济建设需要。

③推进一体化建设,打破行业壁垒。

打破不同轨道交通系统间的行业壁垒,自上而下多方面共同努力,推动轨道交通“四网”一体化规划、一体化建设、一体化运营、一体化监管和一体化经营;从补偿机制、法律法规、规划统筹、建设运营监管、技术标准体系等方面创新发展理念和管理体制机制,探索共线运行、不同轨道贯通运营等技术,努力实现更深层次的设施互联、便捷换乘、资源共享。

7.2.2 枢纽协同运行

综合交通枢纽协同运行是指以提升综合交通枢纽协同运行效率和服务韧性为目标,进行综合交通枢纽内部多方式接驳转运和衔接换乘规划,以实现综合交通枢纽客货流转换效率的综合提升。

7.2.2.1 客运枢纽高效协同运行

客运枢纽高效协同运行是推进城市群交通基础设施互联互通和运输服务一体化的重要保障。促进客运枢纽的一体化运行,有助于优化交通资源配置、促进空间结构调整。可从单一大型综合客运枢纽及区域内各综合客运枢纽集群两方面,推动客运枢纽高效协同运行。

(1)单一大型综合客运枢纽协同运行

①改进硬件设施,建设零换乘的综合客运枢纽。打造开放式、立体化综合客运枢纽,推进多种交通方式统一设计、同步建设、协同管理,以实现不同交通方式之间的高效协作,进而提高运输效率、提升服务质量。

②即时预测旅客流量、检测异常状态。基于联程客流辨识技术,准确识别联程出行旅客,对不同场景及阶段下的客流量进行有效预测;建立多阶段异常状态检测方法,获得实时客流密度信息及实时运营信息,以确保客运枢纽及其运行系统在异常情况下能迅速做出反应,保障运输安全和效率。

③建设多方式协同的综合客运枢纽调度子系统。常态协同调度子系统结合对历史客流信息与枢纽各交通方式运营信息的分析,生成协同调度计划,各部门相互配合编制多种交通方式在时间上协同的调度计划;应急协同调度子系统结合系统内置对策生成应急调度计划,以便在突发情况下,通知枢纽内可调度的其他交通方式协同处理,保证综合客运枢纽的有序运营。

(2)区域内各综合客运枢纽集群协同运行

①构建空间布局相对集中、枢纽功能融合互补、利用平衡、韧性可靠的综合客运枢纽集群。构筑涵盖多种交通方式、功能分工明确、基础设施布局合理、运力资源适配的综合客运换乘体系,形成多中心、多层级、网络化的交通枢纽系统,实现城市群运输资源配置的优化,促进城市群空间结构调整,支撑和引领区域协同发展。

②构建运行组织协同高效、旅客换乘智能便捷、应急处置主动有效的枢纽协同运行体系。依托城市群、都市圈及区域间的多模式一体化综合立体交通网,以各综合交通枢纽城市为核心,联动多个不同层级的枢纽城市,形成方式衔接通畅、联运服务高效、信息共享完善的综合客运枢纽间的交通运行组织体系,提升整体集疏散能力。

③非常态情况下综合客运枢纽集群多模式换乘系统快速响应。常态时,综合客运枢纽集群发挥各枢纽间交通方式的协同作用,保障区域内多种交通方式之间的有效衔接,提升出行效率;非常态(如突发自然灾害、社会事件、设施设备损坏、线路运行中断等)下,综合客运枢纽集群多模式换乘系统能够通过枢纽与枢纽之间点-线-网的连接快速响应,通过运行未受影响的枢纽"补偿"运行异常枢纽给多模式交通系统运行带来的损失,以协调系统内资源,解决局部交通瘫痪、大面积延误、旅客滞留等问题,通过用可替代交通方式或线路代替运行受阻、中断的交通方式或线路,以实现受影响客流的疏散、转运、换乘,保障各异常场景下综合客运枢纽集群的正常运行,将经济损失与社会损失最小化。

7.2.2.2 货运枢纽高效协同运行

货运枢纽高效协同运行以提高运营效率和服务质量、实现货物流转效率的提升为主要目标。为确保物流运输无缝衔接,需合理规划枢纽及通道布局,优化组织运营,通过枢纽内外部货物运输紧密联系与接驳,减少转运等待时间,达到货运枢纽高效、一体化的协同运行。

(1)优化大型货运枢纽节点布局及网络设计

①合理规划货运枢纽布局,追求枢纽内各运输方式无缝衔接。对大型货运枢纽,基于物流需求、服务范围、市场定位等因素,考虑用地条件、土地成本等因素,合理规划货运枢纽布局,确保各运输方式、接驳环节之间的顺畅衔接,降低物流成本,提高运输效率。

②优化大型货运枢纽周边集疏网络设计。全面完善铁路、水路、公路、航空等综合交通运输体系,对各种运输方式的运输路线及网络进行优化设计,确保物流通道顺畅通达,实现货运枢纽间的有机连接与无缝衔接,为货物运输提供便利。

(2)完善综合货运枢纽集群协同运行

①推动综合货运枢纽集群内标准化、一体化管理,实现信息互联互通。制定统一物流标准与规范,实现物流数据统一采集、处理与管理;并通过建立统一的信息平台和数据交换系统,实现综合货运枢纽集群的信息共享和互操作。

②明确综合货运枢纽集群各节点功能定位,加强协同配合。明确区域间各货运枢纽的功能定位和特色,建立健全协同机制和合作体系,通过联合运输、共享仓储等合作模式,实现资源优化配置和互补协同,推动跨区域货物运输,通过货运枢纽节点实现货物的无障碍流通及高效运转。

(3)深化依托货运枢纽的“物流+供应链”协同发展、“物流+产业”联动发展

①深化货运枢纽与产业基础设施衔接。深化物流园区与大型商品交易市场、农产品批发市场、城市商业网点、综合服务中心等基础设施的衔接,加强货运枢纽设施的建设与配套完善,提高相关产业物流运输效率及服务水平,并增强其商贸物流服务功能。

②深度融合货运枢纽与电商、新零售等新兴产业。整合电商平台与快递物流企业资源,优化大型仓储配送中心等布局与周边物流配送网络设计,提高配送效率及服务质量,满足消费者多样化需求。

③鼓励依托货运枢纽,构建供应链协同服务平台。鼓励货运枢纽以工业产成品、农产品、工业原料等供应链业务为重点,与核心上下游企业建立供应链合作关系,构建采购、分销、仓储、配送供应链协同服务平台;通过整合资源、优化流程,提供供应链一体化物流解决方案,提供高效、便捷的物流服务,推动产业链的协同发展和提升整体产业竞争力。

7.2.3 客运联程服务

客运联程服务指通过对旅客不同运输方式行程的统筹规划和一体化运输组织,实现旅客便捷高效出行,其基本特征是“一票到底”“无缝衔接”“全程服务”。

近年来,在社会经济不断发展、人民生活水平不断提升、信息技术与交通运输不断深化融合发展等多重因素的推动下,人们的出行选择与出行体验得以丰富,但与此同时,也引发了一系列新的客运联程服务交通与社会问题,如公交、地铁等集约化方式受到冲击,城市交通供需结构性矛盾未得到根本改善。如何为不同出行用户群体提供高品质的客运服务、推进跨交通运输方式的融合,已成为时代发展的客运交通领域痛点与难点问题。伴随着个人智能移动终端的普及、共享出行业务的蓬勃发展、人居资源与环境压力的日趋增加,出行即服务理念诞生,这一全新的客运联程服务理念通过优化整合多种运输方式,为旅客提供了无缝衔接的“门到门”出行服务。

7.2.3.1 MaaS概述

自2014年欧盟ITS大会上首次提出MaaS的概念，MaaS就成为交通领域的热议话题，其以数字化的交通供需信息为关键生产要素，将带来传统交通出行服务、供需组织、出行行为乃至交通治理等方面的许多深远变革。其逻辑架构示意图如图7-2所示。

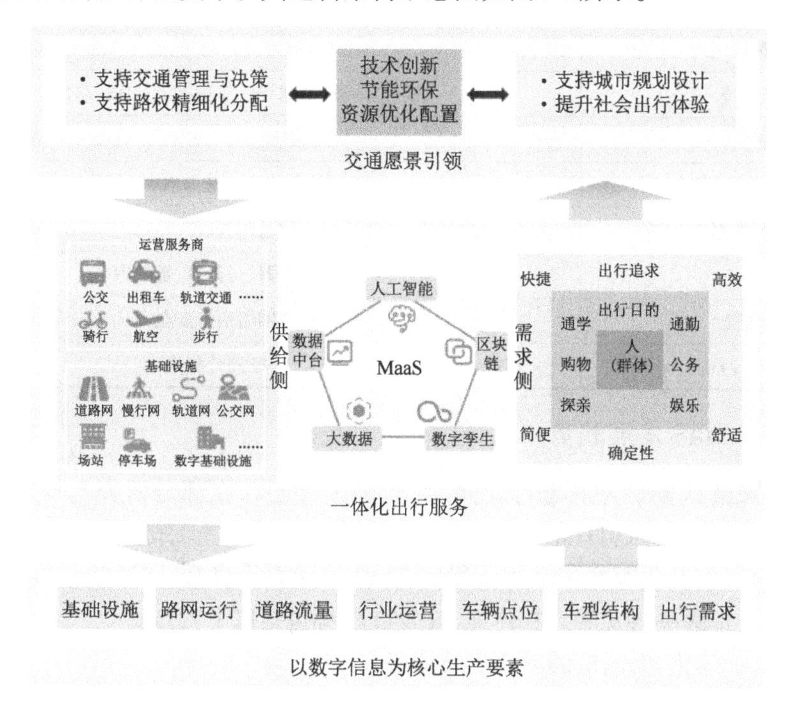

图7-2 MaaS逻辑架构示意图

(1)基本概念

MaaS也称一体化出行服务平台，它将各种形式的出行服务打包成一个单一服务，通过统一的应用软件，为用户提供一站式的支付及无缝化出行体验。

(2)核心要义

MaaS的核心要义是在精准理解用户出行需求基础上，将各种运输方式整合在同一服务体系中，充分利用大数据技术最优调配资源，最大限度满足不同出行需求，并保证智能终端能为用户提供一体化出行的规划、预订、支付、清分、评价等服务。

(3)实质

MaaS的实质是交通领域新型供需关系组织者，以数字信息为核心生产要素，对各类交通方式进行一体化供需即时组织优化。

7.2.3.2 MaaS关键技术

MaaS受云计算、大数据、物联网、移动互联网、智慧城市等新兴技术的驱动，并在共享经济兴起、智能手机普及、燃油汽车销售禁令推行等多重背景的催化下诞生。作为交通领域新型供需关系的组织者，MaaS依托定位技术、支付技术、智能算法、通信技术、安全信用技术、算力保障技术等六大类新技术进行交通供需的动态均衡和精准匹配，以及进一步的各类交通方式一体化供需即时组织优化。MaaS平台具备处理海量、高频、并发的出行供需信息的能力，能够实现需求端的有序组织，以及供给端在运力调配、运营组织等方面的动态、精准匹配。具体地，MaaS涉及技术领域如表7-2所示。

MaaS涉及技术领域 表7-2

功能	技术类型
多场景路径规划	POI(兴趣点)、地图、软件算法
精准定位	北斗、GNSS(全球导航卫星系统)、DR(航位推算)
支付	RFID(射频识别)支付、移动支付
道路信息及POI信息	GIS(地理信息系统)、POI信息管理
车联网数据	物联网、软件、定位
数据中心	服务器、云计算、数据库
网络安全	网络信息安全
一体化出行系统	软硬件集成

7.2.3.3 MaaS发展趋势

MaaS是未来极具吸引力的出行导向，目前国内外已存在部分研究与应用，国外如瑞典UbiGo、芬兰Whim、日本NAVITIME等平台，国内如北京MaaS、上海随申行、深圳MaaS联乘、广州羊城通等平台。但其仍存在标准规范待完善、技术能力待提升、资源整合待加强、商业模式待厘清等问题，亟待解决与发展。具体地，其发展趋势包括以下四点。

(1)微粒化、一体化、无断链的动态出行服务

MaaS面向群体广(涉及政府、运营服务商、技术支持方、地图服务商、消费服务商、用户等多个利益主体)，涉及环节多(出行前、中、后)，需要具备出行全生命周期的服务功能，提供微粒化、一体化、无断链的动态出行服务。

①多模式数据共享。MaaS涉及利益方较多，整合各方资源难度较大，且各交通方式的底层实时变化数据难以打通，需要由政府牵头合作，开发以政府为主导的MaaS平台，从而真正实现城市内、城际无缝衔接的出行定制服务；此外，如用户、车辆、充(换)电站、道路交通底层数据能够真正实现共享与打通，MaaS平台能够有效引导用户优化时空出行习惯，相应地设计最优出行组合方案，从而在整体上缓解交通路网压力。

②高度整合、面向区域出行的MaaS综合运输优化。现阶段，MaaS仍局限于单交通方式、局部出行区域，国内尚未出现正式的、高度整合的MaaS应用，但在长三角、京津冀等大型城市群与都市圈，已将MaaS纳入相关规划或正在建设相关服务平台。如北京MaaS 2.0中将搭建京津冀城际智能出行服务，提供京津冀三地点对点的出行服务，助力旅客出行往来便捷；面对长三角区域日益增长的出行需求，高铁、动车等成为跨城出行的热门选择，逐渐取代私人小汽车出行，地铁逐渐支持日常跨城通勤或市内出行，出租车、网约车作为短途出行补充，共享单车解决"最后一公里"问题，在多种运输方式转变中应用MaaS理念，实现综合运输优化。

③升级一体化、定制化出行服务。新兴出行方式及区域间、各城市出行政策差异要求MaaS平台通过定制的个性服务，生成个性化的出行方式及定制化的出行信息服务，比如外省市车辆限行时段、路段信息，未来道路拥堵信息，沿线各城市政策提醒等；此外，在城际客运联

程服务方面，升级“航空/铁路+城市公共交通/定制公交/出租(网约)车”服务，拓展完善意见规划、接驳引导、一体化支付等服务功能，提供一体化出行规划导航服务功能，进一步实现城际城内客运联程美好体验。

(2)空间范畴、管理层级、服务链条延伸

结合我国公共客运服务体系运营管理服务发展现状，以及客运服务方式空间服务范畴特点、不同行政管理等级、不同运输模式整合的复杂程度，我国MaaS发展可划分为四个阶段。第一阶段，主要针对城市客运；第二阶段，由城市客运延伸到城乡和城际道路客运；第三阶段，由城际道路客运延伸到铁路和民航客运；第四阶段，伴随着我国对外开放和“一带一路”倡议的逐步深入，拓展到跨境国际客运。长远来看，MaaS是区域出行的潮流趋势，也是学术界长期的研究热点，但目前仅有少量项目在需求支撑和机制理顺的条件下，将客运联程服务拓展到了城际或城乡交通，我国在长三角、京津冀等大型城市群发展中开始应用MaaS理念，其发展亟待在空间范畴、管理层级上的进一步延伸。

此外，在将各类运输服务模式不断整合到MaaS出行服务体系的过程中，MaaS服务会与旅游、餐饮、住宿、娱乐、购物等相关领域的消费服务进行同步深度融合，服务链条突破“出行”圈层，进一步引入生活服务资源，将MaaS服务由单纯的“出行服务”升级为全方位的“生活服务”，集信息咨询、出行功能、购物优惠、文旅信息于一体，促进消费服务链上下游连接，提供全方位、一体化、多元化的服务。

(3)多维激励打造MaaS可持续发展生态

①碳普惠激励。升级以碳普惠为核心的激励体系，构建涵盖数据、政策、碳排放等手段的多维赋能生态，创新鼓励绿色出行激励政策，持续探索金融赋能手段，开展绿色出行与绿色金融工具融合创新研究，进一步放大MaaS平台绿色出行产生的价值。

②社会力量引入。组建绿色出行一体化联盟，吸纳社会各方力量加入MaaS生态圈，并统筹考虑政府、交通企业、互联网平台、用户多方利益，完善利益分配和激励机制，打造MaaS可持续发展生态。

③拓展宣传影响。全方位、多途径、多层次开展广泛宣传，扩大MaaS平台影响力、知名度，进一步增加旅客使用频次与总量，并通过大量数据反馈、优化，为旅客提供更便利的一体化出行服务体验。

(4)促进各地区交通发展，实现社会效益最大化

MaaS理念希望构建具有社会公益属性的包容、便捷的交通系统，实现经济可持续性发展，实现绿色、低碳转型，实现治理方式开放、合作、高效，并最终实现社会效益最大化的目标。

具体地，MaaS平台建设需推动不同区域和城市系统的运营标准、服务内容衔接统一，为逐步发展形成全国一体的“出行即服务”系统平台预留空间；考虑不同地区经济社会和交通发展水平差异，鼓励因地制宜拓展MaaS模式承载功能，增进交通运输的公共福祉，减少交通贫困、支持交通服务不足地区；加强政府及交通主管等公共部门与私营企业间的协作，加强智能交通发展对MaaS关键环节的支撑，强化智能交通赋能MaaS模式发展。

7.2.4 货物多式联运

多式联运是指由两种及以上的交通工具相互衔接、转运而共同完成运输的过程，其特点是将装载在单一装载单元或车辆内的商品在不同运输方式之间进行转移，而无须在方式转换

过程中对物品直接进行处理，具有运输效率高、灵活性强、环境友好、经济、货物不易损坏等优点。跨运输方式、跨管理部门、跨行政区域、一次托运、一单到底、运用标准载具、实现一体化运输是货物多式联运的基本特征。

7.2.4.1 多式联运基本模式

根据不同的原则，多式联运有多种分类形式。

(1)按照组织体制的多式联运模式划分

从组织体制来说，多式联运模式可分为协作式多式联运和衔接式多式联运两大类。

①协作式多式联运，指拥有两种或两种以上运输方式的运输企业，按照统一的规章或商定的协议，共同将货物从接管货物的地点运到交付货物的指定地点的运输。协作式多式联运的组织者是在各级政府主管部门协调下，由参加联运的各种运输方式的运输企业和中转港站共同组成的联运办公室，货物全程运输计划由该机构制订。

②衔接式多式联运，指由一个多式联运企业，即多式联运经营人，综合组织拥有两种或两种以上运输方式的运输企业，将货物从接管货物的地点运到交付货物的指定地点的运输。衔接式多式联运的全程各区段之间通过多式联运经营人与实际承运人进行衔接，直到将运输货物从最后一程实际承运人手中接收并交付给收货人为止。

(2)按照运输方式组合的多式联运模式划分

从运输方式的组合角度来看，常见的多式联运模式可分为公铁联运、公水联运、铁水联运、公铁水联运。

①公铁联运。可发挥铁路和公路各自的比较优势，实现货物的“门到门”连续运输，即长距离干线运输采用铁路运输，衔接过程中的短距离接驳采用公路运输。这种模式可以提高运输效率，降低物流成本，也更加环保，但对于公路和铁路运输企业的运力协调和信息沟通等方面提出较高要求。

②公水联运。公路与水路联合运输存在两种衔接方式，一种是在中转港口借助港口基础设施来完成运输方式的换装，另一种是依靠载货汽车的自动力滚装运输完成换装。水路运输是最经济环保的运输方式，以水路运输为主体的多式联运对降低物流成本至关重要。

③铁水联运。在大宗货物和集装箱中长距离运输方面，铁水联运具有运量大、成本低、能耗小、污染轻的优点，能够在降本增效的同时，减少能源消耗和污染排放。相比传统铁水联运仅仅是运输环节连接，铁路和水路两套运输系统独立运营，铁水联运新模式将铁路货场功能前移至港口，设立“无轨铁路港场”以实现运输资源共享，并通过水运班轮和铁路班列的有效衔接来完成货物运输。

④公铁水联运。根据一个联运合同，采用铁路、公路、水路三种运输方式，由全程运输经营人以集装箱为运输单元，通过一次托运、一次付费、一份单据、一次保险，由铁路运输、公路运输、水路运输承运人共同把货物从接管货物的地点运至指定地点交付的国际运输方式，称为公铁水联运。公铁水联运充分发挥铁路骨干运输、公路灵活多变、水路运量大及污染小的特征，具有可观的商业利益和社会价值。

7.2.4.2 多式联运存在的瓶颈问题

近年来，在“一带一路”“国内国际双循环”等背景下，多式联运作为促进物流降本、提质、增效的重要手段，越来越受国家重视，得到一定发展，但其货运量占全社会货运量的比例仅为2.9%，其中海铁联运量占比仅为2.5%，与发达国家35%~40%的海铁联运量占比相比仍有较大的提升空间。

目前，我国货物多式联运存在的瓶颈问题主要包括：多式联运体制不健全，标准不统一，多式联运涉及的业务单位较多，但目前我国多式联运经营人体制和运营管理模式尚未健全，导致其不能真正实现应有价值，2023年12月我国出台《多式联运货物分类与代码》（GB/T 42820—2023）和《多式联运运载单元标识》（GB/T 42933—2023）两项国家标准，但仍需进一步的政策匹配和其他相关标准跟进；“一单制”推行面临信息互联互通难、全程安全保障难、单证互认流转难，不同运输方式之间、政府与企业之间、不同企业之间仍存在信息壁垒，保险政策待完善，单证物权属性待明确；联运组织效率相对不高，设施匹配程度有待提升，货物在不同运输方式间联运效率偏低，存在集装箱箱型与船体舱位不匹配、集装箱与货运车辆能力不匹配等问题。

7.2.4.3 多式联运发展趋势

货物多式联运以联运资源配置优化、运输经济高效为目标，通过针对集装箱、大宗散货、危险货物等的公铁、铁水、江海、管水联运建设，持续调整优化运输结构，开拓多式联运高质量发展新局面；发挥运输组合优势，推动组织模式创新发展，持续提高综合运输效率，降低社会物流成本，从而尽快推进降本、提质、增效，以期实现货物多式联运资源智能匹配、多式联运一体化组织与联运节点快速转运。

（1）多式联运资源智能匹配

①完善多式联运信息共享机制，智慧物流赋能多式联运业务。货物多式联运资源智能匹配的关键在于建立多式联运信息集成平台，该平台旨在打破机场、铁路、公路、港口、船公司、物流园区之间的信息壁垒，提高全程信息掌控能力，促进多式联运资源智能匹配；建立政府主导下统一的多式联运各方（货主企业、物流运输、政府管理、港口场站、金融服务等）信息共享平台，加强铁、水、公、港、船、货代等企业的实时信息共享，开放列车到发时间、货物在途情况、船舶进离港时间等多式联运信息，有效满足货主和货运代理获取铁路班列和货物动态信息的需求；此外，加快推进北斗卫星导航系统在货运车、船上的应用，实现货物多式联运“透明化”——全程动态跟踪、监控和追溯。

②加快数字化建设进程，为多式联运打牢技术底座。在已有多式联运物流信息服务平台及各种运输方式信息平台资源的基础上，综合考虑数据信息互联互通、安全性的需求，加强区块链、大数据、云计算、物联网等技术在多式联运领域应用的研究与实践，进一步优化完善、扩展功能、提质升级，实现与其他区域物流信息平台及海关信息平台的融合，构建多式联运数智化生产服务大平台；加强各部门之间的协调，实现各种运输方式跨区域全流程数据传输高效化、安全化，提升效率与效益；此外，强化与“一带一路”沿线城市或国家的交流合作，促进与相关平台的信息交互，以期实现全程“一次申报、一次查验”，提高通关效率。

（2）多式联运一体化组织

①提高多式联运标准化水平，破除尺度壁垒。发展多式联运的重要基础是标准体系及相关规范的构建与完善，多式联运各方应加快建立专业化、标准化的枢纽场站，大力推进货运车

型标准化、积极发展大容量内陆箱、研究推进交换箱体的广泛应用、研究发展多挂汽车列车、积极研发专用载运及换装设备,以便发挥多式联运无缝衔接、便捷换装、快速转运的优势;国际多式联运方面,与国际标准接轨,使集装箱、半挂车等装备能在跨区域、跨运输方式中循环使用;此外,为便于在不同运输方式间进行衔接,货物品类、品名、代码、单据等应统一标准,推进"一票制、一单制、一箱制"全程服务模式,为多式联运一体化运输提供服务标准和规则保障。

②积极发展新模式、新业态,提升多式联运一体化水平。进一步深化货物多式联运供给侧结构性改革,调整和优化联运产品供给,围绕"一票制、一单制、一箱制"不断探索创新,实现"一个承运人、一次托运、一票到底、一个运价、一次保险、一体化运输"的"六个一"服务;发展驮背运输、双层集装箱列车等新型运输组织模式,积极发展电商物流、冷链物流、物流金融等新业态。

③加强多式联运顶层设计,培育多式联运市场主体。首先加强规划实施的统筹领导,充分发挥政府有关部门统筹调度作用,完善合作机制,会同交通、海关、保险、财政、税务等主管部门共同推动多式联运重大项目建设、重大事项落实、重大政策问题决策;重视战略引导,积极发展"交通+物流+产业"发展新模式;组织并鼓励制定行业多式联运信息共享和数据传输交换标准、运载单元标准化规范标准、运输服务规则标准,加快服务规则衔接;此外,积极培育多式联运经营人,激发多式联运市场活力,充分发挥龙头骨干企业在行业发展中的引领作用,引导具备条件的传统货运物流企业向多式联运经营人转型,加强合作、整合资源、优化运输组织、拓展联运市场。

(3)联运节点快速转运

①完善节点多式联运物流设施。积极在综合运输网络中合理规划布局多式联运节点,打造多种运输方式衔接、物流产业集聚的枢纽经济增长极;合理布局多式联运中心,依托联运节点形成"交通+物流+产业"融合空间,实现联动发展,形成特色产业体系,并通过配套建设居住、商业、文化、生态、休闲设施,形成具有高端商务环境的产业新城。

②优化节点业务流程,释放强劲动能。放大"以线路聚货源、以货源促线路"的磁吸效应,优化节点业务流程,进一步提高作业效率;优化作业工艺,压缩综合物流成本;全面加强供应链体系建设,为客户提供一站式供应链解决方案及更多增值服务。

③构建完整的无缝衔接集疏运体系。打造多向立体、内联外通的大能力快速运输通道,构建快捷高效、一体衔接的交通网,统筹优化干线铁路、高速公路、航道、港口、机场布局,实现与国际、国内各区域高效联通,加强港铁公、海铁等联动建设,进一步提升辐射带动力。

7.3 综合交通运输高质量发展

《规划纲要》提出,到2035年,现代化高质量国家综合立体交通网发展目标包括智能先进、绿色集约和安全可靠。因此,建设智慧、绿色和平安三大交通运输体系,是推动交通运输和经济社会高质量发展,实现"人享其行、物畅其流"美好愿景的重要举措。

7.3.1 智慧交通运输体系

智慧交通是指在交通运输领域充分利用物联网、5G、空间感知、云计算、移动互联网、大数据、人工智能等新一代信息技术,对交通信息进行全面的搜集、筛选、融合和分析,通过实时的动态信息感知、交通基础设施建模、综合交通信息数据融合、大数据关联分析等，实现全面感知、深度融合、科学决策和主动服务，从而充分发挥交通基础设施效用、提高交通管理系统的运行工作效率，缓解交通拥堵，为公众出行提供便利。

智慧交通运输体系基本框架由感知层、传输层、平台层、应用层和用户层组成，如图7-3所示。

图7-3 智慧交通运输体系基本框架图

(1)信息技术加速融合,感知全覆盖更精准

精确感知是智慧交通运输体系的建设基础。5G、物联网、卫星定位网等新型信息技术将极大赋能交通运输数据链构建,助力交通行业海量前端感知数据高可靠、高速率回传,支持局部区域车路人交互协同,并为智慧灯杆、移动监测车、ETC门架等智能化硬件基础设施信息感知提供基础支撑,实现“人-车-路-环境”等全交通要素运行态势的协同精准感知。同时,推动城市道路、高速公路、枢纽场站、通信网络等物理硬件设施数字化转型,实现交通运输形势一图感知。

(2)安全保障能力提升,全方位智能监测引导

通过全程式信息服务、大数据智能分析、智慧交通基础设施等技术有力提升异常情境下的交通安全保障能力。智能识别、实时预警的客流精准监测,为主要交通廊道、重点交通集聚片区、异常交通事故路段等地大规模人流、车流应急疏散提供精细化引导支持;推动智能汽车技术、智慧道路技术和车路协同技术融合发展,实现面向个体车辆的诱导与安全辅助信息推送。

(3)交通出行效率提升,服务体系更精细舒适

以智慧高速、智慧枢纽、智慧港口、智慧道路等为代表的融合基础设施加速规模化落地,将极大赋能出行服务,助力实现车道级驾驶引导、站点级室内导航、全出行链多方式的无缝衔接;无人驾驶出租车、无人驾驶公交车等智能移动空间服务重构出行定义,融合基础设施推动出行服务体系更精细舒适。

(4)智能管控体系升级,有力支撑智能决策

以人工智能、大数据等为代表的新技术将极大赋能数字分析,助力交通行业区域间、城际、城市内等多层复杂运行规律挖掘;重点解决当前系统孤岛、协同处置欠缺、关联分析不足、机理挖掘不够等信息化建设问题,前瞻性应对超大规模数据在线分析、全出行方式精准调度、城市级交通运行协调管控等现代化治理要求,实现数据驱动、智慧赋能的交通行业决策支持及运营服务。

7.3.2 绿色交通运输体系

绿色交通运输体系是指在满足交通运输基本需求的基础上,将绿色理念贯穿于交通运输系统规划、设计、建设、运营和维护全过程,使交通运输系统在全生命周期内对生态环境的影响最小化。在当前交通运输进入加快建设交通强国、推动交通运输高质量发展的新阶段,绿色交通是服务国家“碳达峰、碳中和”目标,充分考虑我国资源禀赋条件及环境承载能力,将生态文明理念融入交通基础设施规划、建设、运营、管理全过程的转型发展方式。

绿色交通运输体系基本框架如图7-4所示,具体分为基础设施绿色化、运输结构优化、运输工具绿色转型和资源集约利用四个层面。

(1)基础设施绿色化,注重生态修复

基础设施绿色化,要求生态保护理念应贯穿交通基础设施规划、建设、运营和养护全过程,在设计选线过程中避让耕地、林地、湿地等具有重要生态功能的国土空间;创建绿色公路、绿色铁路、绿色港口等设施,推动既有交通运输设施绿色化改造;同时,在运营过程中强调生态系统功能的维持和提升,注重交通廊道绿化、交旅融合发展、沿线生态修复等内容;发展交通工程无痕化生态修复、路域生态联通与生态重建、路面自修复等领域的新技术、新工艺和新装备。

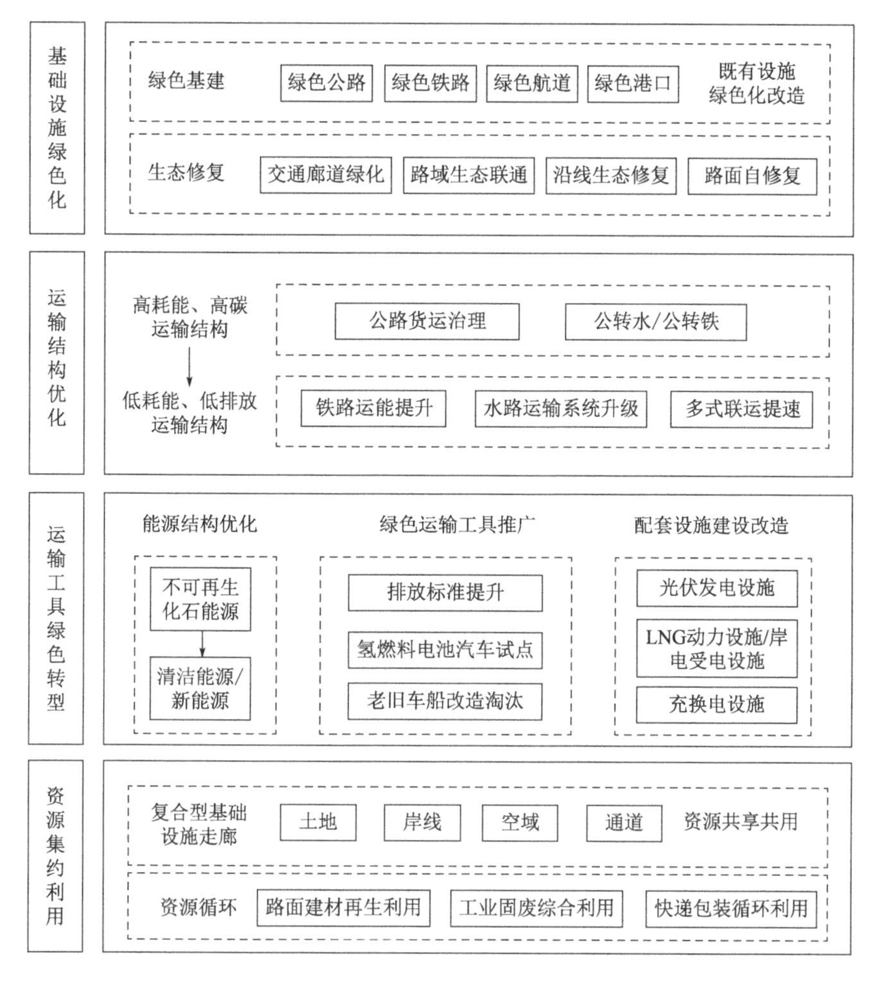

图7-4 绿色交通运输体系基本框架图

(2)运输结构优化,加速低碳转型

通过合理提高铁路运输、水路运输等低能耗、低排放运输方式的承运比重,优化各方式分工协作所需的比例关系,优化运输结构,达到综合交通运输网络的整体最优,从源头加速向低碳交通运输转型。通过推进铁路运能提升、水路运输系统升级、公路货运治理、多式联运提速等,改善当前交通运输高耗能、高碳运输结构。

(3)运输工具绿色转型,清洁能源创新应用

推广应用低碳运输装备,促进运输能源从不可再生化石能源向新能源和清洁能源转变;提升机动车污染物排放标准,推进公交、出租、物流配送等车辆中新能源汽车比例提升,鼓励开展氢燃料电池汽车试点应用;推进船舶使用LNG动力和岸电受电设施改造,加快老旧车船改造淘汰;因地制宜推进公路沿线、服务区等适宜区域合理布局光伏发电设施,推动公路服务区、客运枢纽等区域充(换)电设施建设,为绿色运输和绿色出行提供便利。

(4)资源集约利用,长效可持续发展

相比于传统粗放式的资源利用形式,交通运输资源的减量化、再利用及循环再生等手段更具有集约性和长期性。一方面,推动交通与其他基础设施协同发展,打造复合型基础设施

走廊，加强土地、岸线、空域、通道等资源的集约节约利用和共享共用，提高交通资源的利用效率，降低交通运输对外界的负效益；另一方面，交通资源循环利用产业的发展，在路面建材再生利用、工业固废综合利用、快递包装循环利用等行业绿色低碳发展中发挥了重要作用。

7.3.3 平安交通运输体系

平安交通运输体系是把安全发展理念贯穿于交通运输各领域、全过程，把保障出行安全放在首位，坚决守住安全底线，强化安全治理体系和治理能力建设，提高交通运输安全发展的防、管、控能力，从而实现交通运输持续安全发展。然而，当前我国交通运输仍存在安全基础较为薄弱、安全责任落实不到位、安全改革创新不足等问题，在传统问题和新型矛盾交织叠加下，交通安全已经成为交通强国建设的短板，这些都需要在建设发展平安交通运输体系的过程中加以重视。

平安交通运输体系基本框架可分为基础设施、生产运行和应急处置三个层面，具体如图7-5所示。

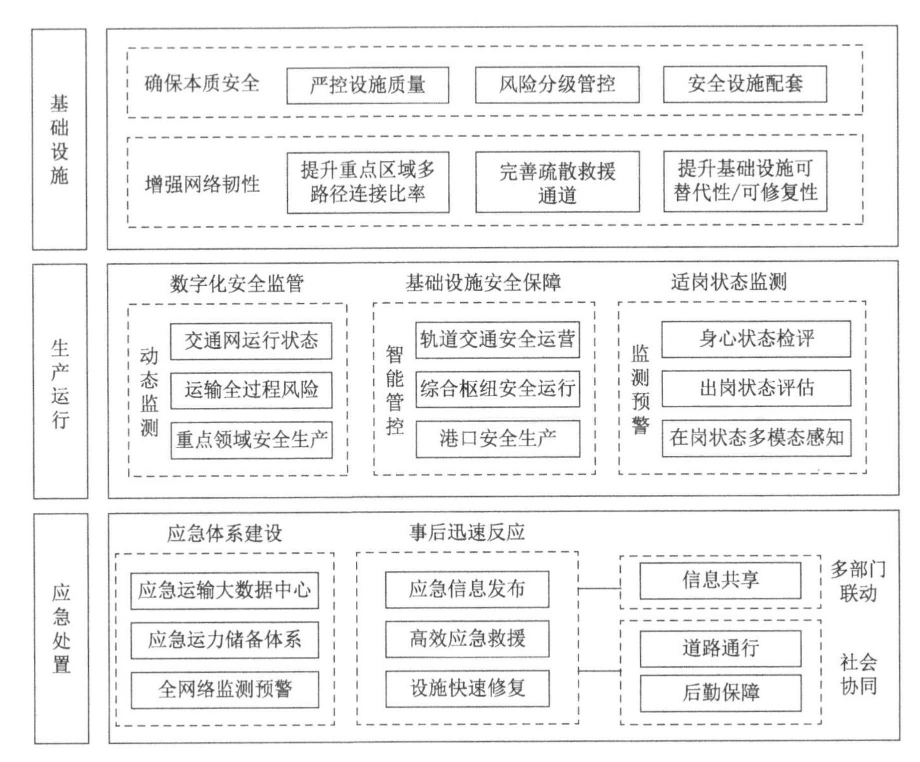

图7-5　平安交通运输体系基本框架图

(1)基础设施：提高本质安全水平，增强网络韧性

提高基础设施本质安全水平，需要在基础设施建设中严控质量，推进精细管理；强化交通基础设施安全风险评估和分级分类管控，加强重大风险源识别和全过程动态监测分析、预测预警，同时推动安全配套设施同步建设运营。此外，增强网络韧性有助于提高交通运输网络的抗风险能力，具体途径包括提升多灾易灾区的路径连接比率，完善救援疏散通道，在突变环境中提升交通基础设施在交通网替代性、可修复性和抗灾毁性等方面的能力。

(2)生产运行:数智融合,全方位强化安全监管

提高交通网数字化安全监管水平,开展交通网运行状态动态监测预警、风险智能评估及智能管控等技术研究;提高重点领域安全生产保障水平,推进危险货物综合运输全过程安全风险防控、储运安全状态智能监测与预警技术研究;强化重大交通基础设施安全保障,加强轨道交通运行、综合枢纽运行、港口生产等的重大风险监测与防控;提高关键岗位适岗状态监测智能化水平,对出岗人员进行适岗性身心健康快速检评、出岗状态快速智能评估和在岗状态多模态感知,并在突发非适岗状态下采取辅助避险及主动求救等措施。

(3)应急处置:多方联动,提升交通应急处置能力

交通应急处置能力可从事前应急体系建设和事后迅速反应两方面进行系统性、反馈式提升。事前加强应急体系建设,构建应急运输大数据中心,推动信息互联共享;建设多层级应急运力储备体系,提高突发事件应对能力;强化运输全过程、全网络监测预警。在灾害事故发生后的迅速反应及有效应对方面,应形成多部门联动的响应机制,迅速发布应急信息并组织高效应急救援,提高设施快速修复能力;同时,强化应急救援社会协同能力,在道路通行、后勤保障等方面提供必要支持。

复习思考题

1. 简述《建设纲要》提出的“三张交通网”和“两个交通圈”。
2. 简述我国综合交通运输统筹融合发展的重点方向。
3. 简述综合交通运输网络融合发展的主要趋势。
4. 简述推动客运枢纽高效协同运行的主要措施。
5. 简述智慧交通运输体系的内涵和发展趋势。

参考文献

[1] 毕艳红,王战权. 综合交通运输体系概论[M]. 北京:人民交通出版社股份有限公司,2017.

[2] 万明. 交通运输概论[M]. 2版. 北京:人民交通出版社股份有限公司,2021.

[3] 邹海波,吴群琪. 交通与运输概念及其系统辨析[J]. 长安大学学报(社会科学版),2007,9(1):20-23.

[4] 荣朝和. 对运输化阶段划分进行必要调整的思考[J]. 北京交通大学学报,2016,40(4):122-129.

[5] 杨洪年. 综合运输体系若干理论问题探讨[J]. 综合运输,2012(9):4-11.

[6] 杨浩. 交通运输概论[M]. 2版. 北京:中国铁道出版社,2009.

[7] 连义平,杨冀琴. 综合交通运输概论[M]. 3版. 成都:西南交通大学出版社,2014.

[8] 李学伟. 高速铁路概论[M]. 北京:中国铁道出版社,2010.

[9] 刘涛,李纯. 铁道概论[M]. 北京:北京交通大学出版社,2021.

[10] 中华人民共和国建设部,中华人民共和国国家质量监督检验检疫总局. 铁路线路设计规范:GB 50090—2006[S]. 北京:中国计划出版社,2006.

[11] 中华人民共和国交通运输部. 公路工程技术标准:JTG B01—2014[S]. 北京:人民交通出版社股份有限公司,2014.

[12] 中华人民共和国住房和城乡建设部,中华人民共和国国家质量监督检验检疫总局. 内河通航标准:GB 50139—2014[S]. 北京:中国计划出版社,2014.

[13] 中华人民共和国交通运输部. 公路路线设计规范:JTG D20—2017[S]. 北京:人民交通出版社股份有限公司,2017.

[14] 袁春毅,聂向军,邵春福,等. 基于多方式广义费用模型的超级交通网络需求预测技术应用[J]. 中国公路学报,2022,35(11):228-238.

[15] 陈冬,陈奕超,刘秀彩. 基于多源水运大数据的货运OD特征挖掘算法研究[J]. 中国水运,2021(9):94-96.

[16] 邓桂花,钟鸣,RAZAASIF,等. 基于整体规划框架的区域综合货运规划建模方法研究[J]. 交通运输系统工程与信息,2022,22(4):30-42.

[17] 杨文秀. 考虑心理潜变量和异质性的中长途城际出行方式选择行为研究[D]. 北京:北京交通大学,2022.

[18] 续宗芳. 区域综合运输需求分析及运输需求量预测研究[D]. 西安:长安大学,2012.

[19] 宇文翀. 综合交通背景下干线公路网交通需求预测与布局方法研究[D]. 哈尔滨:东北林业大学,2022.

[20] 丁然. 综合交通影响因素及需求预测研究[D]. 北京:北京交通大学,2011.

[21] 齐悦. 综合运输需求特征及其指标体系研究[D]. 北京:北京交通大学,2007.

[22] 夏倩. 区域运输通道内旅客运输方式选择研究[D]. 兰州:兰州交通大学,2015.

[23] 安文娟. 区域运输通道客运需求结构分析及预测研究[D]. 北京:北京交通大学,2011.

[24] 雷鸣涛,高翠,蒋斌,等. 省级综合立体交通网规划预测技术与实践应用——以甘肃省为

例[J]. 交通建设与管理,2023(1):103-107.
[25] 冯淑贞. 基于产运系数法的物流需求量预测研究[J]. 物流技术,2013,32(11):91-93.
[26] 张兵,周丹丹,周珣,等. 基于改进系统动力学模型的公路客运量预测[J]. 长安大学学报(自然科学版),2023,43(2):111-119.
[27] 陈林. 基于Logit模型的成渝通道交通选择行为研究[D]. 成都:西南交通大学,2013.
[28] 刘攀,杨敏. 综合立体交通多网融合研究现状与展望[J]. 前瞻科技,2023,2(3):24-33.
[29] 黄建伟,杨永平. 区域综合交通运输规划的研究架构探讨[J]. 中国工程咨询,2012(7):54-55.
[30] 周荣征. 中长期铁路网规划布局及优化方法研究[D]. 成都:西南交通大学,2011.
[31] 黄民. 铁路网规划理论与实践[M]. 北京:中国铁道出版社有限公司,2021.
[32] 王玉泽. 高速铁路网规划[M]. 北京:中国铁道出版社有限公司,2021.
[33] 杨东. 高速铁路引入枢纽客运站布局方案评价[D]. 兰州:兰州交通大学,2015.
[34] 马波涛. 铁路枢纽客运系统规划布局关键问题研究[J]. 铁道运输与经济,2019,41(11):58-62.
[35] 刘宁馨. 铁路枢纽客运站分工方案评价研究[D]. 北京:中国铁道科学研究院,2020.
[36] 王顺利,吴刚,孙景冬. 南宁铁路枢纽客运站布局优化研究[J]. 铁道运输与经济,2010,32(4):29-33.
[37] 潘华. 铁路物流节点分层分类布局规划研究[D]. 北京:北京交通大学,2011.
[38] 吕叶. 层次分析法在物流中心选址过程中的应用[J]. 铁道标准设计,2011(10):115-118.
[39] 王炜,陈学武. 交通规划[M]. 2版. 北京:人民交通出版社股份有限公司,2017.
[40] 裴玉龙. 公路网规划[M]. 2版. 北京:人民交通出版社,2011.
[41] 武锐,胡国贤,庄立会. 基于"点-轴"理论的"平-罗"高速公路经济带空间结构研究[J]. 文山学院学报,2010,23(2):75-78.
[42] 丁以中,楼勇. 分形理论在交通运输网络评价中的应用[J]. 上海海运学院学报,1998(4):9-14.
[43] 蔡翠. 交通区位理论在山东公路网发展战略与规划中的应用[D]. 长沙:长沙理工大学,2003.
[44] 王俊帅. 江浙沪地区县域乡村旅游公路选线适宜性评价研究[D]. 上海:上海交通大学,2018.
[45] 唐明. 山区城际公路交通规划的大数据决策[D]. 成都:西南科技大学,2018.
[46] 林建滨. 福建省高速公路网规划布局研究[D]. 厦门:厦门大学,2018.
[47] 邓康进. 城乡一体化背景下的县乡村公路网规划方法新探索——以新洲为例[D]. 武汉:武汉轻工大学,2018.
[48] 王昊安. 齐齐哈尔市县道公路网规划研究[D]. 西安:长安大学,2019.
[49] 陈福临. 基于重要度的公路网规划方案技术评价方法研究[D]. 南京:东南大学,2019.
[50] 王成. 基于多元投资模式的高速公路网络规划布局研究[D]. 武汉:武汉大学,2019.
[51] 杨沙. 区县公路网中长期发展规划方法及应用研究——以临朐县为例[D]. 淄博:山东理工大学,2020.
[52] 彭晓双. 城乡客运一体化背景下的农村公路网络规划方法研究[D]. 长沙:长沙理工大

学,2021.
[53] 李晋. 公路网规划建设与经济发展空间内在关系研究[J]. 交通科技与管理,2023,4(18):72-74.
[54] 田起岳. 智慧城市下物流配送中心选址及配送路径优化研究[D]. 西安:西安建筑科技大学,2023.
[55] 赵伟斌. 基于城乡物流一体化的农村物流配送中心选址研究[D]. 兰州:兰州交通大学,2023.
[56] 奚振平. 都市区公路网络结构与布局优化方法研究[D]. 南京:东南大学,2016.
[57] 宗晓庆. 兼顾公平与效率的农村公路网络布局优化研究[D]. 昆明:昆明理工大学,2023.
[58] 万义国. 公路运输枢纽布局规划理论与方法研究[D]. 西安:长安大学,2006.
[59] 谷媛. 乌昌客运综合枢纽公路客运站布局规划研究[D]. 北京:北京交通大学,2010.
[60] 过秀成. 城市交通规划[M]. 2版. 南京:东南大学出版社,2017.
[61] 张三省,姚志刚. 公路运输枢纽规划与设计[M]. 北京:人民交通出版社,2007.
[62] 杜志芳. 综合货运枢纽公路货运场站布局规划研究[D]. 北京:北京交通大学,2010.
[63] 梁承愿,李璐. 区域公路货运枢纽布局规划模型研究[J]. 西部交通科技,2016(12):94-97,102.
[64] 吴凤平,丰玮,任强,等. 内河航道网规划与决策方法[M]. 北京:中国水利水电出版社,2014.
[65] 陈彤. 泰州市航道规划(2006—2020)[D]. 南京:河海大学,2007.
[66] 童思陈,许光祥,文传平. 三峡库区支流航道技术等级定级及其应用[J]. 重庆交通大学学报(自然科学版),2009,28(6):1112-1117.
[67] 吕小龙,吴澎,刘晓玲. 平陆运河航道等级论证[J]. 水运工程,2021(10):266-270.
[68] 彭涛. HU航空区域枢纽复合式航线网络规划研究[D]. 厦门:厦门大学,2021.
[69] 杨迪. 基于GIS的无人货机三维航线规划研究[D]. 德阳:中国民用航空飞行学院,2021.
[70] 刘雷. 不确定环境下的航线网络规划与设计[D]. 南京:南京航空航天大学,2017.
[71] 温国兵. 基于双层规划模型的中小机场航线网络设计研究[D]. 德阳:中国民用航空飞行学院,2023.
[72] 汪瑜,车通,鄢仕林,等. 航空公司枢纽航线网络设计双层规划模型[J]. 交通科技与经济,2020,22(6):8-15.
[73] 白文喆. 基于3D GIS的机场辅助选址技术研究[D]. 德阳:中国民用航空飞行学院,2021.
[74] 杨昌其,郝铭佟,付熙文. 基于博弈论和云模型的通用机场选址方案评价[J]. 微型电脑应用,2022,38(2):1-5.
[75] 陈存浩. 基于复合决策方法的跑道型通用机场选址评价研究[D]. 德阳:中国民用航空飞行学院,2022.
[76] 刘小静,许仕荣,苗露野,等. 流量分配的最优化设计——最优树法[J]. 管道技术与设备,2000(5):8-10.
[77] 施明月,李双东. 最小生成树在管道铺设中的应用[J]. 信息与电脑(理论版),2015(19):108-109.

[78] 张圣柱. 油气长输管道事故风险分析与选线方法研究[D]. 北京:中国矿业大学(北京),2012.

[79] 裘飞. 石化行业应急救援物资调度及油气管网布局优化方法研究[D]. 杭州:杭州电子科技大学,2021.

[80] 刘刚,许继凯,国志刚,等. 星状集输管网拓扑结构的整体优化[J]. 中国石油大学学报(自然科学版),2016,40(4):133-140.

[81] 冯凌. 区域综合交通网络布局优化研究[J]. 工程技术研究,2023,8(17):156-158.

[82] 中华人民共和国交通运输部. 综合货运枢纽设计规范:JT/T 1479—2023[S]. 北京:人民交通出版社股份有限公司,2023.

[83] 郭慧婧. 基于适应性评价和层级模型的城市群综合客运枢纽分层布局研究[D]. 北京:北京交通大学,2022.

[84] 罗小康. 区域综合交通超级网络拓扑结构模型构建研究[D]. 南京:东南大学,2021.

[85] 中华人民共和国住房和城乡建设部,国家市场监督管理总局. 城市客运交通枢纽设计标准:GB/T 51402—2021[S]. 北京:中国建筑工业出版社,2021.

[86] 汪鸣. 我国交通运输发展思路创新与变革[J]. 物流研究,2020(1):66-71.

[87] 丁金学,樊一江. 现代综合交通运输网络框架体系研究[J]. 综合运输,2018,40(9):66-68.

[88] 中华人民共和国交通运输部. 综合客运枢纽分类分级:JT/T 1112—2017[S]. 北京:人民交通出版社股份有限公司,2017.

[89] 单连龙. 新型城镇化背景下成渝城市群综合交通发展构架[J]. 综合运输,2016,38(6):40-43,48.

[90] 熊巧. 区域综合交通网络布局优化与决策研究[D]. 成都:西南交通大学,2015.

[91] 齐岩,战国会,柳丽娜. 综合客运枢纽功能空间组合设计:理论与实践[M]. 北京:中国科学技术出版社,2014.

[92] 米婷露. 基于改进SLP的物流园区功能区布局规划研究[D]. 北京:北京交通大学,2014.

[93] 任宇. 基于改进SLP方法的物流中心功能区布局规划研究[D]. 长沙:中南大学,2013.

[94] 陈德留,张良智,林宝山,等. 基于双层规划的综合运输网络优化研究[J]. 电子世界,2013(11):7-8.

[95] 吴明. 区域综合交通运输网络规划理论与方法研究[D]. 南京:东南大学,2011.

[96] 魏垂沛. 区域综合交通运输线网布局规划方法研究[J]. 物流技术,2010,29(16):22-24.

[97] 谢韬. 城市换乘枢纽空间布局与交通资源整合研究[D]. 大连:大连理工大学,2005.

[98] 李双宝. 与交通网络一体化的公路货运枢纽规划方法研究[D]. 西安:长安大学,2005.

[99] 陈璟,孙鹏,李可,等. 综合运输通道理论探索与规划方法创新[J]. 交通运输研究,2023,9(3):39-47.

[100] 廖燕晴,高悦尔,史志法. 基于浮动车数据的城市旅游通道识别研究——以厦门市为例[J]. 城市规划,2021,45(7):73-82.

[101] 李名良. 构建高质量综合运输通道:时代要求与发展对策[J]. 学习与实践,2020(10):55-62.

[102] 王啸君. 基于大数据分析的客流走廊判别方法研究[J]. 城市道桥与防洪,2018(1):

134-136,18.
[103] 张康敏. 基于综合运输通道需求的高速公路交通量预测方法研究[J]. 综合运输,2015,37(S1):52-65.
[104] 朱磊. 综合运输通道运输方式耦合协调性研究[D]. 西安:长安大学,2014.
[105] 蔡晨光. 城市群运输通道适应性评价与布局优化研究[D]. 长沙:长沙理工大学,2012.
[106] 李艳红. 综合运输通道客运结构优化理论与方法研究[D]. 北京:北京交通大学,2010.
[107] 赵旭. 基于非集计模型的区域运输通道方式划分研究[D]. 西安:长安大学,2015.
[108] 陈旭. 面向四网融合的大型铁路枢纽规划重点问题探讨[J]. 铁道运输与经济,2024,46(4):68-74.
[109] 石沁昀,池端晗."一带一路"高质量发展与立体互通研究:以中老两国为例[J]. 国际公关,2024(1):68-70.
[110] 闻铭,郑朋芳."双循环"驱动下南沙港多式联运的发展策略[J]. 物流工程与管理,2024,46(1):117-122.
[111] 马婕,张晓征,刘振华. 出行即服务(MaaS)的发展现状及建议[J]. 交通运输部管理干部学院学报,2023,33(3):12-15.
[112] 张玉召,李海军,张文豪,等. 多式联运联接共性关键技术体系构建研究[J]. 中国工程科学,2023,25(6):212-224.
[113] 童佳怡,姜歆玥,张磊,等. 全球件杂货多式联运有了"中国方案"[N]. 烟台日报,2023-12-07(1).
[114] 何志,孔大星,王子瑞. 浅析安徽省多式联运发展现状、问题及建议[J]. 中国工程咨询,2023(11):101-104.
[115] 唐英,李斌斌. 综合交通运输体系下重庆铁路物流多式联运发展策略[J]. 铁道经济研究,2023(5):28-32.
[116] 姚恩建,陈峻,杨扬,等. 综合客运枢纽集群协同发展与展望[J]. 前瞻科技,2023,2(3):97-105.
[117] 包家烁,杨丹,杨超,等. 城市道路交通韧性评价指标体系及提升策略研究[J]. 交通与港航,2023,10(2):7-13.
[118] 岳敏. 异常状态下城市群枢纽间多模式换乘系统运行风险及应急处置研究[D]. 西安:长安大学,2023.
[119] 李卫波. 推动"出行即服务"模式发展的形势和建议[J]. 综合运输,2023,45(7):3-6.
[120] 朱鲁存. 防风险增韧性推进交通运输安全可靠发展[N]. 中国交通报,2013-06-16.
[121] 张广厚. 新时期交通基础设施发展的重点[J]. 中国经贸导刊,2022(12):28-31.
[122] 周瑜芳,陈佳琪,刘笑影,等. MaaS发展展望与思考[J]. 人民公交,2022(12):72-77.
[123] 蔡润林. 四网融合:新趋势、新导向、新机制[J]. 城市交通,2022,20(5):11-12.
[124] 陶凤,冉黎黎. MaaS 2.0 北京研究小汽车停驶纳入碳激励[N]. 北京商报,2022-09-05(2).
[125] 张宇,林玉红. 都市圈轨道交通"四网融合"发展策略研究[J]. 铁道经济研究,2022(4):1-5.
[126] 何龙庆,陈雷,张磊. 轨道交通"四网融合"发展规划的思考[J]. 交通与运输,2022,35

(S1):153-158.

[127] 成华,苏小军.面向协同化运营的铁路综合客运枢纽建设问题浅析[J].交通节能与环保,2021,17(5):154-158.

[128] 茅佳庆,吴志周.面向长三角一体化的MaaS平台构设[J].交通科技,2021(3):119-123.

[129] 杨浩军.长三角一体化背景下苏州综合交通枢纽经济发展对策研究[J].物流科技,2019,42(11):88-90.

[130] 刘向龙,刘好德,李香静,等.中国出行即服务(MaaS)体系框架与发展路径研究[J].交通运输研究,2019,5(3):1-9.

[131] 周雪梅,胡静洁.综合客运枢纽多方式协同信息系统设计[J].铁道运输与经济,2019,41(6):69-74.

[132] 刘爽.双碳目标下中三角城市群的绿色交通运输体系构建[J].中国储运,2024(2):113-114.

[133] 彭建华.适应交通强国建设的平安交通发展战略研究[J].交通运输研究,2019,5(4):46-54.

[134] 陈琨,杨建国.智慧交通的内涵与特征研究[J].中国交通信息化,2014(9):28-30.